Rita J. Freedman
Die Opfer der Venus

RITA J. FREEDMAN

Die Opfer der Venus

Vom Zwang, schön zu sein

Aus dem Amerikanischen übertragen
von Olga Rinne

Kreuz Verlag

CIP-Titelaufnahme der Deutschen Bibliothek

Freedman, Rita J.:
Die Opfer der Venus: vom Zwang schön zu sein /
Rita J. Freedman. Aus d. Amerikan. übertr. von Olga Rinne. –
1. Aufl. – Zürich: Kreuz-Verl., 1989
Einheitssacht.: Beauty bound, why we pursue the myth in the mirror < dt. >
ISBN 3-268-00072-7

Die Originalausgabe erschien bei D. C. Heath and Company
of Lexington, Massachusetts, USA
unter dem Titel »Beauty Bound. Why We Pursue The Myth In The Mirror«

1. Auflage
© Kreuz Verlag AG Zürich 1989
»Beauty Bound« © 1986 by D. C. Heath and Company, Lexington,
Massachusetts, USA
Umschlaggestaltung: Jürgen Reichert
Umschlagbild: Gustave Courbet, Portrait de Jo.
Metropolitan Museum of Art, New York
Gesamtherstellung: Ebner Ulm
ISBN 3 268 00072 7

Inhalt

Einleitung

Mit der Krönung einer sechzehnjährigen Blondine aus Washington D. C. wurde im Jahr 1921 Amerikas ältester und populärster Schönheitswettbewerb ins Leben gerufen. Obwohl Margaret Gorman über einige Talente verfügte, waren es doch ganz eindeutig ihr Gesicht und ihre Figur, die das feminine Ideal der Nation verkörperten. Die Wahl der »Miss America« wurde bald zu einem nationalen Ritual, mit dem die Schönheit als die edelste Errungenschaft der Frau gefeiert wurde.

Fast ein halbes Jahrhundert später versammelten sich Frauen auf der Strandpromenade von Atlantic City zu einer Demonstration, die von vielen als die öffentliche Geburtsstunde der gegenwärtigen Frauenbewegung betrachtet wird. Die Demonstrantinnen protestierten mit Parolen und Störmanövern gegen die »Miss America«-Wahl und krönten schließlich ein Schaf zur symbolischen Siegerin. Eine riesige Mülltonne wurde mit dem »Abfall und den Folterinstrumenten des weiblichen Lebens« vollgestopft, mit Lockenwicklern, Perücken, falschen Wimpern, Korsetts, Büstenhaltern.

Diese Attacke auf den Kult der Schönheit löste unterschiedliche Reaktionen aus. Manche Leute taten die Demonstrantinnen einfach als häßliche, frustrierte Weiber ab, die eine Politik der sauren Trauben vertraten. Dennoch heizten die abgelegten Büstenhalter die Phantasie der Medien an. Berichte über öffentliche BH-Verbrennungen erschienen landesweit als Sensationsmeldungen in den Schlagzeilen, und die Bezeichnung »bra burners« (BH-Verbrennerinnen) wurde zu einem Synonym für radikale Feministinnen und für Männerhaß. Warum wurde ein Schönheitswettbewerb als Schauplatz für die erste feministische Demonstration der Gegenwart gewählt? Einige Frauen hatten herausgefunden, daß sie die Miß-Wahlen zwar nach außen hin verurteilten, sich aber schließlich doch vor dem Fernseher wiederfanden, wenn das Ereignis stattfand. Selbst die emanzipiertesten unter ihnen sprachen auf einer tiefen emotionalen Ebene auf den Kult der weiblichen Schönheit an; sie identifizierten sich mit den Teilnehmerinnen, und Tränen traten ihnen in die Augen, wenn die strahlende Siegerin mit ihrem Blumenstrauß im Arm vom Laufsteg hinabstieg. Sie entschlossen sich, gegen den Schönheitswettbewerb zu demonstrieren, weil darin die Rolle der Frau als passives, dekoratives Objekt in symptomatischer Form zum Ausdruck kam. Die Frauen verfaßten ein Manifest, in dem sie dagegen protestierten, daß Männer nach ihrem Handeln beurteilt werden und daß ihnen reale Macht gegeben wird, während man Frauen nach ihrem Aussehen beurteilt und sie mit einem Hermelincape und einem Rosenstrauß abspeist. Der Text erklärte, daß durch solche Schönheitswettbewerbe alle Frauen verletzt würden in einer Kultur, die den Kult um die weibliche Schönheit an die Stelle der Anerkennung der weiblichen Ebenbürtigkeit setzt.

Wie viele andere Psychologen war ich in meinen wissenschaftlichen Interessen oft durch persönliche Bedürfnisse motiviert, durch den Wunsch, mich selbst und die Menschen, die mir nahe sind, besser zu verstehen. Im Lauf der letzten zehn Jahre sah ich meine Tochter den holprigen Weg der Adoleszenz entlangstolpern, während ich gleichsam ständig mit ausgestreckten Armen dastand, um sie im Notfall auffangen zu können. Einer Heranwachsenden erscheint ihr in Wandlung befindlicher Körper oft wie verhext; sie fühlt sich von ihm im Stich gelassen, wenn es ihr nicht gelingt, ihn zu »zähmen« – durch Übergangsriten, Zaubertränke und Gebete, durch kosmetische Magie oder durch das Skalpell des Chirurgen.

Ich wachte über die Rituale, die bei meiner Tochter den Übergang zum Frausein markierten, und durchlebte dabei noch einmal meine eigenen schmerzlichen Initiationsriten: Ein erstes Paar dünne Strümpfe bedeckt Beine, die bis zum Knie (später bis zur Hüfte) rasiert sind; ein erster BH umhüllt knospende Brüste, die immer üppiger werden. »Es ist einfach zuviel!« schreit sie und will den lästigen Busen unbedingt operativ verkleinert haben. Als nächstes wird die Waage zum Diktator. Diätrezepte werden ausprobiert. Mittel aus der Apotheke werden geschluckt, um das unerwünschte Selbst zu vermindern. Bei mir bricht ein Strom von Erinnerungen an die Qualen meiner eigenen Adoleszenz auf, an das Leiden unter Akne und Übergewicht. Lippen werden weiß geschminkt, Augenlider grün, Ohrläppchen werden mehrfach durchstochen: »Das ist Mode, Mama.« Ihr nacktes Gesicht bleibt hinter einer Tarnfassade verborgen. Wildes Haar hängt ihr dekorativ über die Augen. »Du kannst nicht mehr richtig sehen«, lamentiere ich im absurden Tonfall einer Mutter. Auf riemenlosen Sandalen mit Stilettoabsätzen wankt sie durch ihren siebzehnten Sommer. Ich stehe mit ausgestreckten Armen da, auf den Sturz vorbereitet. Wie sehr wünschte ich mir, die gute Fee spielen zu können, mit einer Handbewegung solche Lieblichkeit über meine Tochter auszugießen, daß die Welt ihr zu Füßen läge.

Sie ist klug, sie ist schön – und sie ist nicht die einzige, die leidet. Bei ihrem adoleszenten Streben nach Schönheit macht sie dieselben Prüfungen durch wie die jungen Frauen, die in meinen Lehrveranstaltungen sitzen, Simone de Beauvoir lesen und über ihr Schicksal nachgrübeln, während sie gleichzeitig immer neue Phantasiebilder von sich selbst entwerfen. Meine Tochter hat dieselben Ängste wie die Klientinnen, die in meiner Praxis sitzen und die versuchen, ihr Leben in den Griff zu bekommen, indem sie ihr Aussehen verändern. In einem Gedicht von Anne Sexton erklärt eine Mutter ihrer Tochter, daß der Körper nicht lügt, daß alle seine Veränderungen in der Adoleszenz der Ausdruck einer neuen Wahrheit sind. Aber jedes Mädchen nimmt die Wahrheit, die ein ehrlicher junger Körper ausdrückt, gefiltert durch die Vorstellungen der Gesellschaft wahr, in denen sich die Klänge der Natur mit den Beschwörungen der Kultur vermischen. Ich beobachtete, wie meine Tochter in ihren wachsenden jungen Körper hineinhorchte, ich sah die Angst in ihren Augen, ich litt, als ich bemerkte, wie sie sich wand, um in Aschenputtels goldenen Schuh hineinzupassen.

Seit 1968, dem Jahr der ersten Demonstration gegen die »Miss America«-Wahl, haben Psychologen sich mit vielen Facetten des weiblichen Verhaltens – von der Menarche über die Mutterschaft bis zur Menopause – eingehend beschäftigt. Ein Thema wurde dabei fast vollständig übersehen: physische Attraktivität; aber gerade dieses Thema ist für das Leben von Frauen von zentraler Bedeutung. Vom kleinen Mädchen, das stolz seine lackierten Fußnägel zeigt, bis zur würdigen Matrone, die sich die Haare an ihrem Kinn auszupft, machen Schönheitsrituale einen Hauptaspekt des Frauseins aus. Lehrbücher über Primaten behandeln »Attraktivität« stets als grundlegenden Bestandteil tierischen Sexualverhaltens, während die psychologische Literatur über die menschliche Sexualität oder über die Entwicklung der Geschlechter die Relevanz dieses Themas ignoriert. Nur wenige Lehrbücher, die heute in Lehrveranstaltungen über die Psychologie der Frau verwendet werden, führen Schönheit oder Attraktivität auch nur im Index auf. Gleichzeitig ist der Medienmarkt von Zeitschriften überflutet, die weibliche Attraktivität zur Schau stellen oder Frauen anleiten, wie sie es erreichen können, attraktiv zu sein. Woche um Woche stehen Bücher mit Schönheitsratschlägen ganz oben auf den Bestsellerlisten. Sie lehren, wie Schenkel schlanker und Brüste fester werden, wie frau weniger unscheinbar, weniger fett, dafür aber fit wird und welche Farben für sie gerade richtig sind. Warum sind diese Bücher so gefragt? Warum sind sie fast ausnahmslos auf ein weibliches Publikum zugeschnitten? Wie beeinflussen sie das Selbstbild von Frauen?

Auf die Frage, was Schönheit für sie bedeutet, antworten manche Frauen, daß sie eine angenehme Herausforderung sei; andere empfinden sie als unangenehme Belastung. Den meisten Frauen fällt es schwer, einzugestehen, wie wichtig ihnen Schönheit ist und wie sehr sie ihren Verlust fürchten. Sie schweigen über die Triumphe und Tragödien ihres täglichen Kampfes um Schönheit. Das Neuüberdenken von Schönheitsvorstellungen bleibt also ein wichtiger Punkt auf der feministischen Tagesordnung. (Für Feministinnen ist das Thema Schönheit auf der persönlichen Ebene genauso verwirrend wie für alle anderen Frauen.) Wie weit beeinflußt Schönheit das Selbstwertgefühl und die Unabhängigkeit von Frauen? Ist Schönsein ein wichtiger Faktor oder eine Belastung auf dem Weg zur Gleichheit? Fragen wie gleiche Bezahlung oder gleiche Rechte für Frauen sind eindeutiger und leichter faßbar. Gleichheit auf der Ebene der Attraktivität ist schwerer zu definieren.

Dieses Buch ist ein Teil der kontinuierlichen Bemühungen von Frauen, bestimmte gesellschaftliche »Wahrheiten« über das weibliche Leben zu hinterfragen. Wir wollen hier die Vorstellung überprüfen, ob Schönheit eine zentrale Dimension von Weiblichkeit ist, und die Verbindung zwischen idealistischer weiblicher Schönheit und dem Glauben an weibliche Minderwertigkeit untersuchen. Wir wollen der Frage nachgehen, wie Schönheit den Status der Frau erhöht, während sie gleichzeitig dazu beiträgt, die Frau in der Position der Unterordnung festzuhalten.

Dies ist kein Anti-Schönheitsbuch und auch keine Kritik an jenen, die versuchen, ihre Attraktivität zu steigern. Die äußere Erscheinung ist wichtig und wird es immer sein. Die Schönheit selbst ist nicht der Feind, den es zu bekämpfen gilt. Wir kritisieren vielmehr ein System, das Frauen und Männer zu einer obsessiven Beschäftigung mit dem weiblichen Körper zwingt. Wenn wir den Einfluß der Schönheit auf menschliche Beziehungen untersuchen – ihre verstärkende und ihre unterminierende Wirkung –, werden wir zu einem realistischeren Bild ihrer Bedeutung gelangen. Durch größere Bewußtheit werden Veränderungen möglich.

Jetzt, da Frauen darum kämpfen, sich von einengenden Vorstellungen darüber, was sie sind und was sie wollen, zu befreien, muß die Idealisierung der weiblichen Schönheit als Bestandteil der kulturellen Stereotypen erkannt werden, die es in Frage zu stellen gilt. Es geht dabei nicht um bloße

11

Äußerlichkeiten oder dekorative Zerstreuungen. Das Selbstgefühl existiert nicht unabhängig vom Körper, es ist untrennbar mit dem Körper verbunden. Falsche Schönheitsvorstellungen bringen falsche Körperteile hervor, neumodellierte Taillen, Busen und Gesichter, die wie erworbene Accessoires getragen werden. Solange Frauen sich hinter solchen kulturellen Verzerrungen verbergen, werden sie auch von ihnen kontrolliert, ganz gleich, wie sicher sie sich damit fühlen mögen.

Wir brauchen neue Schönheitsvorstellungen, entspannte und kraftvolle Leitbilder, die freie Bewegung erlauben – ohne Korsett und mit unverkrüppelten Füßen – und die uns in unseren Lebenszielen nicht mehr einschränken. Wenn wir die falschen Schönheitsmythen abstreifen, entdecken wir darunter vielleicht andere Züge, die unserer Haut und unserer Realität näher sind. Wenn wir die Oberfläche unseres Schönheitsbildes reinigen und die Übermalungen abtragen, finden wir darunter vielleicht, wie bei alten Fresken, authentischere Versionen. Wer weiß – vielleicht gefallen uns unsere Neuentdeckungen sogar.

DAS »SCHÖNE GESCHLECHT«

»In alten Zeiten, wo das Wünschen noch geholfen hat, lebte ein König. Dessen Töchter waren alle schön, aber die Jüngste war so schön, daß die Sonne selber, die doch so vieles gesehen hat, sich verwunderte, sooft sie ihr ins Gesicht schien.«[1]

Auf den Ebenen Anatoliens wurden die Ruinen einer neolithischen Stadt – Çatal Hüyük – gefunden. Bei den Ausgrabungen entdeckte man in den Grabstätten von Männern große Mengen von Waffen, während in den Gräbern von Frauen Schmuckstücke und kunstvoll gearbeitete Instrumente der Körper- und Schönheitspflege aufgehäuft waren. Offenbar waren Schmuck und Pflege für das Leben und Handeln einer Frau so wichtig, daß ihre Schönheitswerkzeuge ihr auf die Reise in die nächste Welt mitgegeben wurden.

Frauen gelten auch heute noch als das »schöne Geschlecht«. Bei den Fischen und Vögeln ist es im allgemeinen das männliche Tier, das leuchtende Farben, auffällige Schwanzflossen oder bizarren Federschmuck zur Schau stellt; der ins Auge fallende Schmuck erregt bei der Werbung die Aufmerksamkeit der weiblichen Tiere. Bei den Menschen, zumindest in den westlichen Kulturen, wird der Frau die dekorative Rolle zugewiesen, als verfüge sie durch ihr zweites X-Chromosom über einen zusätzlichen Erbfaktor »Schönheit«. Dieser Geschlechterunterschied im Hinblick auf physische Attraktivität wird weithin als »naturgegeben« akzeptiert.

Schönheit ist in der Tat kein geschlechtsneutrales Merkmal. Es gibt keine vom Fernsehen aufgezeichneten Schönheitswettbewerbe, bei denen Männer in Bikinis auf dem Laufsteg paradieren und aufgrund ihrer wohlgeformten Beine und ihres sympathischen Lächelns zum »Mr. America« gewählt werden. Kein Märchenprinz ist so hübsch, daß die Sonne sich verwundert, wenn sie in sein Gesicht scheint. Da Schönheit einseitig der weiblichen Geschlechtsrolle zugeschrieben wird, werden Frauen nicht in erster Linie über ihr Handeln definiert, sondern über ihr Aussehen. Weiblich sein bedeutet schön sein, und umgekehrt bedeutet ein Mangel an Schönheit auch ein Mangel an Weiblichkeit. Gutes Aussehen ist für Weiblichkeit unbedingt erforderlich, für Männlichkeit hingegen nebensächlich. Diese Asymmetrie führt zu unterschiedlichen sozialen Erwartungen und hat für jedes Geschlecht unterschiedliche Konsequenzen.

Schon in der Sprache schlagen sich die Verbindungen zwischen Schönheit und Geschlechtszugehörigkeit nieder. Sprache reflektiert die Gedanken, formt das Denken aber auch. Das Englische gehört zu den wenigen Sprachen, die für die Attraktivität von Männern und Frauen unterschiedliche Termini verwenden. Frauen sind »pretty« (hübsch); das Wort bezieht sich vor allem auf physische Merkmale und bedeutet »ornamentale Schönheit ohne Erhabenheit, angenehm in einer femininen, kindlichen Weise«. Es ist problematisch, einen Mann »pretty« zu nennen, denn damit wird nahegelegt, daß er feminin ist. Das lateinische Wort »bellus«, von dem das englische Wort »beauty« (Schönheit) abgeleitet ist, bezeichnete ursprünglich nur Frauen und Kinder. Auch heute wird das Wort »beauty« selten auf erwachsene Männer angewandt.*

Männer sind »handsome« (gutaussehend, stattlich) – ein Terminus, der von der Wurzel »hand« (Hand) abgeleitet ist und sich ursprünglich eher auf das Verhalten, weniger auf das Aussehen bezog. In dem Wort »handsome« verbindet sich Kraft und Kultiviertheit mit gutem Aussehen. Männer berichten, daß sie andere – attraktive – Männer nicht so sehr um ihre äußere Erscheinung beneiden als um ihren Status, ihren Besitz und bestimmte Eigenschaften.

Menschen beider Geschlechter, die »handsome« – gut-

---

* Für die deutsche Sprache gilt ähnliches: Einen Mann »schön« zu nennen, hat einen leicht abschätzigen Beigeschmack; A. d. Ü.

aussehend – sind, werden für die Aktiven, die Handlungsfähigen gehalten, während »pretty people« – hübsche Menschen – in erster Linie als dekorativ gelten.

Es ist nur ein kleiner Schritt von der Vorstellung, daß Frauen das »schöne Geschlecht« sind, bis zu der kategorischen Forderung, daß sie schön zu sein haben. Weil weibliche Schönheit erwartet wird, erhält sie übertriebene Bedeutung; Frauen werden anfälliger für Rollenzwänge und obsessive Beschäftigung mit ihrem Aussehen. Die stereotypen Schönheitsvorstellungen unserer Gesellschaft stellen eine Form von sozialer Kontrolle dar, die starken Einfluß darauf hat, wie Menschen sich selbst sehen und wie sie von anderen gesehen werden. Erica Abeel schildert die Auswirkungen dieses Stereotyps im Alltag:

»Mein Problem ist, daß ich trotz der Bewußtseinsrevolution der letzten fünf Jahre immer noch das Gefühl habe, ich müsse schön aussehen. Männer können aussehen, wie sie wollen. Ich präsentiere der Welt ein respektables, hochgestochenes Image: die Professorin, die Widersprüche innerhalb der künstlerischen Sensibilität unserer Epoche erforscht. Aber es gibt noch ganz andere, banale Dinge, die bestimmte Bereiche meiner Existenz ausfüllen. ... Wenn ich meine Schuhe angezogen habe, lege ich meine Maske an: Rouge, Eyeliner, Maskara. Genügt mein nacktes Gesicht nicht, um mich adäquat zu repräsentieren? Das Bemühen um die Aufrechterhaltung des schönen Scheins bleibt nicht konstant, sondern es akkumuliert. Je mehr du für dein Aussehen tust, desto mehr mußt du in der Folge tun. ... Obwohl die täglichen ›Sanierungsmaßnahmen‹ an meinem Gesicht minimal sind, wurde mir kürzlich klar, daß nichts Freigewähltes mehr daran ist.«[2]

In Interviews berichten Frauen immer wieder über die Auswirkungen der stereotypen Schönheitsvorstellungen und über ihr Bemühen, damit zurechtzukommen. Bei dem Versuch, die perfekte Schönheit zu spielen, treten die unterschiedlichsten Konflikte auf, wie das folgende Beispiel zeigt:

Judy beschreibt sich selbst als eine ziemlich unscheinbar aussehende Frau. Sie ist neunundzwanzig Jahre alt, mit

15

einem Rechtsanwalt verheiratet und hat eine leitende Position in einer Werbeagentur. Ihren Berufserfolg schreibt sie teilweise einer radikalen kosmetischen »Überarbeitung« ihrer Erscheinung zu, die sie vom häßlichen Entlein zum strahlenden Schwan transformierte. Dennoch zweifelt Judy am Wert dieser Veränderung. Sie erinnert sich:

»Als ich klein war, hatten wir in der Familie alle besondere Rollen. Mein Bruder war der Sportliche, meine Schwester war die Hübsche, und ich war die Musikalische. Ich war stolz auf mein Talent und legte keinen besonderen Wert auf mein Aussehen.«

Viele Eltern versehen ihre Töchter mit bestimmten Etiketten: die Niedliche, die graue Maus, die Prinzessin, aber auf ihre Söhne wenden sie diese spezifischen Bezeichnungen, die sich zu Rollen entwickeln, nicht an. Mädchen, die solche Beinamen erhalten, internalisieren sie allmählich und beginnen, die damit verbundenen Rollen zu spielen.

Judy erinnert sich, daß sie im fünften Schuljahr zum ersten Mal Befangenheit über ihr Aussehen empfand, als ein Cousin sich darüber lustig machte, daß sie eine Brille trug. Sie entwickelte sich körperlich langsamer als andere Mädchen, und in der Junior High-School* wurde ihr schmerzlich bewußt, daß sie zu kindlich aussah. Während die Interessen ihrer Freundinnen fast ausschließlich um Kleidung und um Jungen kreisten, nahm Judy Gesangsunterricht. Als in der High-School ein Musical aufgeführt werden sollte und man ein Mädchen für die Hauptrolle suchte, sang Judy vor, aber obwohl sie eindeutig talentierter war, wurde ein anderes, hübscheres Mädchen für die Rolle ausgewählt.

»Mir war immer klar, daß ich nicht besonders hübsch war, aber bis zu dem Augenblick, als ich diese Rolle nicht bekam, hatte mich das nie gestört. Plötzlich erschienen mir meine Träume von einer Karriere als Sängerin unrealistisch, und ich gab diese Idee allmählich auf. Ich verglich mich mit mei-

---

* die erste Stufe der weiterführenden Schulen in Amerika; A. d. Ü.

nem Bruder und dachte darüber nach, daß ihn seine Akne nicht daran hinderte, ein Leichtathletik-Star zu sein.«

Männer können durch Talent und Leistung für andere attraktiv werden, während bei Frauen Talent und Leistungsfähigkeit nicht genügen – sie müssen auch schön sein. Nachdem sie das College abgeschlossen hatte, ging Judy zu einer New Yorker Werbeagentur. Dort erklärte ihr eine Kollegin, daß sie ihre ausgezeichnete Arbeit in ein besseres Licht rücken könne, wenn sie etwas für ihr Aussehen tue.

»Sie sagte mir, Gepflegtsein reiche nicht aus. Sie meinte, ich könne viel attraktiver sein, als ich glaubte. Zuerst leistete ich Widerstand. Eigentlich bin ich ganz zufrieden mit mir, und die Vorstellung, etwas vorzugeben, was ich nicht bin, mißfiel mir. Aber dann erinnerte ich mich an die Musicalaufführung in der Schule, und ich wollte nicht wieder das Nachsehen haben.«

Judy entschloß sich spontan, ihr Haar rötlich-blond zu färben. Sie ersetzte ihre Brille durch Kontaktlinsen und war über ihre Veränderung selbst verblüfft. Sie erlebte mit Faszination, daß auch ihre Umwelt anders auf sie reagierte. Schönheit wird nicht nur erwartet, sondern auch belohnt. Menschen bemerken und bestätigen Attraktivität. Judy bekam bald eine höhere Position, die sie aufgrund ihrer Leistungen durchaus verdient hatte. Sie fragt sich aber immer noch, ob sie im Beruf so schnell vorangekommen wäre, wenn sie ihre Erscheinung nicht verändert hätte.

»Sicher, ich genieße die zusätzliche Aufmerksamkeit, aber irgendwie ärgere ich mich auch. Ich bin immer noch derselbe Mensch. Morgens, wenn ich meine Brille aufhabe und kein Make-up trage, sehe ich durchschnittlich aus. Ich bin immer gescheit, leistungsfähig und produktiv gewesen, und ich weiß, daß ein Mann mit meinen Fähigkeiten und einem Durchschnittsgesicht sich nicht jeden Tag aufdonnern muß, damit seine Talente anerkannt werden.«

Judy hat eine sichere Stellung und führt eine gute Ehe. Sie würde gern zu einem natürlicheren Aussehen zurückkehren, aber sie fühlt sich durch die gesellschaftlichen Erwartungen immer noch unter Druck gesetzt – nicht nur, was ihre eigene Karriere angeht, sondern auch in bezug auf die sozialen Verpflichtungen, die mit dem Beruf ihres Mannes verbunden sind. Für Judy hat es sich zwar gelohnt, aber es war auch schmerzlich und verwirrend. Für eine Frau ist es schwieriger als für einen Mann, körperliche Attraktivität mit seelischer Integrität zur Deckung zu bringen. Außerdem ist es schwer zu definieren, worin eigentlich weibliche Schönheit besteht, denn die Vorstellungen darüber wechseln.

Ist Schönheit definierbar?

Schönheit ist ein Begriff, der vieles bedeuten kann – äußeren Glanz, innere Gelassenheit, sexuelle Anziehungskraft, kulturell vermittelte ästhetische Ideale. Es gibt zahllose einander widersprechende Definitionen von Schönheit, was darauf hinweist, wie ambivalent ihre Bedeutung aufgefaßt wird. Einerseits wird Schönheit als bloße Fassade abgetan, als bedeutungslose Äußerlichkeit. Andererseits wird ihr übernatürliche Macht zugeschrieben. Eine außergewöhnlich schöne Frau kann Königreiche regieren und zu Fall bringen. Weibliche Schönheit wird manchmal mit frischer Unschuld gleichgesetzt, dann wieder mit verführerischer Dämonie, wie sie sich in der »Femme fatale« äußert. Schönheit ist edel, aber auch verdächtig, rein, aber korrumpierend. Die stereotype verführerische Blondine ist dumm, aber sexy, passiv, aber aufregend. In einem Augenblick wird ihre Schönheit begehrt und stellt einen hohen Wert dar, im nächsten Augenblick wird sie als Nebensächlichkeit abgetan.

Erst wird Schönheit als angeborene Qualität angebetet, die durch künstliche Mittel nicht herstellbar ist, dann wird sie verpackt und auf den Markt geworfen als preiswerte Illusion, mit der sich jeder umgeben kann. Prinzessinnen werden geboren, aber auch gemacht. (Debra Sue Maffet ließ sich ihre Nase operieren, ehe sie 1983 den »Miss America«-Titel gewann.) Um sich mit dem Image »natürlicher« Schönheit zu schmücken, verbergen Frauen die Tatsache, daß sie sich ihre Gesichter liften ließen. Sie stellen sich mit platinblonden Locken und purpurroten Fingernägeln zur Schau, um so verführerisch wie möglich zu wirken. Präzise Definitionen von Schönheit werden durch solche Widersprüche unmöglich gemacht.

Fünfzig Wettbewerbsteilnehmerinnen, die die Namen von Ländern tragen, paradieren vor einer Jury, die sie als Endkampfteilnehmerinnen oder unter »ferner liefen« einstuft. Fünf Millionen Zuschauer billigen diese Methode, »die Schönste im ganzen Land« zu wählen, durch ihre passive Teilnahme. Gleichzeitig errechnet ein Computer aus den Daten der letzten fünfzig Siegerinnen der »Miss America«-Wahl die Prognose, daß die nächste Titelträgerin eine 1,70 m große Blondine mit blauen Augen sein wird. Sind diese Statistiken geeignet, das Wesen der Schönheit zu definieren? Die »Königinnen«, die über Rodeos und College-Bälle regieren, scheinen die Auffassung zu verkörpern, daß weibliche Schönheit äußerlich und quantifizierbar ist. Wenn Menschen aufgefordert werden, Attraktivität oder Schönheit zu definieren, nennen sie jedoch eine Reihe subtiler Qualitäten, die abstrakt und in höchstem Maß individuell sind.

In psychologischer Sicht ist Schönheit ein Interaktionsprozeß. Was unter Schönheit verstanden wird, hat ebensoviel mit den Überzeugungen und Wahrnehmungsgewohnheiten des Betrachters zu tun wie mit den realen Qualitäten der betrachteten Person oder des betrachteten Objekts. Aus diesem Grund ist der Begriff Schönheit so schwer faßbar und der Einfluß von Schönheit so schwer zu bestimmen. Wir können nie sicher sein, worauf unsere ästhetischen Vorstellungen beruhen oder was »objektiv« schön ist. Sind physische oder psychische Dimensionen dafür ausschlaggebend? Wohnt Schönheit dem Fleisch inne oder wird sie durch die Phantasie geschaffen? Wer bestimmt darüber, was als schön zu gelten hat – Wahrnehmende oder Wahrgenommene? Hatte Schopenhauer recht, als er erklärte, nur der Mann, dessen Geist von sexuellen Impulsen vernebelt sei, könne jene kleinwüchsige, schmalschultrige, breithüftige, kurzbeinige Klasse von Wesen, genannt Frauen, als das »schöne Geschlecht« bezeichnen?

Im vorigen Jahrhundert versuchte Sir Francis Galton einen Idealtypus zu konstruieren, indem er die physischen Merkmale einer großen Zahl von Menschen summierte. Er überblendete Fotos von Hunderten von Gesichtern und stellte fest, daß das Resultat der Montage tatsächlich dem Schönheitsideal seiner Epoche entsprach. Seiner Auffassung nach hatte ein schönes Gesicht regelmäßige, eher durchschnittliche Züge, während ein häßliches Gesicht »voller Überraschungen« war. Im allgemeinen bedeutet Schönheit jedoch etwas, das über den Durchschnitt hinausragt. Als Kombination »seltener oder ungewöhnlicher Qualitäten« definiert, hat Schönheit eine ausschließende Funktion; die wenigen, die über das Ungewöhnliche verfügen, werden von den vielen, bei denen das nicht der Fall ist, abgegrenzt.

Wenn es der Mehrheit gelingt, sich dem Ideal gemäß zu verändern, müssen sich die Maßstäbe ändern, denn der Wert der Schönheit beruht darauf, daß sie das Außergewöhnliche bleibt. Es werden also bestimmte Eigenschaften als Ideal festgelegt, denen immer nur wenige entsprechen können.

Schönheitsnormen sind einem permanenten Wandel unterworfen; neue Maßstäbe werden aufgestellt und wieder aufgegeben. Der Kult weicher, gerundeter Formen weicht der Bewunderung von Muskeln, glattes Haar löst lockiges Haar ab, mal steht der Busen im Zentrum der Aufmerksamkeit, mal die Beine, je nachdem, wie sich die Moden verändern. Wenn Schönheitsvorstellungen sich wandeln, wird erwartet, daß auch die Körper sich verändern; die Natur erfüllt nicht von sich aus die Schönheitsideale der Gesellschaft. Wimpern müssen länger, Haare seidiger, Wangen rosiger werden. Vielleicht ist uns, wie manche Biologen behaupten, die unbewußte Fähigkeit angeboren, die Signale der Jugend, der Fruchtbarkeit und der Kraft zu erkennen, da

diese Eigenschaften für die Erhaltung der Art einen Vorteil darstellen. Diese natürliche Fähigkeit, Attraktivität (im biologischen Sinn) zu erkennen, wird dann durch kulturelle Schönheitsnormen überlagert. Es herrscht tatsächlich ein hohes Maß an Übereinstimmung darüber, wer schön ist und wer es nicht ist. Die Bewertungen fallen übereinstimmend aus, unabhängig vom Alter, vom Sozialstatus und von der ethnischen Zugehörigkeit der Bewertenden.[3]

Innerhalb einer Kultur herrscht Übereinstimmung darüber, was unter Schönheit zu verstehen ist, trotz der Tatsache, daß die Maßstäbe permanent wechseln und daß Individuen, die äußerst unterschiedlich aussehen, als gleichermaßen attraktiv eingeschätzt werden. Es mag schwierig sein, das Wesen der Schönheit zu definieren, aber offenbar erkennen die meisten Menschen Schönheit, wenn sie mit ihr konfrontiert sind.

Schönheitsvorstellungen entwickeln sich relativ früh im Leben. Die Einschätzung von Kindern im Kindergartenalter, wer von ihren Spielkameraden attraktiv sei, korreliert in hohem Maß mit dem Urteil der Erwachsenen.[4] Die ausgeprägte soziale Übereinstimmung in bezug auf Schönheitsvorstellungen zeigt, wie machtvoll kulturelle Stereotypen wirken. Selbst das Vergnügen an der eigenen Erscheinung hängt von den sozial erworbenen Maßstäben ab. Judys Beispiel zeigt, wie das Selbstbild eines Menschen untergraben werden kann, wenn Erfolg oder Mißerfolg von der äußeren Erscheinung abhängen. Als Kind fühlte Judy sich mit ihrem durchschnittlichen Aussehen durchaus wohl, bis sie bei der Auswahl der Hauptdarstellerin für das Musical abgelehnt wurde. Später litt sie erneut unter Selbstzweifeln, als die Kollegin in der Werbeagentur ihr sagte, Gepflegtsein allein reiche nicht aus, um beruflich voranzukommen.

Es ist ein weitverbreiteter Irrtum, daß Schönheit bei der ersten Begegnung am wichtigsten sei und dann, bei größerer Vertrautheit, unwichtiger werde. Tatsächlich läßt sich beobachten, daß genau das Gegenteil zutrifft. Die äußere Erscheinung spielt selbst bei langandauernden Beziehungen zwischen Menschen weiterhin eine große Rolle.[5] Nach einer anderen weitverbreiteten Fehleinschätzung ist Schönheit demokratisch verteilt in der Weise, daß jeder Mensch irgendwann in seinem Leben auf einen anderen Menschen trifft, der ihn attraktiv findet. Erhebungen führen auch hier zu der umgekehrten Schlußfolgerung: Bestimmte Gesichter werden durchgehend bewundert, während andere durchweg abgelehnt werden. Das Aussehen ist von großer Bedeutung für die Art, wie jemand die zahllosen täglichen Kontakte mit anderen Menschen erlebt. Hier liegt die Macht der Schönheit, unser Leben zu prägen und zu beeinflussen.

Das altgriechische Wort »kalos« und das lateinische Wort »bellus« wurden in der Doppelbedeutung von »schön« und »gut« gebraucht. Bis heute werden diese beiden Qualitäten miteinander assoziiert. Schöne Menschen werden mit Freude angenommen – wenn nicht grundsätzlich, so doch in vielfacher Hinsicht. Wie in zahlreichen Studien nachgewiesen wurde, gelten attraktive Menschen als warmherziger, ausgeglichener, sensibler, freundlicher, ehrlicher und erfolgreicher als weniger attraktive Menschen, und es wird auch angenommen, das Leben der Schönen sei mit mehr Sinn erfüllt.[6] Ein angenehmes Äußeres umhüllt nach allgemeiner Überzeugung ein ebenso angenehmes Wesen. Es ist eindeutig unwahr, daß wir Schönheit nur als oberflächlichen Schein betrachten, erklärt Ellen Berscheid, eine Pionierin auf dem Gebiet der Schönheitsforschung. Die meisten Menschen sind zutiefst davon überzeugt, was schön ist, müsse auch gut sein. Wir leisten den sogenannten höheren Werten Lippendienst und bestehen pflichtschuldig darauf, daß wahre Schönheit im inneren Wesen liege, daß die äußere Erscheinung unwesentlich sei und daß nur der Charakter zähle. Aber diese scheinheiligen Maximen überdecken nur einen stark im Unbewußten wirkenden Kult der äußeren Attraktivität.

Bis vor kurzem war der hohe Stellenwert der körperlichen Attraktivität kein Gegenstand sozialwissenschaftlicher Forschung. Mittlerweile stellt sich jedoch heraus, daß Attraktivität in zwischenmenschlichen Beziehungen eine bedeutsame Rolle spielt – eine Tatsache, die Dichtern und Malern seit langem bekannt war. Gutaussehende Menschen werden nicht nur mit den guten Dingen des Lebens in Verbindung gebracht, sie werden auch besser behandelt. Hübsche Babys werden häufiger liebkost, niedliche Kleinkinder seltener bestraft als unattraktive Kinder.[7] Lehrer wenden gutaussehenden Schülern besondere Aufmerksamkeit zu, Geschworene zeigen mehr Mitgefühl, wenn die Opfer von Verbrechen attraktiv sind. Menschen mit angenehmem Äußeren wird von Fremden eher Hilfe angeboten.[8] Weibliche Patienten in psychiatrischen Kliniken erhalten mehr individuelle Therapie, wenn sie jung und hübsch sind[9], attraktive Bewerber werden bei vielen, wenn nicht bei allen Jobs bevorzugt. Wie auch Judys Beispiel zeigt: Attraktive Menschen kommen beruflich schneller voran.

Die Vorzugsbehandlung, die gutaussehende Menschen genießen, hat Langzeiteffekte. Allem Anschein nach kommen sie im sozialen Leben besser zurecht, sind ausgeglichenere Persönlichkeiten und verfügen über ein weites Spektrum zwischenmenschlicher Fähigkeiten, die geeignet sind, andere zu beeinflussen.[10] Vielleicht haben attraktive Menschen mehr Zutrauen zu sich selbst, weil sie damit rechnen können, freundlich behandelt zu werden. Oder die gute Behandlung, die sie erfahren, bringt das Positive in ihnen zum Vorschein. Schönheit wird durch positives Feedback belohnt. Da von gutaussehenden Leuten Gutes erwartet wird, wachsen sie, wie es scheint, in die Fähigkeiten hinein, die bei ihnen vermutet werden. In einer Studie wurde nachgewiesen, daß die Vorstellung von Schönheit sogar Telefongespräche zwischen Fremden beeinflussen kann.[11] Männer wurden aufgefordert, unbekannte Frauen anzurufen, die ihnen vorher als attraktiv oder unattraktiv geschildert worden waren. Den Frauen wurde nicht gesagt, daß die Männer diese Schein-Informationen erhalten hatten. Unbewußt ermutigten die männlichen Testpersonen die »attraktiven« Frauen, freundlicher und aufgeschlossener zu reagieren, während die Telefongespräche mit den »unattraktiven« Frauen distanziert verliefen.

Die positiven und negativen Vorurteile, die mit Schönheit verbunden sind, üben eine reale Wirkung aus. Sie sind machtvoller, als die meisten Menschen wahrnehmen oder zugeben, erklärt Berscheid. Sie spiegeln wesentliche Aspekte der Geschlechterrollen unserer Kultur, und Frauen sind ihnen in höherem Maß ausgesetzt als Männer.

Die assoziative Verbindung von Schönheit, Güte und Weiblichkeit scheint Frauen als Klasse heraufzusetzen; darin liegt einer der Vorteile, die Frauen aus der Rolle der »fair Lady« ziehen. Was schön ist, ist nicht nur gut – es ist auch geschlechtsbezogen.

Schönheit und Vorurteile

Ist es empirisch nachgewiesen, daß Frauen als das »schöne Geschlecht« betrachtet werden? Welche Tatsachen erhärten die Hypothese, daß Schönheitsvorstellungen geschlechtsbezogen sind? Obwohl nur wenige Studien der Frage nachgingen, ob Schönheit als spezifisch weiblicher oder spezifisch männlicher Zug gilt, traten geschlechtsspezifische Unterschiede zutage. Die Studien zeigen, daß unterschiedliche Vorstellungen von Attraktivität auf die Geschlechter angewandt werden. Schönheit wird für alle Menschen als wichtig angesehen, für Frauen jedoch in wesentlich höherem Maß.[12] Vom Augenblick der Geburt an wird auf Mädchen Schönheit projiziert; man sucht sie in ihnen, und man nimmt sie an ihnen wahr. In einer Umfrage wurden Eltern vierundzwanzig Stunden nach der Geburt ihrer Kinder gebeten, den Sohn oder die Tochter nach bestimmten Kriterien einzustufen. Mädchen wurden als schön, sanft, hübsch, zart und klein beschrieben. Jungen wurden stramm, stark, kräftig, lebhaft und robust genannt. Die weiblichen und männlichen Säuglinge dieser Studie waren sorgfältig danach ausgesucht worden, daß Körperlänge, Gewicht und

Reaktionsvermögen übereinstimmten.[13] Trotz dieser physischen Übereinstimmungen waren die Kinder in den Augen ihrer Eltern »schöne« Töchter und »starke« Söhne. In einer anderen Studie wurde ein in Blau gekleidetes Baby als lebhaft, stark und aktiv bezeichnet; dasselbe Baby wurde süß und niedlich genannt, als es in Rosa gekleidet war. Andere Erhebungen bestätigen, daß Mädchen während ihrer Kindheit mehr Aufmerksamkeit für ihr Äußeres erhalten als Jungen.[14] Einige der früheren Studien zum Thema Attraktivität konzentrierten sich ausschließlich darauf, wie Frauen eingeschätzt wurden. Man katalogisierte zum Beispiel die körperlichen Merkmale, die Männer verschiedener Gesellschaften an Frauen schön fanden, erhob aber keine Daten über die Vorlieben von Frauen, was das Aussehen von Männern angeht. Männliche Attraktivität wurde einfach nicht als Forschungsgegenstand betrachtet. Durch ihre Asymmetrie spiegeln diese Studien das Vorurteil, bei Frauen sei die äußere Erscheinung wichtiger als bei Männern.[15]

Zahlreiche Studien zeigen, daß Testpersonen, die nach Fotos das Aussehen von Frauen und Männern bewerten sollten, die abgebildeten Frauen generell als attraktiver einschätzten.[16] Schöne Gesichter gelten als charakteristisch für Frauen und Kinder, weniger für Männer und ältere Menschen.[17] (Die Verbindung von Frauen und Kindern in bezug auf das Schönheitsideal unterstützt die Vorstellung, daß kindliche Qualitäten wie große Augen, glatte Haut, rosige Wangen für die weibliche Attraktivität von großer Bedeutung sind.) Da die meisten Frauen Kosmetika und Make-up benutzen und die meisten Männer das nicht oder nur in geringem Umfang tun, ist der Standard der weiblichen Attraktivität auf den Testfotos künstlich erhöht. Frauen werden an einer übersteigerten Norm gemessen, während Männer nach realistischeren Vorstellungen eingeschätzt werden.

Die Einschätzung von Attraktivität korreliert in den Studien mit der Einschätzung »femininer« Qualitäten bei Frauen und »maskuliner« Qualitäten bei Männern. Bei

Frauen sind die Korrelationen jedoch wesentlich höher, was darauf hinweist, daß Schönheit bei der Wahrnehmung von Weiblichkeit eine wichtigere Rolle spielt als bei der Wahrnehmung von Männlichkeit.

Außerdem wurden beide Geschlechter mit zunehmendem Alter als weniger attraktiv eingeschätzt, aber während ältere Männer immer noch als sehr »männlich« galten, wurden ältere Frauen nicht nur als reizloser, sondern auch als weniger »weiblich« angesehen.[18] Bei jungen Frauen korreliert Schönheit im positiven Sinn mit Zufriedenheit und Selbstwertgefühl, im negativen Sinn mit neurotischem Verhalten. Bei Männern findet sich jedoch keine Verbindung zwischen Persönlichkeitsmerkmalen und äußerer Erscheinung, was darauf hinweist, daß Attraktivität weniger Einfluß auf die seelische Stabilität von Männern hat.[19] Außerdem nimmt man an, daß unattraktive Männer ihr reizloses Aussehen besser kompensieren können als Frauen. Ein Psychologe kommentierte: »Wenn ein Mensch schon häßlich sein muß, ist er als Mann besser aufgehoben.«[20]

Daß Schönheit in unserer Kultur ein geschlechtsspezifisches Merkmal ist, wurde inzwischen umfassend nachgewiesen. Bei Frauen wird die äußere Erscheinung in jedem Lebensalter stärker betont und höher bewertet als bei Männern. Frauen werden kritischer beurteilt, wenn es um Attraktivität geht, und sie werden heftiger zurückgewiesen, wenn sie unattraktiv sind. Bei einer Frau wird Schönheit erwartet, bestätigt und in vielen unterschiedlichen Lebenszusammenhängen belohnt. Den größten Einfluß hat Schönheit aber vermutlich auf der Ebene der Verliebtheit und der Liebesbeziehungen.

Bertrand Russell beobachtete, daß »Frauen im allgemeinen dazu neigen, Männer wegen ihres Charakters zu lieben, während Männer die Tendenz haben, Frauen wegen ihres Aussehens zu lieben« – und er hatte recht. Wenn es um Flirts und Romanzen geht, ist Schönheit für Frauen wesentlich wichtiger als für Männer. Ein hübsches Mädchen zieht eine Schar von Verehrern an. Bei jungen Frauen hängt es sehr stark von ihrer äußeren Erscheinung ab, wie begehrt sie sind; bei jungen Männern ist das nicht unbedingt der Fall. Unattraktive College-Studentinnen gehen seltener mit Männern aus als ihre hübscheren Zimmergenossinnen, während unattraktive Studenten ebensooft Verabredungen haben wie gutaussehende Studenten.[21]* Bei einer Computerstudie über das »Dating« wurden Testpersonen nach dem Zufallsprinzip Rendezvous-Partner oder -Partnerinnen zugeordnet. Später wurden die Testpersonen befragt, wie ihnen ihre »Dates« gefallen hatten. Die äußere Erscheinung war das einzige Kriterium, anhand dessen bei beiden Geschlechtern der Grad der Zufriedenheit mit dem »Date« vorausgesagt werden konnte; die Korrelationen zwischen der Attraktivität der weiblichen Testpersonen und der Zufriedenheit der männlichen Testpersonen waren jedoch wesentlich höher.[22] Männer legen bei der Partnerwahl ganz allgemein größeren Wert auf gutes Aussehen als Frauen. Als in derselben Studie fünfhundert Paare zusammengestellt wurden, je nach den Qualitäten, die jede Testperson bei einem »Date« wünschte, zeigte sich, daß sich die Geschlechter an unterschiedlichen Kriterien orientierten. Die weiblichen Testpersonen suchten junge Männer mit guten (Schul- oder Studien-)Leistungen, die populär waren, gut tanzten und ihrer eigenen Religionsgemeinschaft angehörten; den männlichen Testpersonen erschien es unumgänglich notwendig, daß ihre Rendezvous-Partnerinnen hübsch sein sollten.[23]

In einer anderen Studie sagten die meisten Männer aus, daß Schönheit für sie das entscheidende Kriterium nicht nur bei der Wahl eines »Dates«, sondern auch einer potentiellen Ehefrau sei. Nicht eine einzige Frau in derselben Studie wertete das Aussehen als den wichtigsten Faktor bei der Partnerwahl. College-Studentinnen erklärten au-

---

* Das »Dating« – mehr oder minder unverbindliche Verabredungen zu gemeinsamen abendlichen Unternehmungen – ist eine Institution des amerikanischen Teenager- und Collegelebens; die Häufigkeit der »Dates« ist ein Gradmesser für den Status und die Beliebtheit der jungen Frau beziehungsweise des jungen Mannes; A. d. Ü.

ßerdem, daß es ihnen peinlich sei, ihr Interesse an männlicher Attraktivität einzugestehen.[24]

Frauen sind sich der Tatsache bewußt, daß Männer hohen Wert auf weibliche Schönheit legen, und wenden daher große Mühe auf, um diesen Erwartungen zu entsprechen. Auch homosexuelle Männer sind oft in ähnlicher Weise wie Frauen an ihr Aussehen fixiert, denn sie haben ähnliche Probleme. Schwule sind sich vollkommen darüber im klaren, daß Männer bei ersten Kontakten vor allem nach dem Aussehen gehen. Frauen und schwule Männer betrachten ihren Körper als Objekt der Anziehung und der Werbung – in wesentlich höherem Maß, als das bei heterosexuellen Männern der Fall ist. Wenn sie Partnerschaftsannoncen aufgeben, betonen Homosexuelle oft ihre körperliche Attraktivität, und wie Frauen klagen sie darüber, daß sie schon in einem jüngeren Alter als heterosexuelle Männer in erotischer Hinsicht nicht mehr beachtet werden.[25]

Dustin Hoffman bezeichnete die Erfahrungen, die er bei der Arbeit an dem Film »Tootsie« machte, als »erschütternd«. In der Rolle der »Dorothy« stellte er fest, daß sich das Leben als reizlose Frau sehr von dem Leben als reizloser Mann unterscheidet. Hoffman berichtete in einem Interview, daß es ihn wütend mache, wenn Männer, die ihm – in seiner Rolle als Dorothy – vorgestellt wurden, sich unmittelbar nach der Begrüßung abwandten und nach einer attraktiveren Frau Ausschau hielten. Es wurde ihm aber auch klar, daß er selbst keine Ausnahme darstellte, daß »Dorothy« auch für ihn nicht begehrenswert war und daß er sich nicht um sie bemüht hätte. Hoffman kam zu dem Schluß, daß Männer selbst gern attraktiver sein möchten und sich daher bemühen, eine schöne Frau an ihrer Seite zu haben, um das »Mauerblümchengefühl« loszuwerden.

Männer schmücken sich mit schönen Frauen und gewinnen durch den »Abfärbeeffekt« selbst an Glanz. Da der weiblichen Schönheit ein hoher Stellenwert zugemessen wird, geht etwas davon auf den Mann über; eine schöne Begleiterin bedeutet Statusgewinn. Wenn ein unattraktiver Mann eine hübsche Partnerin hat, wird er als intelligenter und erfolgreicher beurteilt, als wenn er mit einer unattraktiven Partnerin auftritt.[26] In den Augen der Umwelt macht die Schönheit der Frau den Mann nicht attraktiver, sondern sie bestätigt seine charakterlichen Qualitäten – seine Kompetenz oder sein sympathisches Wesen. Irgend etwas muß er richtig gemacht haben – scheinen die meisten Menschen zu glauben –, um einen so phantastischen Preis zu gewinnen. Im Unterschied dazu bedeutet ein gutaussehender Mann für eine unattraktive Frau kaum einen Zugewinn an Sozialprestige. Warum wirkt sich der »Abfärbeeffekt« bei Frauen nicht genauso aus wie bei Männern? Schönheit signalisiert bei einer Frau ihre Fähigkeit, die weibliche Rolle auszufüllen (denn Schönheit wird mit Weiblichkeit gleichgesetzt); bei einem Mann sagt Schönheit jedoch wenig über seine Fähigkeit aus, die männliche Rolle auszufüllen, und daher hat seine Attraktivität für seine Partnerin auch weniger »Abfärbewert«.

Wie ein Sportwagen oder eine elegante Yacht beweist eine schöne Partnerin der Umwelt die Virilität eines Mannes. »Seine« schöne Frau ist eine Erweiterung seiner selbst, ein Teil seiner Errungenschaften. Da Männer sehr wohl wissen, daß die Schönheit einer Frau ihren Status erhöhen kann, bieten sie soziale Belohnungen im Austausch für Schönheit an. Der Tauschhandel weibliche Schönheit gegen männliche Macht führt zu den bekannten Verbindungen auffallend attraktiver Frauen mit unattraktiven, aber bedeutenden Männern. Die übertriebene Aufmerksamkeit, die dem Aussehen von Frauen gilt, ist das Resultat dieser kulturellen Asymmetrie. Vielleicht wäre Attraktivität für Frauen weniger wichtig, wenn der »Kurswert« der Schönheit nicht so ungleich verteilt wäre.

Attraktive Frauen tendieren dahin, Männer zu heiraten, deren beruflicher Status höher ist als ihr eigener. Schönheit ist bei Unterschicht- und Mittelschichtfrauen ein zuverlässiger Voraussagefaktor für die Ehe mit einem Partner, der einer höheren sozialen Schicht angehört.[27] Die Analyse von Heiratsannoncen zeigt, daß Frauen dazu tendieren, physische Attraktivität anzubieten, während Männer Attraktivität auf ihrer Wunschliste führen; für finanzielle Sicherheit gilt das Gegenteil: Bei Männern rangiert sie mehr unter »biete« – bei Frauen mehr unter »suche«.[28]

Die Verbindung von Schönheit und Weiblichkeit beeinflußt die Vorlieben bei der Partnerwahl. Das ist nicht nur eine abstrakte Erkenntnis, sondern eine Realität, die soziale Konsequenzen hat. Die folgenden Kapitel werden zeigen, wie diese Konstellation sich auswirkt, wie sie das Selbstbild von Frauen, die Adoleszenzentwicklung, das Annehmen des Alterns, das Gefühl von Einfluß und Macht beeinflußt. Erinnern wir uns an Judy: Ihr unscheinbares Gesicht war dafür verantwortlich, daß sie ihr Ziel, Sängerin zu werden, aufgab und daß sie im College relativ wenig soziale Kontakte hatte. Judy berichtete, daß ihr Mann sich anfangs vor allem von ihrem rotblonden Haar angezogen fühlte und daß sie vor der ersten Verabredung mit ihm ein kleines Vermögen ausgab, um so eindrucksvoll wie möglich auszusehen. Ihre kosmetische Transformation wirkte sich nicht nur auf ihre eigene Karriere aus, sondern auch auf die ihres Mannes. Er profitiert in beruflichen Situationen von der Anwesenheit seiner Frau, denn sie verkörpert die ideale Verbindung von Schönheit und Verstand.

Die Vorstellung von Frauen als dem »schönen Geschlecht« ist Bestandteil eines größeren Komplexes kultureller Normen; sie unterstützt eine Reihe weiterer Fehlinterpretationen, die für sich in Anspruch nehmen, das Wesen der Schönheit und die Natur der Frau zu »erklären«. Solche kulturellen Stereotypen dienen dazu, Geschlechterunterschiede festzuschreiben und die Ungleichheit der Geschlechter zu rechtfertigen.

Die Rolle sozialer Mythen

Es gibt ebenso viele widersprüchliche Mythen über das Wesen der Schönheit wie über das Wesen der Frau, und beide Vorstellungen haben viel miteinander gemeinsam. Wie die Schönheit wird auch die Frau mal als gut, mal als böse ange-

sehen. Die Schönheit und auch die Frau werden als gefährlich und verführerisch betrachtet. Beide gelten als Mysterium, das einerseits in seiner Macht gefürchtet, andererseits
als belanglos abgetan wird. Durch parallele Mythen werden
die Schönheit und die Frau zu einem einzigen Vorstellungs-
komplex verknüpft.

Soziale Mythen sind kollektive Überzeugungen, die wie
etwas Selbstverständliches erscheinen. Als Mischung aus
Halbwahrheiten, Verzerrungen und individuellen Gefühlen
stehen sie außerhalb des normalen Prozesses der Realitäts-
prüfung. Durch Phantasien werden diese irrationalen Ge-
bilde zu enormer Größe aufgebläht, wie die Riesenbrüste in
einem Woody-Allen-Film, die sich auf die Spur des männlichen Helden setzen. Durch Kindheitssehnsüchte und -ängs-
te vergrößert, kommen soziale Mythen den menschlichen
Grundbedürfnissen nach Sicherheit und Geborgenheit entgegen. Sie dienen dazu, erschreckenden Erfahrungen das
Bedrohliche zu nehmen; obwohl sie Verwirrung schaffen,
geben sie vor, Erklärungen zu sein. Wenn eine Gesellschaft
zum Beispiel glaubt, daß Fleisch verdirbt, wenn eine men-
struierende Frau es berührt, bringt sie jahrhundertelang
immer wieder »Beweise« für die Richtigkeit dieser irrationalen Vorstellung hervor. Wie die Tauben in B. F. Skinners
Labor, die ihre Kreistänze aufführten, weil sie gelernt hatten, ihre Drehbewegungen mit Futter zu assoziieren, geben
sich Menschen alle erdenkliche Mühe, die falsche Verbindung zwischen zwei in Wahrheit unverbundenen Dingen
oder Ideen als »richtig« zu bestätigen – zwischen Menstruation und verdorbenem Fleisch, zwischen Frauen, die Büstenhalter verbrennen, und Männerhaß, zwischen Schönheit und Weiblichkeit. Irrationale Vorstellungen werden so
als »Tatsachen« bewiesen und eisern als »Wahrheit« verteidigt.

So wie Menstruationstabus die Erfahrung der Menstruation verändern, beeinflussen Schönheitsmythen die Wirkung der Schönheit. Soziale Mythen werden als Maßstab
der Selbsteinschätzung benutzt. Menschen vergleichen sich
mit irrationalen Idealbildern und verändern ihr Aussehen,

um in das vorgegebene Muster hineinzupassen und das zu werden, was sie – ihrer Vorstellung nach – sein sollten. Wenn Frauen gelernt haben, daß weibliche Schönheit bedeutet, üppige, sanft gerundete Brüste zu haben, messen sie sich an diesem Standard. Wenn sie ihm nicht gerecht werden, ziehen sie wattierte Büstenhalter an oder nehmen sogar Silikonimplantate in Kauf. Auf diese Weise verschwinden die flachen Oberkörper; was real nicht vorhanden ist, wird durch eine Nachbildung ersetzt, und die »Wahrheit« der Klischeevorstellung ist erwiesen. Soziale Mythen dieser Art fungieren also als selbsterfüllende Prophezeiungen, die sich in gefährlicher Weise fortpflanzen.

Gebildete Männer debattierten jahrhundertelang darüber, ob die Frau eine Seele habe, ob die Klitoris ein verkümmerter Penis sei, ob Frauen Zugang zur Bildung haben oder rechtliche Gleichstellung erhalten sollten. Frauen, die durch die Klischees einer androzentrischen Gesellschaft definiert werden, füllen die ihnen zugeschriebenen Rollen schließlich auch aus. Wenn man ernsthaft daran glaubt, daß Frauen geistig minderbemittelt sind, kann man zu dem logischen Schluß kommen, daß es Verschwendung wäre, ihnen Bildung zu vermitteln. Frauen werden dann entgegenkommenderweise ihre intellektuelle Inkompetenz demonstrieren. Wenn man davon überzeugt ist, daß Frauen von Natur aus passive Stubenhockerinnen sind, kann man ihnen im Namen der Schönheit die Füße verkrüppeln und dann beobachten, wie zufrieden sie am Herd sitzen. Wenn man davon ausgeht, daß Frauen das »schöne Geschlecht« sind, kann man sie von Kindheit an dafür belohnen, daß sie die Attribute der Attraktivität kultivieren, und ihr Aussehen wird schließlich die ursprüngliche Prämisse als »Wahrheit« bestätigen.

Wie sich solche Mythen herausbilden, kann man mit den Begriffen der allgemeinen Entwicklungspsychologie erklären. Vom Augenblick der Geburt an sind Kinder mit der schwierigen Aufgabe konfrontiert, der Welt, die sie umgibt, einen Sinn zu entnehmen. Jean Piaget vergleicht die intellektuelle Entwicklung der Menschen mit einer Kartei, die

von Kindheit an allmählich angelegt und immer weiter er-
gänzt wird. Jede »Karteikarte« repräsentiert eine bestimmte
Vorstellung – von Schmerz, von Nähe oder Distanz, vom
Gesicht der Mutter. Die »Karteikarten«, die für Männlichkeit, Weiblichkeit, Schönheit und Körperbild stehen, werden relativ früh im Leben angelegt. Keine der Vorstellungen, die sie repräsentieren, ist je völlig zutreffend, erklärt
Piaget. Kinder haben große Lücken in ihrem Realitätskon-
zept. Mit wachsender Erfahrung wird die geistige »Kartei«
vervollständigt und verbessert, so daß die Realität genauer
erfaßt und präziser beschrieben werden kann.

Auch Kulturen durchlaufen Entwicklungsprozesse. Soziale Mythen sind für Kulturen, was kognitive Irrtümer für
das kindliche Denken sind.

Wie die Religion und die Wissenschaften helfen uns die
Mythen, für verwirrende Fragen wie die nach der Form der
Erde, dem Ursprung des Lebens oder der Bedeutung der
Geschlechterunterschiede Erklärungen zu finden. Durch
die Fusion von Hunderten von mentalen »Karteien« entwickeln sich diese Erklärungssysteme weiter. Die Verzerrungen, die den geschlechtsbezogenen Mythen innewoh-
nen, haben Ähnlichkeit mit den Irrtümern des kindlichen
Denkens. Beide resultieren aus einem nur partiellen Erkennen der Realität. Ein vierjähriges Kind wird auf Piagets be-
rühmtes Wasserglasproblem mit der Aussage reagieren,
daß ein schmales hohes Glas mehr Wasser enthält als ein
kurzes, weites Glas. Man kann das Wasser vor den Augen
des Kindes von einem Glas in das andere umgießen und
ihm zeigen, daß die Wassermenge dieselbe bleibt – es wird
dennoch bei seiner ursprünglichen Behauptung bleiben,
denn es sieht die »Wahrheit«, daß das Wasser in dem
schmalen Glas höher steht. Es ist noch nicht bereit, die geistige »Karteikarte«, auf der verzeichnet steht, daß höherer
Wasserstand mehr Wasser bedeutet, abzuändern. Solange
das Kind zu diesem nächsten geistigen Schritt nicht bereit
ist, bleibt es für die neue Tatsache blind. Wenn man eine
alte Karteikarte aussortiert, muß man bereit sein, die Welt
mit neuen Augen zu sehen. Wenn die Vorstellung von

Frauen als dem »schönen Geschlecht« in ihrer Gültigkeit angezweifelt wird, zieht das eine Neuinterpretation der Geschlechterrollen nach sich. Soziale Mythen können sich also erst dann verändern, wenn genügend Menschen bereit sind, ihre geschlechtsbezogenen geistigen Karteikarten kollektiv umzuschreiben.

Als die Demonstrantinnen in Atlantic City ihre Büstenhalter in den Müll warfen, war das Ausmaß von Empörung dem Anlaß – einigen nunmehr frei hängenden Busen – völlig unangemessen. In ihrer kollektiven Überreaktion hatten die empörten Zeitgenossen die Büstenhalter ganz zutreffend symbolisch interpretiert: als Bestandteile eines gefährdeten Stützsystems, als Requisiten einer viel bedeutenderen sozialen Frage. Was auf dem Spiel stand, war nicht die Form des weiblichen Busens, sondern die Vorstellung, daß Frauen »von Natur aus« mit besonderer Schönheit ausgestattet seien. Die befreiten Brüste wurden (wie die nicht mehr künstlich verkleinerten Füße der Chinesinnen) sehr schnell als Bedrohung der Vorstellung erkannt, daß weibliche Schönheit nur innerhalb genau festgelegter Grenzen kultiviert und gezeigt werden darf. Gefährdet war die Überzeugung, daß Frauen Objekte visuellen Vergnügens sind, daß ihre Brüste gestützt und geformt werden müssen, um angenehm auszusehen, und daß sie in ihrer natürlichen Form abstoßend und unästhetisch sind.

Wenn eifrig darauf geachtet wird, daß bestimmte Sitten – wie das Aufhalten von Türen, das Verwenden von Make-up oder das Tragen von Büstenhaltern – erhalten bleiben, so deshalb, weil diese simplen Gewohnheiten wichtigere Werte repräsentieren. Wenn erlaubt wird, daß Büstenhalter – als Symbol – abgeschafft werden, könnte auch die Rolle der Frau als schönes Objekt an Gültigkeit verlieren.

Laut Piaget lösen angeborene Prozesse die Intelligenzentwicklung aus, aber letztlich sind es unsere Erfahrungen, die dazu führen, daß die mentalen »Karteien« vervollständigt werden. Auch der Glaube, daß Schönheit ein weiblicher Zug sei, ist kulturell programmiert. Die Gesellschaft lehrt uns, Logik beiseite zu lassen, Tatsachen, die unseren Überzeugungen widersprechen, zu ignorieren und Halbwahrheiten über den weiblichen Körper zu akzeptieren. Durch die Sozialisation überdauern Mythen, die Schönheit und Weiblichkeit miteinander verbinden, den Lauf der Zeiten und widerstehen den periodisch wiederkehrenden Versuchen, sie in Frage zu stellen.

Weibliche Schönheit und weibliche Minderwertigkeit

Menschen neigen dazu, ihre Vorstellungen von den Dingen in Form simpler binärer Strukturen zu organisieren. Mentale »Karteien« werden säuberlich nach den Kategorien schwarz und weiß, gut und böse, männlich und weiblich geordnet. Diese Tendenz wohnt der uns umgebenden Welt selbst inne, wird ihr aber auch aufgedrängt. Tag und Nacht, oben und unten stehen komplementär zueinander. Die Anatomie teilt die Menschheit in zwei Hälften – hier die Frauen, da die Männer. Außerdem verstärkt die Sprache unsere Neigung, in binären Begriffen zu denken, und spaltet dadurch eine ursprünglich ganzheitliche Welt in Gegensätze auf. Sprachliche Kategorien schaffen ihrerseits Kategorien von Menschen: Wenn »er« die Regel ist, stellt »sie« die Ausnahme dar. Binäre Konzepte helfen uns, mit der Vielfalt der Erscheinungen zurechtzukommen. Sie ermöglichen uns Entweder-oder-Entscheidungen, die eine bequeme Endgültigkeit haben. Es ist angenehm und praktisch, Männer als stark, Frauen als schön zu betrachten. Solche Dichotomien führen jedoch zu stereotypen Vorstellungen. Geschlechterrollen werden zu Symbolen komprimiert, Menschen werden falsch und einseitig eingeschätzt und auf enge Muster reduziert. Nora Ephron erinnert sich, daß sie als Heranwachsende davon überzeugt war, daß »die Art, wie jemand sitzt, die Beine kreuzt, eine Zigarette hält, die Fingernägel betrachtet, eindeutig seine oder ihre Geschlechtszugehörigkeit beweise ... Ich dachte, daß ein einziger Ausrutscher, ein einziges falsches Übereinanderschlagen der Beine ... mich in ein anderes Wesen verwandeln könnte«[29].

Binäre Konzepte verbinden sich untereinander zu komplexen Strukturen. Gedankliche Konzepte von männlich und weiblich vermischen sich mit Vorstellungen von gut und böse, schwach und stark, hübsch und häßlich. Sie ziehen wie magnetische Felder positive und negative Ladungen an. Der Prozeß der Evolution führte nicht dazu, daß ein Geschlecht sich weiter entwickelte als das andere. Dennoch wird dem männlichen Pol in der Geschlechterhierarchie fast generell der höhere Status zugeschrieben. Wenn maskuline Züge einmal als die wertvolleren angesehen werden, setzen sie den Maßstab für das menschliche Ideal. Für Frauen wird es schwierig, der männlichen Norm gerecht zu werden. Da sie sich biologisch von Männern unterscheiden, werden Frauen kulturell von dem unterschieden, was in einer androzentrischen Gesellschaft als normal gilt. Auf diese Weise kann Anatomie zum Schicksal werden.

Historische Dokumentationen darüber, wie Frauen als minderwertige und unvollkommene Menschen kategorisiert wurden, sind bekannt, aber immer noch ernüchternd. »Das Weib ist Weib durch das Fehlen gewisser Eigenschaften«, erklärte Aristoteles, und er fügte hinzu, das Wesen der Frauen leide an einer »natürlichen Unvollkommenheit«. Ein Jahrtausend später beschrieb Thomas von Aquin die Frau als den »verfehlten Mann« und als ein »zufälliges Wesen«. Vor hundert Jahren nannte LeBon, der Begründer der Sozialpsychologie, die Frau »die niedrigste Form der menschlichen Evolution – Kindern näher stehend als einem erwachsenen zivilisierten Mann«. Freud bot zu Beginn unseres Jahrhunderts eine weitere Version dieses unerschöpflichen Themas an, indem er von den »verstümmelten Genitalien« der Frau und von ihrem unvollständig ausgebildeten Über-Ich sprach.

In einer mittlerweile klassischen Untersuchung, der sogenannten Broverman-Studie, wurden Psychiater aufgefordert, durch eine Liste von Adjektiven darzustellen, was in ihrer Sicht eine gesunde Persönlichkeit sei.[30] Einige Psychiater hatten die Aufgabe, Kategorien für einen »normalen Mann« aufzustellen, andere für eine »normale Frau«

und wieder andere für einen »normalen Erwachsenen«. Die Resultate zeigten, daß diejenigen Charakteristika, die dem »normalen Mann« zugeschrieben wurden, mit den Charakteristika des »normalen Erwachsenen« identisch waren. Im Gegensatz dazu wichen die der »normalen Frau« zugeschriebenen Eigenschaften von den Eigenschaften des »normalen Erwachsenen« ab. Geistig gesunde Frauen wurden zum Beispiel als gefügiger, abhängiger, weniger objektiv und emotionaler eingestuft als geistig gesunde Erwachsene. Außerdem wurde die intensive Beschäftigung mit dem eigenen Äußeren für eine Frau als normal betrachtet, nicht aber für eine gesunde Persönlichkeit. Wenn zwischen einer »normalen Frau« und einer »normalen Persönlichkeit« Unterschiede gemacht werden, ist es unmöglich, sich sowohl als Frau wie auch als Persönlichkeit der gesellschaftlichen Norm entsprechend zu entwickeln. Die Broverman-Studie bestätigt, daß der Glaube an die weibliche Minderwertigkeit weitergegeben wird, solange das Männliche als das normgebende Prinzip gilt.

Wenn die weibliche Realität nach den Kategorien männlicher Erfahrung bewertet wird, muß sie zwangsläufig rätselhaft erscheinen. Die Frau wird zu einer Außenseiterin mit einem exotisch-anziehenden, aber fremden Körper, mit einer fremden Stimme – das Weibliche wird zum »anderen«. Wenn das Geschlecht als Dichotomie gesehen wird, mit dem Moment des Normgebenden auf der männlichen Seite, wird das »Anderssein« der Frau unvermeidlich. Der kleine Schritt von der Dualität zur Minderwertigkeit der einen Seite reißt einen Abgrund auf. Innerhalb eines solchen Modells muß es immer so erscheinen, als entsprächen die Frauen nicht dem allgemein akzeptierten Standard. Wenn männlich=normal=wertvoll ist, dann ist weiblich=abnorm=wertlos. Wie Simone de Beauvoir in »Das andere Geschlecht« beobachtet, ist an der Tatsache, ein Mann zu sein, nichts Besonderes:

»Er faßt seinen Körper als die direkte und normale Beziehung zur Welt auf, die er in objektiver Form darzustellen

meint, während er den Körper der Frau als gleichsam belastet durch alles sieht, was ihr eigentümlich ist und was ihm als ein Hindernis, eine Fessel erscheint.«[31]

Die Frau als das »andere Geschlecht« ist ein Produkt des binären Geschlechtermodells – und dasselbe gilt für die weibliche Schönheit. Wie kann man Frauen einerseits als das »schöne Geschlecht« glorifizieren und sie andererseits als das »andere Geschlecht« entwerten und herabsetzen? Wie können die Gleichsetzung von Frau und Schönheit und die Gleichsetzung von Frau und Minderwertigkeit Seite an Seite existieren? Mythen über Schönheit und Mythen über Weiblichkeit treten tatsächlich oft in solchen Gegensatzpaaren auf. Gemeinsam schaffen einander entgegengesetzte Mythen ein Gleichgewicht, das zur Aufrechterhaltung beider Aspekte beiträgt. Frauen werden als schön phantasiert, eben weil sie als andersartig angesehen werden. Die Idealisierung der weiblichen Schönheit verdeckt den darunterliegenden Glauben an die weibliche Minderwertigkeit. Ebenso wie exzessiv narzißtisches Verhalten in Selbsthaß wurzelt, wächst der Mythos der weiblichen Schönheit aus dem Boden misogyner (frauenfeindlicher) Vorurteile. Die Schönheit ist das Gegengewicht zur Unvollkommenheit der Frau. Sie verhüllt die Mangelhaftigkeit der Frau und rechtfertigt ihre Existenz. Paarweise auftretende Mythen erscheinen uns oft so gegensätzlich, daß wir ihre inneren Zusammenhänge nicht erkennen. Das Ritual der »Miss America«-Wahl und die rituelle Absonderung von Frauen durch Menstruationstabus erscheinen auf den ersten Blick nicht als Zweige derselben Ideologie. Dennoch wurzeln beide in einer dualistischen Betrachtung der Geschlechter, beide verweisen Frauen auf einen strikt eingegrenzten Platz, beide führen zu einer verzerrten Wahrnehmung des weiblichen Körpers. Mittels einander widersprechender, aber komplementärer Mythen wird die Frau erst zur Muttergöttin erhöht, dann als Hexe verbrannt, erst in ihrer Reinheit angebetet, dann als Verderben bringend verachtet, erst ihrer Schönheit wegen gesucht, dann ihrer Unreinheit wegen verbannt. Die Hexe und die Fee, Schneewittchen und die böse Stiefmutter – jede braucht die andere, um glaubwürdig zu bleiben. Der Mythos der weiblichen Schönheit und der Mythos der weiblichen Minderwertigkeit stützen sich gegenseitig und bilden so eine Einheit – eine seltsame Ehe, in der ein empfindliches Gleichgewicht herrscht.

Warum werden männliche Eigenschaften so hoch bewertet, daß als Folge davon weibliche Eigenschaften als Normabweichung erscheinen – warum wird weibliche Schönheit zum Nebenprodukt dieser Normabweichung? Viele Menschen sind bis heute davon überzeugt, das Patriarchat sei keine gesellschaftliche Einrichtung, sondern die in der Biologie begründete natürliche Ordnung der Dinge. In dieser Sicht sind Frauen von Natur aus unterlegen, weil sie kleiner, schwächer und kindlicher sind. (Tatsächlich werden bei der Darstellung weiblicher Schönheit oft die kindlichen Züge betont.) Außerdem sind Frauen durch ihre biologisch-reproduktive Rolle von Männern abgegrenzt. Frauen sind dazu bestimmt, auf der grundlegenden Ebene des Fleisches Leben zu schaffen und zu erhalten. Daher werden sie über die Körperlichkeit definiert (und neigen dazu, sich auch selbst so zu definieren): über ihren eigenen Körper, über den Körper ihres Mannes und die ihrer Kinder. Die Mutterschaft bindet die Frauen an die sogenannten profanen Ebenen der Natur, während Männer die »heiligen« Bereiche der Kultur übernehmen.

Mutterschaft bindet weibliche Körper in ganz anderer Weise an die Natur. Ein Säugling erlebt die Mutter zunächst als Teil des eigenen Selbst. Ihr Gesicht, ihre Stimme, ihr Geruch sind bei einem Säugling anfangs mit der Selbstwahrnehmung verschmolzen. Der Körper der Mutter ist die primäre Quelle von Sicherheit und Vergnügen – aber gleichzeitig hat dieser Körper die furchterregende Macht, Befriedigung zu verweigern. Er ist nicht immer da, wenn er gebraucht wird. Für den hilflosen Säugling nimmt der mütterliche Körper gigantische Proportionen an und ruft enorme Ambivalenzgefühle hervor. Daher wird der weibliche Körper sowohl gefürchtet als auch idealisiert. Noch als

Erwachsene sehnen wir uns nach seiner Zuwendung und zittern vor seiner Macht, uns in den furchtbaren, abhängigen Zustand des bedürftigen Säuglings zurückzuwerfen. Kim Chernim kommt in ihrem Buch »The Obsession« (Die Obsession) zu dem Schluß, daß die kulturelle Fixierung auf die Kontrolle über weibliche Körper und weibliches Aussehen durch die Erinnerung an die gewaltige Muttergestalt, die mit der Macht über Leben und Tod ausgestattet war, motiviert ist. Durch das Ekstatische und das Frustrierende der frühen Erfahrungen mit der Mutter entwickeln wir eine auf den weiblichen Körper gerichtete Obsession, erklärt Chernim. Weibliche Körper werden zum Brennpunkt für Probleme der menschlichen Existenz. Sehnsucht nach Sicherheit wird mit Sehnsucht nach der Mutter identifiziert – was den Mythos der weiblichen Schönheit und Güte aufrechterhält. Wut auf das Leben wird als Wut auf die Mutter interpretiert – was den Mythos der weiblichen Minderwertigkeit hervorbringt.

Da die Frau nie ganz das ist, was sie sein sollte, muß sie aufgewertet werden. Schließlich ist sie für eben die lebenschaffenden Funktionen, die sie so profan machen, unabdingbar notwendig. Trotz ihrer zweitrangigen Stellung in der Gesellschaft, trotz ihres Ausschlusses aus der Welt der Macht und der Politik, kann man sie nicht ganz und gar ins Exil verweisen. Sie wird gebraucht, um die Arbeit der Natur zu verrichten. Für bestimmte Funktionen muß sie in die Männerwelt zurückgeholt werden: für Partnerschaft und Mutterschaft, für das Essen und für die Wäsche. Die Schönheit verleiht dem entwerteten Geschlecht dann noch einen zusätzlichen Wert. Sie macht die Frau würdig, am Leben des Mannes teilzunehmen, sein Bett zu teilen, seine Kinder zu gebären und seinen Namen zu tragen.

In ihrem Buch »The Dialectic of Sex« (Die Dialektik der Geschlechtlichkeit) beschreibt Shulamit Firestone diese Dynamik auf der Ebene der romantischen Liebe. Ein Mann muß eine bestimmte Frau über alle anderen stellen, um damit seinen »Abstieg zu einer niederen Kaste« zu rechtfertigen. Verliebtheit hängt daher von einer »zeitweiligen Veränderung der männlichen Wahrnehmung« ab. Durch Mystifikation und Glorifikation wird der geringere Klassenstatus der Frau überwunden.[32] Idealisierte Schönheit ist ein notwendiger Bestandteil dieser romantischen Sichtweise. Bräute müssen – in den Augen ihrer künftigen Gatten – hinreißende Geschöpfe sein. Durch mythische Schönheit werden Frauen als Klasse aufgewertet; Schönheit ist die Kompensation für ihren geringen Status. Einfach ausgedrückt: Durch weibliche Schönheit wird Minderwertigkeit in etwas Entzückendes umgewandelt.

Gleichzeitig sorgt die Schönheit auch für die Abspaltung der Frauen als »andere Hälfte der Menschheit«. Eine Braut spürt, daß die romantisch verklärte Liebe vergänglich ist, daß es nur eine Frage der Zeit ist, bis ihr Mann sie als eine »Frau wie alle anderen« wahrnimmt. Die Schönheit ist ein Gleichmacher, der nur vorübergehend wirkt; letzten Endes macht sie das »schöne Geschlecht« doch wieder zum »anderen Geschlecht«. Die Symbole der erworbenen Schönheit – die lackierten Nägel, die rubinroten Lippen, die blondierten Haare – betonen den Geschlechterunterschied in übertriebener Weise. Frauen werden dadurch gleichzeitig auf ein Podest gestellt und ausgegrenzt. Schönheit schafft keine Ebenbürtigkeit, sondern dient als Ersatz dafür, als eine Art Trostpreis. Trostpreise und Podeste stellen jedoch auf lange Sicht nur einen schwachen Ausgleich für Zweitrangigkeit dar. Sie können die volle Anerkennung als Persönlichkeit nicht ersetzen.

Die ambivalenten Einstellungen, die aus ambivalenten Mythen resultieren, kommen in einer Studie zum Ausdruck, die bei Männern zwei Haupttypen von Vorurteilshaltungen feststellte: Die erste Kategorie sah Frauen stereotyp als zerbrechliche, naive, zarte, reine Wesen an; Männer mit dieser Einstellung erhoben Frauen auf ein Podest und sahen sich selbst als ritterliche Beschützer. Die zweite Kategorie betrachtete Frauen als emotional und intellektuell minderwertig und sah ihre untergeordnete Stellung als gerechtfertigt an. Bei vielen Männern fanden sich beide Einstellungen nebeneinander; in diesem Fall stützten sich die komplementären Vorurteilshaltungen gegenseitig.[33]

Auch Frauen verinnerlichen diese ambivalenten Stereotypen und reagieren oft mit Verwirrtheit darauf. Judy zum Beispiel weiß, daß ihr künstlich geschaffenes Schönheitsimage zu ihrem beruflichen Erfolg beiträgt. Gleichzeitig ärgert sie sich, daß sie etwas vorgeben muß, was sie nicht ist. Obwohl sie die Bestätigung genießt, die ihr die Schönheit einbringt, fühlt sie doch, daß sie Anerkennung verdient, so wie sie nun einmal ist. Sie möchte ihrem Mann gefallen und stellt doch ihre Rolle als blondes Statussymbol bei seinen geschäftlichen Angelegenheiten in Frage. Bei der Suche nach ihrer Identität ist Judy mit dem Dilemma konfrontiert, unvereinbare Mythen ausagieren zu müssen. Die gleichzeitige Abwertung und Idealisierung wirft sie in ein Meer von Ambivalenzgefühlen; sie leidet an chronischer Unsicherheit.

»In der Haltung der Männer von heute liegt eine Zwiespältigkeit, die die Frau in ein schmerzhaftes Dilemma treibt«, schreibt Simone de Beauvoir. *»Sie erkennen weitgehend an, daß die Frau ihnen gleichgeartet und auch gleichwertig ist; dennoch verlangen sie auch weiterhin von ihr, daß sie das Unwesentliche bleibe; für sie lassen sich diese beiden Formen des Schicksals aber nicht vereinen: sie schwankt zwischen beiden, ohne für eine von ihnen völlig geeignet zu sein, und daher fehlt ihr das Gleichgewicht.«*[34]

Daher rührte bei Frauen das Hin- und Herpendeln zwischen Selbstverliebtheit und Selbsthaß und die grauenhafte Angst, die ein Schönheitsideal wie Marilyn Monroe dazu trieb, ihrem Leben mit einer Überdosis Nembutal ein Ende zu setzen.

Durch widersprüchliche Mythen wird die Frau mysteriös und ungreifbar. Über das »Rätsel der Weiblichkeit« haben sich Menschen zu allen Zeiten den Kopf zerbrochen und es doch nicht verstanden, erklärte Freud. Das »Rätsel Weib« blieb Freuds großes ungelöstes Problem – vielleicht, weil er das Mysterium beibehalten mußte, um seine Konzeption von der weiblichen Minderwertigkeit aufrechtzuerhalten. Solange die Frau ein Mysterium mit vagen Zügen bleibt, solange sie durch ihr Anderssein auf Distanz bleibt, ist sie zwar schwerer zu verstehen, aber leichter zu ignorieren. Solange die Frau ihre Schönheit als Maskierung trägt, kann man in ihr zugleich mehr und weniger sehen, als sie wirklich ist: Sie verfügt über mehr Schönheit – und über weniger Normalität. Alle Versuche, die geheimnisvolle Essenz der Weiblichkeit zu entdecken, müssen notwendigerweise fehlschlagen, erklärt de Beauvoir, ganz einfach, weil diese Essenz nicht existiert.

Der Mythos des »schönen Geschlechts« erhält diese Mystifikationen am Leben. Petticoats und Schleier, wattierte Büstenhalter und dekorierte Körper, alles, was den Unterschied betont, bestätigt, daß Frauen »das andere« sind. Erinnern wir uns an das Märchen von Aschenputtel, an die Szene, als die Heldin auf dem Ball im Königspalast erscheint. Selbst ihre Stiefmutter und ihre Stiefschwestern, die doch mit ihr in einem Haushalt leben, erkennen sie nicht, so strahlend ist ihre Schönheit. Als liebliches Rätsel verkleidet, wird sie zur Unbekannten, und als unbekannte, nicht zu identifizierende Schönheit wird sie um so begehrenswerter. Venus ist eine verhüllte Göttin – und auch der Planet Venus ist von dichten Wolken umhüllt; ebenso verhält es sich auch mit der Frau: Ihr wahres Wesen ist hinter einem romantischen Nebel verborgen. Durch die Schönheit wird die geheimnisvolle erotische Ausstrahlung der Frau betont, während das menschliche Wesen, die Persönlichkeit, verhüllt bleibt.

GUT AUSSEHEN UND
SICH SCHLECHT FÜHLEN

»Ich fühle mich überhaupt nur in dem Augenblick schön . . ., wenn ein Mann mir bei hellem Tageslicht ins Gesicht schaut und mir sagt, daß ich schön bin. Und dann, sobald er sich nur für eine Minute abwendet, denke ich, daß er seine Meinung geändert hat. Und wenn er sich nicht abwendet und seine Meinung nicht ändert, fange ich an zu glauben, daß er einer dieser Idioten ist, die keinen Geschmack haben.«

So sagt die Heldin eines Romans von Judith Rossner.[1]

Der Glaube an die eigene Attraktivität ist manchmal so schwer zu erlangen wie die physische Schönheit selbst. Das »schöne Geschlecht« neigt dazu, sich selbst voreingenommen zu betrachten. Die Scham über Zellulitis, mattes Haar oder Pigmentflecken, die Befangenheit, das verzerrte Bild des eigenen Körpers und die Angst um ihr Aussehen bringen Frauen dazu, ihren Körper abzuwerten und abzulehnen. Viele Frauen setzen ihre Identität mit ihrem Aussehen gleich. Eine vierzigjährige Frau wird in einem Interview aufgefordert: »Bitte beschreiben Sie sich selbst in einer Weise, die einen guten Eindruck davon vermittelt, wer und was Sie sind!« Sie sitzt einen Augenblick in schweigender Verwirrung da und fragt dann zögernd: »Meinen Sie vom Aussehen her, oder was?« Als ihr gesagt wird, daß sie selbst entscheiden kann, wie sie sich beschreiben will, beginnt sie mit einer Reihe körperlicher Eigenschaften: »Ich bin klein und blond, ein bißchen zu dick . . .«

Die Soziologin Lillian Rubin machte Dutzende solcher Interviews und stellte dabei immer wieder fest, daß Frauen zuerst ihren Körper beschreiben. Obwohl mehr als die Hälfte der Frauen in dieser Studie berufstätig war, manche in hochqualifizierten und gutbezahlten Berufen, begann nicht eine einzige mit ihrem Beruf als Charakteristikum der Selbstdarstellung.[2] Im Selbstbild von Frauen nimmt die äußere Erscheinung eine Vorrangstellung ein, erklärt Rubin, »was nicht verwunderlich ist in einer Kultur, in der die Frauen gelernt haben, daß Schönheit ihr größtes Kapital ist«. Ein inadäquates, negatives Bild des eigenen Körpers war die Regel und nicht die Ausnahme bei den von Rubin interviewten Frauen. Diejenigen, die in jungen Jahren sehr attraktiv gewesen waren und nun darum kämpften, mit den körperlichen Veränderungen des mittleren Lebensalters fertig zu werden, drückten das höchste Maß von Unglück aus. Das Aussehen war für diese Frauen nicht nur das Zentrum, sondern auch die stärkste Bedrohung ihrer Identität.

Obwohl immer wieder behauptet wurde, Frauen seien von ihren eigenen Spiegelbildern so entzückt wie der mythische Narziß, scheint gerade das Gegenteil zuzutreffen. Wenn Frauen aufgefordert werden, ihr eigenes Bild auf Fotos zu beurteilen, äußern die meisten eher Kritik als Zufriedenheit. Als die Psychologin Marcia Hutchinson mehr als hundert Frauen für ein Projekt zum Thema Körperbild auswählte, achtete sie sorgfältig darauf, daß die Teilnehmerinnen normales Gewicht und keine Vorgeschichte von Eßstörungen oder psychischen Erkrankungen hatten. Im Lauf der Projektarbeit stellte sich jedoch heraus, daß nur eine einzige Frau aus der gesamten Gruppe nicht »im aktiven Krieg mit dem Fett« lag. Keine der Frauen hatte wirklich Übergewicht, keine war psychisch gestört – dennoch hielten sie alle Diät, lehnten ihre Körperlichkeit ab und litten unter einem gestörten Körperbild. Hutchinson mußte daraus schließen, daß die Ablehnung des eigenen Körpers unter Frauen epidemisch verbreitet ist.[3]

In der Adoleszenz liegt dieses Problem offen zutage; heranwachsende Mädchen sagen häufiger als Jungen, daß sie sich ihren Altersgenossinnen im Hinblick auf Attraktivität unterlegen fühlen. Bei Frauen tritt das Gefühl physischer Minderwertigkeit generell viel häufiger auf als bei Männern. Eine von drei Frauen sagt, daß sie sich ängstlich, deprimiert oder abgestoßen fühlt, wenn sie ihren nackten

Körper im Spiegel betrachtet. In Umfragen, die von der Zeitschrift »Glamour« durchgeführt wurden, sagten junge Frauen unter fünfundzwanzig Jahren aus, daß sie sich mit jedem weiteren Lebensjahr mehr Sorgen um ihre Attraktivität machen.[4] Nora Ephron schildert, wie fasziniert sie von dem Buch »Conundrum« war, in dem ein Transsexueller die schwierigen Anpassungsprozesse schildert, die mit einer Geschlechtsumwandlung einhergehen. Die Metamorphose von männlich zu weiblich, die in diesem Buch dargestellt wird, erinnerte Ephron an die schmerzhaften Veränderungsprozesse, die sie bei ihrer eigenen Transformation von weiblich zu »feminin« durchlebte:

»Auch ich hatte das Gefühl, in den falschen Körper hineingeboren zu sein, in einen Körper, der sich trotz aller Verwünschungen und aller Gymnastik weigerte, etwas anderes zu werden als jungenhaft und mager ... Mehr als alles andere wünschte ich mir, feminin zu sein — und zwar in der schlimmsten Weise, die man sich vorstellen kann.«[5]

Linda Sanford und Mary Ellen Donovan berichten in ihrem Buch »Women and Self-Esteem« (Frauen und Selbstachtung), daß die Mehrzahl der Frauen, die sie in Therapiegruppen über einen Zeitraum von fünf Jahren beobachteten, gewohnheitsmäßig ihren eigenen Wert herabsetzten; ihr negatives Körperbild war ein zentraler Faktor ihrer Selbstablehnung. Wenn die Frauen aufgefordert wurden, etwas zu benennen, das sie an sich selbst mochten, hatten die meisten Schwierigkeiten, zu antworten. Als sie dann gedrängt wurden, ihre Gefühle zu beschreiben, äußerten sie sich in extrem negativer, an Selbsthaß grenzender Weise über ihre eigene Person.

»Ich glaube, das Gefühl, das ich am häufigsten mir selbst gegenüber habe, ist ein quälender Widerwille, eine Art Ekel ... Manchmal finde ich alles an mir ekelhaft, vor allem meinen Körper. Es gibt Zeiten, da sehe ich mich im Spiegel an und möchte den Spiegel am liebsten zerschlagen. Oft fühle ich mich so wertlos, daß ich nicht aus dem Haus gehen mag.«[6]

Fast alle Frauen in diesen Therapiegruppen litten unter einem negativen Körperbild. Einige waren sich des Zusammenhangs zwischen ihrem Mangel an Selbstwertgefühl und ihrem negativen Körperbild bewußt, andere sahen diese Verbindung nicht. Die meisten Frauen konnten ihren eigenen Körper nicht richtig wahrnehmen. Zwei spezifische Arten verzerrter Realitätswahrnehmung fielen auf: Entweder schätzten die Frauen die Größe und Form ihres gesamten Körpers falsch ein (das heißt, sie sahen sich als fetter, breiter, kräftiger, als sie wirklich waren) – oder sie betrachteten einen bestimmten Körperteil als völlig abnorm. Sie sprachen von ihren »Elefantenschenkeln«, »Säulenbeinen« oder »Mammutbrüsten«; diese Verzerrungen beherrschten ihr Bewußtsein und verwandelten ihr gesamtes Körperbild in eine Karikatur.[7] Frauen übertragen eine partielle Unvollkommenheit ihres Körpers auf ihre gesamte Erscheinung, während sie ihre individuellen Vorzüge ignorieren. Sanford und Donovan weisen darauf hin, daß so viele Frauen ihren Körper als Problem erleben, weil unsere Kultur ihnen vermittelt, daß sie schön sein müssen, um menschlich wertvoll zu sein, und weil die kulturellen Schönheitsnormen absurd und unerreichbar sind. Das inadäquate Körperbild, das Frauen in vielfacher Weise in ihrer Entwicklung hemmt, ist zum größten Teil ein Produkt sozialer Konditionierung. Die Autorinnen erklären: »Wir werden weder mit dem Glauben geboren, daß wir attraktiv sein müssen, um wertvolle Menschen zu sein, noch mit der Vorstellung, daß wir unbedingt blond oder dünn sein müssen, um hübsch zu sein.« Frauen werden auf die jeweils als Schönheitsideal geltenden Maßstäbe verpflichtet, und man bringt ihnen bei, Selbstwert und Aussehen gleichzusetzen.

Das Bewußtsein eines Kindes bleibt nicht lange ein unbeschriebenes Blatt. Schon früh ist ein ideales Bild weiblicher Schönheit darauf verzeichnet. In unserer Kultur orientiert sich das Schönheitsideal am weißhäutigen Typus. Märchenprinzessinnen und »Miss Americas« sind traditionell Weiße. Diese Schönheitsvorstellungen lasten am schwersten auf den braunen Schultern von Frauen ethnischer Minderheiten, die mit einem doppelten Handikap fertig werden müssen. Auch ihnen wird beigebracht, daß Schönheit für Frauen eine unumgängliche Notwendigkeit ist. Auch sie streben nach Schönheit, finden aber sehr bald heraus, daß diejenigen, deren Lippen zu voll sind, deren Augenlider sich anders falten, deren Haar zu kraus ist, um im Wind zu wehen, und deren Haut nicht in rosigen Tönen schimmert, von vornherein zum Scheitern verurteilt sind. Stereotype Schönheitsnormen verbinden sich mit sexistischen und rassistischen Vorurteilen, um diejenigen auszuschließen, die in der gesellschaftlich dominanten Sphäre unwillkommen sind. Alle drei Faktoren wirken zusammen, um farbige Frauen als die minderwertigsten Menschen zu stigmatisieren. Schwarze Frauen berichten mit noch größerer Bitterkeit als weiße Frauen darüber, daß sie sich in bestimmten Lebensphasen als abgrundtief häßlich empfanden. Lorraine erzählte in einem Interview, wie sehr sie und ihre Schwester sich schämten, die dunkelhäutigsten in ihrer Familie zu sein, »viel schwärzer als Mama, die offen ihre Enttäuschung zeigte, daß wir nicht ihr nachschlugen. Weil sie hellere Haut hatte, konnten wir sie nicht einmal für unsere Haut verantwortlich machen, wie es manche andere Mädchen taten«.

Die Medien erinnern Frauen ethnischer Minoritäten dauernd daran, daß ihr Aussehen nicht der gängigen Schönheitsnorm entspricht. Lorraine entwickelte einen Abwehrmechanismus, um die verletzenden kommerziellen Idealbilder auszublenden:

»Als Teenager guckte ich weg, wenn im Werbefernsehen ein langhaariges blondes Fotomodell Cremespülung für die Haare anpries; auf diese Art mußte ich nicht sehen, wonach ich mich so sehr sehnte, was ich aber nie haben konnte.«

Selbst zwei Jahrzehnte nach »Black is beautiful« beeinflussen die Schönheitsvorstellungen der weißen Gesellschaft immer noch das schwarze Schönheitsideal. Es bedeutet immer noch einen Statusgewinn, jemanden mit heller Haut zu heiraten; das Vermächtnis des Lebens in einer rassistischen Kultur wirkt auch heute noch weiter. Hellhäutige Frauen haben einen besonders starken »Abfärbeeffekt« für schwarze Männer, die dahin erzogen werden, das weiße Schönheitsideal zu bewundern und zu begehren. Lorraine berichtete, daß die Art und Weise, wie sie von schwarzen Männern wegen ihrer dunklen Haut und ihres »schlechten« Haars zurückgewiesen wurde, zu den schlimmsten und schmerzhaftesten Erfahrungen ihres Lebens gehört.

Selbstreflexion ist Bestandteil des Menschseins. Wir entwerfen in unseren Phantasien ein bestimmtes Körper-Selbstbild. Als subjektive Realität können diese inneren Bilder für uns so wirklich sein wie der physische Körper selbst. Schon in der Kindheit lernen wir unsere ersten Lektionen in Selbstbild-Anatomie. Wir erfahren allmählich, daß einige Teile des Körpers als schön verehrt, andere als schamvoll und häßlich abgelehnt werden. Akzeptanz und Ablehnung, Zufriedenheit und Unzufriedenheit verbinden sich mit bestimmten Körperregionen und ihrer Repräsentanz in unserem Bewußtsein. Der Übergang von der Körperwahrnehmung zum Körperbild und zum Annehmen des eigenen Körpers ist eine schwierige Entwicklungssequenz; die positive oder negative Bewertung unseres eigenen Körpers und die Angemessenheit unseres Körperbildes bestimmen, wie wir uns selbst und andere später wahrnehmen. Durch Selbstreflexion entwickelt sich allmählich das Gefühl, ein von anderen abgegrenztes Ich zu sein; das Körperbild spielt bei der Ich-Entwicklung eine zentrale Rolle. Unser Körperbild ist ständig im Fluß, es wird größer, wenn wir uns vor Stolz aufblähen; es wird kleiner, wenn wir durch Mißerfolge zusammenschrumpfen. Es wird auch stark dadurch beeinflußt, wie nahe unser realer Körper der gerade vorherrschenden Schönheitsnorm kommt. Wenn zwischen Körperideal und Körperwirklichkeit eine zu große Diskrepanz besteht (zum Beispiel dann, wenn ein Kult der Schlankheit die meisten Frauen als zu dick definiert), empfinden wir uns als Außenseiterinnen und stehen unter dem Druck, unsere Erscheinung umzumodeln, um in die populäre Schablone hineinzupassen. Auch eine seelische Reorganisation ist notwendig, wenn die eigene Erscheinung mit dem gegenwärtigen Schönheitstrend nicht übereinstimmt oder wenn ein sich wandelnder Körper mit einem früheren Körperbild unvereinbar wird.[8]

Zu jeder Zeit existieren neben dem dominierenden Schönheitsideal alternative Varianten; Frauen kommen dann in die beklemmende Lage, zwei entgegengesetzten Idealbildern gerecht werden zu müssen. Es gibt zum Beispiel eine dauernde Oszillation zwischen der Betonung kindlicher Unschuld und der Darstellung ausgeprägter Erotik. In den zwanziger Jahren drückten die »Flappers« ihren (sexuellen) Emanzipationsanspruch durch Bubiköpfe und kurze Röcke aus, schnürten sich aber die Brüste ein, um den Eindruck eines knabenhaften Körpers zu vermitteln. In den fünfziger Jahren wurden vollbusige Schönheitsidole wie Marilyn Monroe und Brigitte Bardot verehrt; sie strahlten eine üppige Erotik aus, die jedoch mit kindlicher Naivität gekoppelt war. Zur Zeit wird ein hyperschlankes Schönheitsideal propagiert – gleichzeitig existiert jedoch ein Kult um Muskeln und athletische Körper. Diese gleitenden und widersprüchlichen Schönheitsideale stellen schizophrene Ansprüche an Frauen: Sie sollen zur gleichen Zeit entgegengesetzte Körpertypen darstellen. Unter solchen Voraussetzungen verwundert es nicht, daß es Frauen so schwerfällt, ein positives Körperbild zu entwickeln und aufrechtzuerhalten.

Ganz gleich, wie extrem eine Schönheitsnorm sein mag – sie wirkt immer als sozialer Imperativ. Sobald ein bestimmter »Look« durch genügend Leute abgesegnet ist, wird neu definiert, was unter »normalem Aussehen« zu verstehen ist, selbst wenn die Grenzen der geistigen Gesundheit dabei überschritten werden. Unsere gegenwärtige Schlankheitsbesessenheit kann als eine Form kultureller Neurose beschrieben werden. Während eine individuelle Sinnestäuschung die davon betroffene Person als seelisch krank ausgrenzt, geschieht bei einer kollektiven Sinnestäuschung das genaue Gegenteil. Wie ist die geistige Gesundheit einer Kultur einzuschätzen, die den idealen weiblichen Körper als extrem abgemagert definiert – oder den idealen weiblichen Fuß als puppenhaft klein – oder die ideale Taille als so schmal, daß ein Mann sie mit beiden Händen umfassen kann – oder das ideale Gesicht als ewig faltenlos? Diese Beispiele sozialer Pathologie sind die Folgen des Schönheitsmythos. Ein negatives Körperbild ist die Internalisierung dieser sozialen Neurosen.

Das Körperbild ist so eng mit dem Selbstverständnis einer Person verbunden, daß die Verzerrung des einen notwendigerweise die Deformation des anderen nach sich zieht. Es ist jedoch schwierig, die Wechselwirkungen zwischen Körperbild und Selbstverständnis genau zu bestimmen. Inkompetenz- und Minderwertigkeitsgefühle können auf eine unbewußte Ablehnung des eigenen Körpers zurückgehen. Umgekehrt kann aber auch ein Mangel an Selbstwertgefühl zu einem negativen Körperbild führen. Frauen neigen stärker als Männer dazu, ihre Ich-Identität mit ihrem Aussehen gleichzusetzen (oder mit der Vorstellung von ihrem Aussehen – oder mit der Vorstellung davon, was andere von ihrem Aussehen halten). Untersuchungen zeigen, daß das Selbstkonzept von Frauen mit der Wahrnehmung ihrer eigenen Attraktivität zusammenhängt, während das Selbstkonzept von Männern eher durch die Wahrnehmung ihrer Fitneß oder ihrer Effektivität bestimmt ist.[9] Mit anderen Worten: Männer beurteilen sich selbst nach dem, was sie können; Frauen beurteilen sich selbst danach, wie sie aussehen. Männer sehen in ihrer Kompetenz auch eine Form von Attraktivität, während kompetente Frauen sich nicht unbedingt auch für attraktiv halten. Außerdem stimmt die Selbsteinschätzung von Männern mehr als die von Frauen mit dem Bild überein, das andere von ihnen haben. Das heißt, da Männer sich selbst so sehen, wie andere sie sehen, schätzen sie sich realistischer und genauer ein. Bei Frauen scheint es dagegen kaum einen Zusammenhang zwischen ihrer tatsächlichen körperlichen Attraktivität und ihrer Zufriedenheit mit dem eigenen Körper zu geben.[10]

Marcia Hutchinson kommt zu dem Schluß, daß die Wechselwirkung zwischen negativem Körperbild und geringer Selbstachtung als Quelle seelischer Störungen bisher unterbewertet wurde. Obwohl die Zahl der Frauen, die unter einem verzerrten Körperbild leiden, enorm hoch ist, tendieren Ärzte und Psychiater dahin, dieses Phänomen entweder zu ignorieren oder es als Symptom einer individuellen psychischen Störung zu werten und nicht als Produkt eines kranken gesellschaftlichen Systems. Ein verzerrtes Körperbild hemmt die Entfaltung der eigenen Sexualität, trägt zu psychosomatischen Symptombildungen bei, führt zu Streß und erhöht Scham- und Schuldgefühle. Es spielt bei so »typisch weiblichen« Störungen wie Anorexia nervosa (Magersucht), Fettleibigkeit, Agoraphobie und Depressionen eine wesentliche Rolle. Magersüchtige Frauen zum Beispiel sind nicht in der Lage, den ausgehungerten Zustand ihres Körpers realistisch wahrzunehmen; sie streiten vehement ab, daß sie zu dünn sind. Fettleibige Frauen berichten, daß sie das Gefühl für ihre Körpergrenzen verloren haben und daß ihr Selbst mit der Umwelt verschmilzt. Manche dieser Frauen sehen sich sogar nach starkem Gewichtsverlust immer noch als zu fett an. Frauen, die unter Agoraphobie leiden, verkriechen sich in ihren Wohnungen aus Angst, sich den prüfenden Blicken der Umwelt auszusetzen.

Wenn durch rigide kulturelle Erwartungen unerreichbare Maßstäbe gesetzt werden, führt das vergebliche Ringen um Perfektion zu Depressionen. Bei Fällen von klinischer Depression sind Frauen in einem geschätzten Verhältnis von drei zu eins Männern gegenüber in der Überzahl. Frauen neigen dazu, ihre Körperwahrnehmung ins Negative zu verzerren – was dem allgemeinen Bild der Depression entspricht. Männer dagegen tendieren zu einer positiven Verzerrung ihres Körperbildes in Richtung Selbstverherrlichung – wie es eher unter nicht-depressiven Menschen der Fall ist.[11] Generell scheinen Menschen, die sich als weniger attraktiv einschätzen, als sie wirklich sind, stärker zu Depressionen zu neigen.

Das vergebliche Bemühen, schön zu sein oder die Schönheit zu bewahren, verstärkt bei Frauen das Gefühl der Hilflosigkeit. Sie fühlen sich unfähig, einen fundamentalen Aspekt ihrer weiblichen Identität in den Griff zu bekommen. Die Last der idealisierten Schönheitsvorstellungen verbindet sich mit den übertriebenen Ansprüchen, die Frauen an sich selbst stellen, und erhöht so ihre Anfälligkeit für depressive Störungen. Häufig verknüpfen Frauen seelische Ängste mit einem bestimmten Körperproblem. Statt zu sagen »Ich bin unglücklich«, sagt eine Frau vielleicht »Ich bin zu fett« oder »Ich habe eine schlechte Haut«. Auf diese Weise isoliert sie die Depression und verschafft sich die Illusion einer potentiellen Kontrolle über ihre Probleme. Wenn sie das Problem einmal als zehn Pfund überflüssiges Fett identifiziert hat, kann sie glauben, daß alles besser werden würde, »wenn ich nur dünner wäre«. Die Körperwahrnehmung wird so mit Störungen vermengt, die ursprünglich nicht mit dem Körperbild in Zusammenhang stehen.

Das Aussehen ist so eng mit der seelischen Stabilität von Frauen verknüpft, daß Kosmetik sich als eine nützliche Begleittherapie bei psychischen Störungen erweist. Der Zustand von Patientinnen in psychiatrischen Kliniken verbessert sich erstaunlich, wenn sie täglich ein Make-up oder einmal wöchentlich eine Behandlung bei der Kosmetikerin bekommen. Selbst schwer depressive Patientinnen, die auf keine andere Form der Therapie ansprechen, erwachen manchmal zu neuer Lebendigkeit, wenn sie in einen Schönheitssalon gebracht werden.[12] Kosmetik kann einen Heileffekt haben, denn einer Frau, die besser aussieht, fällt es leichter, sich selbst anzunehmen.

Ein weiterer Versuch »kosmetischer Therapie« wurde im Rahmen eines Rehabilitierungsprogramms für delinquente Mädchen (Drogenabhängige und jugendliche Prostituierte) durchgeführt. Den Mädchen wurde vermittelt, wie sie sich pflegen und hübsch zurechtmachen können; auf diese Weise versuchte man, selbstdestruktives Verhalten abzubauen und das Selbstvertrauen der Mädchen wiederherzustellen. Delinquente männliche Jugendliche erhielten im Rahmen desselben Rehabilitierungsprogramms eine Handwerksausbildung.[13] Am Beispiel dieser unterschiedlichen

Behandlung wird das Vorurteil deutlich, daß sich bei einem Mädchen oder einer Frau die Probleme schon lösen werden, wenn sie nur attraktiv genug ist. In diesem Zusammenhang sei an die Broverman-Studie erinnert, in der Psychiater gesunde Männer mit gesunden Menschen gleichsetzten, Frauen jedoch in anderen Kategorien beschrieben. Sozial erwünschte Eigenschaften wurden allgemein dem männlichen Geschlecht zugeschrieben, während einige Züge, die für gut angepaßte Erwachsene als unerwünscht gelten, für Frauen als angemessen betrachtet wurden. Normale Frauen wurden zum Beispiel als – im Unterschied zu Männern – gefügiger, abhängiger und stärker an ihr Aussehen fixiert beschrieben. Mit anderen Worten: Psychiater erwarten bei gesunden Frauen ein gewisses Maß an neurotischer Obsession, was ihr Aussehen angeht.[14]

Wenn eine Frau gesellschaftlich akzeptiert sein will, muß sie die für ihr Geschlecht geltenden Verhaltensnormen annehmen, selbst wenn diese für eine gesunde Persönlichkeit als unangemessen betrachtet werden. Sie ist also in einer Zwickmühle: Wenn sie die geschlechtsspezifischen Rollenzuweisungen ablehnt, wird sie als »unweiblich« betrachtet; wenn sie sich rollenkonform verhält, gilt sie als unangepaßt in bezug auf normales erwachsenes Verhalten. Eine Frau lernt durch ihre Sozialisation nicht nur, sich anders zu verhalten, sondern auch anders auszusehen als ein normaler erwachsener Mensch – »weiblicher« nämlich. Ihre Lippen müssen röter, ihre Wimpern länger, ihre Taille muß schmaler, ihre Haut glatter sein. Schon aufgrund ihres Geschlechts ist sie »anders«, und das Image, das die weibliche Mode verlangt, betont ihr Anderssein noch um so mehr. Ebenso wie die weibliche Rolle eine Verzerrung des normalen erwachsenen Verhaltens impliziert, stellt der »feminine« Körper eine Verzerrung des gesunden erwachsenen Körpers dar. Man könnte sagen, Frauen verhalten sich in der Sicht unserer Gesellschaft dann »normal«, wenn sie ihre geschlechtsspezifische Abnormität signalisieren.

Das pathologische Element, das der weiblichen Rollennorm innewohnt (die übersteigerte Forderung nach physischer Attraktivität eingeschlossen), bleibt so lange unsichtbar, wie die Kultur es als »gesund« definiert. Die übertriebene Aufmerksamkeit für das eigene Äußere, die zur normalen Darstellung von Weiblichkeit gehört, bringt bei Frauen exzessiv narzißtisches Verhalten hervor. Wenn andererseits das Bemühen um Attraktivität fehlschlägt, führt das zu Unsicherheit und Selbstablehnung. In dieser Patt-Situation, wo jeder eingeschlagene Weg zu gestörtem Verhalten führt, müssen Frauen zwangsläufig Probleme mit ihrer Körperlichkeit entwickeln.

Die Broverman-Studie zeigte, daß viele gesellschaftlich unerwünschte Eigenschaften als Bestandteil der normalen weiblichen Rolle gelten. Auf lange Sicht trägt unterwürfiges und abhängiges Verhalten nicht gerade zur Entwicklung von Selbstvertrauen bei, auch wenn es als normales weibliches Verhalten betrachtet wird. Siebenunddreißig verschiedene positive Attribute wurden in der Studie als charakteristische Eigenschaften des gesunden Mannes genannt; dagegen wurden gesunden Frauen lediglich elf (zum Teil gesellschaftlich unerwünschte) Eigenschaften zugeschrieben. Das Akzeptieren der weiblichen Rolle beinhaltet also die Beschränkung auf wenige, engumgrenzte Dimensionen; zwei davon sind gutes Aussehen und Adrettheit. Frauen, die danach streben, die elf erlaubten Verhaltensdimensionen zu überschreiten und Eigenschaften zu entwickeln, die der längeren männlichen Liste angehören, müssen damit rechnen, in ihren eigenen Augen und in den Augen anderer als »unweiblich« zu erscheinen. Dieses Risiko unterminiert das Vertrauen in die eigene Weiblichkeit nur noch mehr.

Obsessive Beschäftigung mit dem eigenen Aussehen wird bei Frauen als normal und gesund betrachtet. Sanford und Donovan berichten jedoch, daß eine alarmierend große Anzahl von Frauen an obsessiver Unsicherheit leidet. Diese Frauen sind in extremer Weise auf die kleinsten Details ihrer äußeren Erscheinung fixiert und schauen ständig in den Spiegel, um ihr Aussehen zu überprüfen. Man sieht diese »Spiegel-Junkies«, wie sie manchmal genannt werden, in Restaurants ihre Puderdosen zücken oder sich im Rückspiegel betrachten, wenn sie beim Autofahren an der Ampel halten müssen. Viele dieser Frauen berichten, sie hätten das Gefühl, den ganzen Tag über eine Fremde zu beobachten:

> *»Ich überprüfe dauernd mein Gesicht, bestimmt hundertmal am Tag, besonders wenn ich nervös bin. Selbst wenn ich weiß, daß ich gut aussehe, muß ich mich immer noch einmal rückver-sichern. Ich bin mir nie ganz sicher, was ich sehen werde, so als könnte urplötzlich irgendwo ein häßlicher Pickel hervorschie-ßen. Ich kann an keinem Spiegel vorbeigehen, ohne einen kriti-schen Blick hineinzuwerfen. Manchmal mag ich mein Gesicht, aber meistens fühle ich mich furchtbar unsicher.«*

Chronische Selbstunsicherheit bringt Frauen dazu, sich zwanghaft mit anderen zu vergleichen. Sie unterwerfen sich nicht nur gnadenloser Selbstkritik, sondern betrachten auch andere Menschen wie unter einem Mikroskop. Sie suchen nach Unterschieden, an denen sie ihren eigenen relativen Wert bemessen können, und setzen sich so einer fortwäh-renden Selbstprüfung aus. Unbewußt identifizieren sie sich mit den Mängeln, die sie an anderen Frauen wahrnehmen:

> *». . . eine Frauenrunde am Tisch – wir sind sieben, und das erste, was ich tue, um euch einzuschätzen, ist, daß ich euch alle der Reihe nach ansehe, um festzustellen, wer von euch hübscher ist als ich. . . . Mein Freund sagte immer, ich sei viel hübscher als die anderen Frauen in meiner feministischen Gruppe – das tat mir gut, und gleichzeitig fühlte ich mich schlecht. . . . Es macht mich verrückt und hindert mich tatsächlich daran, ge-sellschaftliche Ereignisse zu genießen. . . . Schließlich kam es so, daß ich darauf zählen konnte, in jeder Situation die Zweit-schönste zu sein. Ich konnte immer eine Frau finden, die hüb-scher war als ich, aber meistens nicht mehr als eine . . . sogar in Bussen, in Vorlesungen, beim Arzt, in Restaurants.«*[15]

Der folgende Fall zeigt, daß starke Selbstunsicherheit und zwanghaftes Sich-vergleichen-Müssen mit anderen zu ernsten psychischen Störungen führen kann. Bei Elizabeth mündete das Bemühen, durch Schönheit zu einer Identität zu finden, in phobische Ängste ein. Elizabeth sieht mit ihren zweiundvierzig Jahren phantastisch aus; sie hat grüne Augen, blondes Haar und das Gesicht und die Figur eines Fotomodells. Dennoch empfindet sie lähmende Angst, sobald sie eine andere Frau sieht, die ihr attraktiver erscheint. Wo das auch immer geschieht, ob in beruflichen Situationen, in einem Laden oder auf der Straße – Elizabeth fühlt sich plötzlich völlig reduziert, »wie ein Nichts, eine Null, ein völlig wertloses Geschöpf«. Manchmal flüchtet sie sich in diesen Augenblicken in ihr Auto oder auf die Damentoilette. Als an ihrem Arbeitsplatz eine neue attraktive Mitarbeiterin eingestellt wurde, blieb Elizabeth mehrere Tage lang zu Hause, unfähig, sich mit der Situation zu konfrontieren. In letzter Zeit begann sie, Orte zu meiden, wo die Gegenwart hübscher Frauen bedrohlich für sie werden könnte. Sie lehnte Einladungen ab und weigerte sich, ihren Mann auf Geschäftsreisen zu begleiten. Elizabeth sieht eine düstere Zukunft vor sich, wenn sie sich vorstellt, daß sie es vor lauter Angst vielleicht eines Tages nicht mehr wagt, das Haus zu verlassen. In der Therapie berichtet sie:

»Ich fühle mich so krank – regelrecht verkrüppelt von diesen furchtbaren Gedanken. Mir graut davor, daß eine bestimmte Kundin ins Büro kommt. Wenn sie neben mir steht, und sei es nur eine Minute lang, fange ich an zu schwitzen und zu zittern. Selbst wenn ich nur an diese Situation denke, geht es mir schon schlecht. Überall kann mir das passieren. Es kann irgendeine Frau kommen, die besser aussieht als ich, und irgendwie wischt sie mich weg, löscht mich einfach aus. Ich werde in ihrer Nähe unsichtbar. Wenn ich nicht die Schönste bin, bin ich überhaupt nichts. Seit Jahren quälen mich diese Vorstellungen, aber jetzt wird es immer schlimmer, weil ich mich mit zunehmendem Al-

ter welken und zusammenschrumpfen sehe, genau wie meine
Mutter. Jeden Morgen, wenn ich mein Make-up auflege, starrt
mir ihr Gesicht aus dem Spiegel entgegen. Ich entdecke eine
neue Falte und frage mich, wie viele Jahre mir noch bleiben. Es
ist lächerlich, ewig die Schönste bleiben zu wollen – obwohl ich
wirklich mal toll aussah . . . aber jetzt geht alles den Bach run-
ter.«

Elizabeth kann ihre Schönheitsbesessenheit bis in die
Schulzeit zurückverfolgen, als sie zum ersten Mal ihr Aussehen benutzte, um mit anderen Mädchen zu konkurrieren.
Als Kind sah sie unscheinbar aus; sie war eine schlechte
Schülerin und fühlte sich selbst in ihrer eigenen Familie wie
eine Ausgestoßene. Aber in der Pubertät begann ihre
Schönheit aufzublühen. Ihre Eltern schienen zum ersten
Mal stolz auf sie zu sein, und man sagte ihr, sie sei genauso
hübsch wie ihre ältere Schwester, die sie immer bewundert
hatte. Durch ihre Schönheit wurde sie für andere sichtbar
und wertvoll. Zu dem Zeitpunkt, als sie in die Junior High-
School kam, hatte Elizabeth Wasserstoffsuperoxyd und
Make-up für sich entdeckt, was ihr noch mehr Popularität
einbrachte. Ihr Vater begann nun jedoch, sie zu kritisieren,
wenn sie sich schminkte, und sagte, sie sehe aus wie ein
Clown. Er nannte sie sogar ein Flittchen, aber zumindest
nahm er von ihr Notiz und ignorierte sie nicht. Obwohl Elizabeth in der High-School schlechte Noten hatte, wurde sie
zur »Football-Queen« gewählt. Nach ihrem Schulabschluß
erhielt sie sofort mehrere gute Jobangebote, »vor allem, weil
ich hübsch war, denn ich war nie in irgendeiner Sache besonders gut«. Schließlich heiratete Elizabeth einen gutaussehenden Mann.

»Als Paar sahen wir einfach phantastisch aus. Überall, wo
wir auftauchten, drehten sich die Leute nach uns um.« Nun
wird auch ihr Mann älter, und es ist nicht mehr so aufregend
für sie, mit ihm gesehen zu werden. Er versichert ihr zwar, daß
sie immer noch schön sei, aber sie ist davon überzeugt, daß er sie
nur trösten will. Kürzlich ließ sie sich die Augenlider operativ
straffen und ihr Gesicht durch ein »Peeling« glätten. »Ich werde

*das so oft wiederholen, wie es nur irgend geht. Das Wissen, daß
ich mir durch Chirurgie erhalten kann, was von meinem guten
Aussehen übriggeblieben ist, rettet mich vor dem Verrücktwer-
den.«*

Obwohl sie erkennt, wie destruktiv ihre Schönheitsobsession ist, und obwohl sie davon frei sein möchte, probiert sie
immer noch jedes Mittel aus, das die Zeit anzuhalten verspricht. Solange Elizabeth glaubt, daß ihr Aussehen ihr
wertvollstes Kapital ist, wird sie sich des denkenden und
fühlenden Selbst in ihrem Inneren nie sicher sein. Ihr Fall
ist in der klinischen Praxis sicherlich nicht einmalig, und
ihre Probleme unterscheiden sich von den Problemen anderer Frauen nur durch die größere Intensität. Der beklemmende Druck, der von einem inadäquaten, negativen Körperbild ausgeht, quält selbst die hübschesten Frauen, denn
Mythen können, wie wir gesehen haben, nicht durch objek-
tive Tatsachen bewiesen oder widerlegt werden.

Auf der Titelseite der Zeitschrift »Time magazine« war
kürzlich das Porträt der jungen Schauspielerin Nastassja
Kinski zu sehen. Ein weibliches Gesicht auf dem Cover von
»Time« stellt eine Ausnahmeerscheinung dar; Nastassja war
offensichtlich ihres ungewöhnlich hübschen Gesichts wegen
ausgewählt worden. Ein Fotograf wußte jedoch zu berichten:

»Sie ist mit ihrem Aussehen nicht zufrieden, aber gerade
das, was sie an sich selbst nicht mag – ihr Mund, ihre Nase,
ihre Beine –, macht sie so attraktiv.« Voller Zuversicht sagte
der Fotograf voraus, daß sie eines Tages aufwachen und feststellen werde, daß sie eine schöne Frau ist.[16] Wann mag das
geschehen? Wird sie wie Marilyn Monroe jahrelang unter
quälenden Selbstzweifeln leiden, trotz ihrer offen zutage lie-
genden Schönheit?

Filmstars und Schönheitsköniginnen, die den Mythos
personifizieren, leiden unter derselben Unsicherheit wie
andere Frauen, denn die Bewunderung von außen verändert ihre Selbstwahrnehmung kaum. Auch sie bleiben verletzlich in ihrem Streben nach einem Zustand permanenter

Schönheit, der unmöglich aufrechtzuerhalten ist. Ironischerweise liegt ein Teil ihrer Anziehungskraft gerade in der Vergänglichkeit ihrer Schönheit, wie bei einer Rose, von der man weiß, daß sie eines Tages verblühen wird.

»Man sagt, häßlich sein ist schlimmer, aber ich glaube, es ist nur anders. Als hübsches Mädchen hast du eine Art von Angriffen zu befürchten, als häßliches Mädchen bist du einer anderen Art von Angriffen ausgesetzt«, schreibt Kate Shulman in ihrem Roman »Memoirs of an Ex-Prom-Queen«*[17].

Können schöne Frauen sich selbst besser annehmen als ihre weniger attraktiven Schwestern? Darauf gibt es keine eindeutige Antwort. In einigen Studien drücken hübsche Frauen tatsächlich mehr Selbstvertrauen in bezug auf ihre Erscheinung aus und beschreiben sich selbst als »weiblich« und »liebenswert«.[18] Andere Studien konnten dagegen keinen Zusammenhang zwischen Attraktivität und Selbstwertgefühl feststellen. In einigen Untersuchungen, bei denen Testpersonen Fotos beurteilten, wurden hübsche Frauen stereotyp als intelligenter und emanzipierter eingeschätzt; man nahm an, daß sie später heiraten und weniger Kinder haben würden, daß sie sexuell aktiver seien und mehr Spaß an Sex hätten als unscheinbare Frauen. In anderen Studien wurden die attraktiven Frauen als eitel, egozentrisch, unzuverlässig und in Liebesangelegenheiten wankelmütig etikettiert.[19]

Schönheit kann problematisch sein; sie bietet nicht nur Vergnügen und Vorteile, sondern auch Stolperdrähte und Fallen. Hübsche Frauen klagen oft darüber, daß niemand die Probleme, die das Attraktivsein mit sich bringt, ernst zu nehmen bereit ist. Da das Schöne mit dem Guten assoziiert wird, nimmt man an, daß die Vorteile des Schönseins überwiegen. Das ist jedoch nicht immer der Fall. In Elizabeths Leben wird der Kontrast der Vor- und Nachteile des Schönseins deutlich sichtbar. Anfangs brachte ihre Schönheit ihr die langersehnte Anerkennung der Eltern ein. Doch bald

---

* Eine »Prom-Queen« ist die »Königin« eines High-School-Abschlußballs; A. d. Ü.

danach wurde sie von ihrem Vater heftig zurückgewiesen, weil sie zu verführerisch aussah. Weil sie hübsch war, war sie auch populär und fand einen gutaussehenden Ehemann. Doch nun erfüllt das allmähliche Schwinden ihrer Attraktivität sie mit panischen Ängsten. Da Elizabeth sich ausschließlich auf ihr gutes Aussehen verließ und Schönheit als ihre höchste Errungenschaft betrachtete, versäumte sie es, ihr Selbstbewußtsein auf eine breitere Basis zu stellen und andere Stärken ihrer Persönlichkeit zu erkennen und zu kultivieren. Dieses Problem tritt bei auffallend attraktiven Frauen häufig auf. Gutes Aussehen wird allzu leicht zu einer Quelle unverdienter Bewunderung. Da auch Familienmitglieder und Freunde dazu erzogen wurden, Mädchen und Frauen in diesen engen Dimensionen zu sehen, werden hübsche Mädchen weniger dazu ermutigt, andere Begabungen zu entwickeln. Schönheit gilt für Frauen als der adäquate Weg zum Erfolg. Eine außergewöhnlich attraktive und sehr erfolgreiche Frau in leitender Position schildert die Kehrseite des Problems: Sie ist sich nie sicher, ob ihr Erfolg wirklich auf ihren Leistungen beruht. Da sie Angst hat, nur als schöne Fassade beurteilt zu werden, versucht sie immer wieder, ihren Wert unter Beweis zu stellen, indem sie sich ein schwieriges Ziel nach dem anderen setzt. Sie steht unter dem permanenten Druck, sich selbst und anderen zu beweisen, daß sie nicht nur aufgrund ihres guten Aussehens beruflich vorankommt.

Schöne Frauen ziehen viel Aufmerksamkeit auf sich, aber manchmal ist diese Aufmerksamkeit unerwünscht, und manche ihrer Formen – wie sexuelle Nachstellungen am Arbeitsplatz, Inzest und Vergewaltigung – sind destruktiv. Attraktive Frauen werden leicht zur Zielscheibe der Aggressionen von Männern, die die Macht weiblicher Schönheit fürchten. Ein Mann, der keine Form weiblicher Dominanz ertragen kann, wird sich überrumpelt, gefesselt, von einer unwiderstehlichen Gewalt gepackt fühlen. Bewußt oder unbewußt versucht ein solcher Mann, sich die Frau, deren Schönheit ihn bedroht, zu unterwerfen, sie in Besitz zu nehmen. Eine starke Verlockung stimuliert nicht nur den Appetit – sie wirkt auch angsterregend. Tatsächlich ist Angst ein wesentlicher Bestandteil der romantischen Schönheitsobsession. Durch die mysteriöse Macht ihrer Schönheit kann eine Frau den Mann verlocken und verführen und ihn dann verraten, betrügen oder verlassen. Eine schöne Frau ist für manche Männer eine Herausforderung, der man kämpferisch begegnen muß. Sie stellt etwas dar, das man besitzen, kontrollieren, sich einverleiben möchte. Die Schönheit liefert den Grund, einer Frau nachzujagen, sie zu erobern und zu unterwerfen. Je schöner sie ist, desto größer ist die Gefahr und desto stärker ist der Anreiz zur Eroberung. (Das Bedürfnis, eine schöne Frau zu überwältigen, ist ein zentrales Element der Pornographie, in der sexuelle Gewalt über verführerische Ausstrahlung triumphiert.)

Ein letztes großes Hindernis für hübsche Frauen ist die unausweichliche Vergänglichkeit ihrer Attraktivität. Der Verlust der Schönheit gehört zu den Risiken des Schönseins. Für eine Frau, die daran gewöhnt ist, dauernd bewundert zu werden, kann es vernichtend sein, wenn sie plötzlich nicht mehr beachtet wird. Als in einem Test die Zufriedenheit von Menschen im mittleren Lebensalter zu ihrer Attraktivität im jungen Erwachsenenalter in Beziehung gesetzt wurde, stellte sich heraus, daß die Frauen, die in ihrer Jugend besonders hübsch gewesen waren, im mittleren Alter besonders unzufrieden waren und schlechter mit ihrem Leben zurechtkamen als diejenigen, die in ihrer Jugend als unscheinbar galten. Es überrascht nicht, daß bei Männern keine Verbindung zwischen ihrer Attraktivität in der Jugend und ihrer Zufriedenheit im mittleren Lebensalter gefunden wurde, das Ergebnis bestätigt erneut, wieviel stärker die äußere Erscheinung das Leben von Frauen beeinflußt.[20]

Frauen befinden sich in einer Situation, in der sie nicht gewinnen können. Ohne Schönheit fühlen sie sich unweiblich. Wenn es ihnen – oft durch schmerzhafte Transformationsprozesse – gelungen ist, attraktiv zu sein, sehen sie im mittleren Lebensalter dem unvermeidlichen Verlust ihrer Attraktivität entgegen. Eine Frau, die gut aussieht, ist ganz entschieden nicht immun dagegen, sich schlecht zu fühlen.

Mädchen werden von der frühen Kindheit an dazu erzogen, sich um die Anerkennung der Eltern und der Umwelt zu bemühen. Da sie darauf konditioniert sind, sich an einem von außen vorgegebenen Bezugsrahmen zu orientieren, ist ihre Selbstwahrnehmung sehr stark durch andere gefiltert. Minderheitengruppen sind im allgemeinen in ähnlicher Weise nach außen orientiert. Um zu überleben, müssen Beherrschte eine sensible Wahrnehmung dafür entwickeln, was von ihnen verlangt und erwartet wird. Wie die Menschen, die ethnischen Minoritäten angehören, machen sich auch Frauen die kulturellen Stereotypen zu eigen, durch die sie definiert werden.

Viele gesellschaftliche Rollen werden Frauen verweigert; die Rolle des Schönheitsobjekts wird ihnen jedoch verhüllt oder offen dauernd angetragen. Weiblichkeit nach außen leben heißt in unserer Kultur, eine Art Exhibitionistin zu werden, die sich selbst als dekoratives Objekt zur Schau stellt. Nur wenige Frauen sind sich völlig darüber im klaren, daß sie zu Objekten gemacht werden. Die Zahl derer, die sich deswegen Sorgen machen, ist noch geringer. Sich schmücken und herrichten macht schließlich auch Spaß. Durch dekoratives Auftreten und Selbstdarstellung bereitet frau sich selbst und anderen Vergnügen. Es ist einfacher, sexy auszusehen, als Chirurg zu werden; es ist besser, aufzufallen, als übersehen zu werden. Aufmerksamkeit, Bewunderung und Komplimente stärken das Ego. Wie Elizabeths Beispiel zeigt, hat die dauernde Selbstdarstellung jedoch heimtückische Nebeneffekte. Verdinglichung verändert das Körpergefühl und untergräbt die Selbstachtung. Zum Objekt gemacht werden bedeutet, als Ding angesehen zu werden, das nur für den Betrachter existiert. Wenn die Frau mehr Objekt als Subjekt ist, erleidet sie eine Art seelischen Zerfall. Als Objekt hängt ihre Existenz vom Betrachter ab, der sie zum Leben erwecken kann, wenn er sie beachtet, und der sie auslöschen kann, wenn er sie ignoriert.

Daß Frauen öffentlich begutachtet werden wie Waren, ist

das beste Beispiel für ihren Objektstatus. Schönheitswettbewerbe, die im Fernsehen übertragen werden, legitimieren
diesen Sport als Freizeitaktivität wie Skat oder Bowling. Die
Umgangssprache kennt spezielle Wörter wie »aufreißen«
oder »anmachen«, um die Aktivitäten von Männern zu beschreiben, die sich Frauen wie einem Warenangebot nä-
hern. Das Anstarren und Belästigen von Frauen ist praktisch in jeder westlichen Kultur üblich. Eine unausgesprochene kulturelle Vereinbarung erlaubt es Männern, Frauen,
die auf der Straße vorbeigehen, zu bewerten, zu bewundern
oder herabzusetzen und ihr Urteil offen durch schrille Pfiffe,
aufdringliches Glotzen oder Tierlaute kundzugeben — ver-
balen Äquivalenten des Klapses auf den Hintern. Sekretä-
rinnen und Geschäftsfrauen, die mittags die Straßen bevöl-
kern, sind Freiwild für Männer. Manche Frauen sind aber
auch aktive Teilnehmerinnen dieses Freizeitsports. Sie machen sich für die öffentliche Arena sorgfältig zurecht in der
Hoffnung, wahrgenommen zu werden und Bestätigung zu
finden. Frauen reagieren unterschiedlich auf das »Ange-
machtwerden«. Manche sagen, daß sie es genießen und als
Kompliment auffassen. Andere geben vor, es nicht zu bemerken, aber keine Frau kann es völlig ignorieren. Die meisten reagieren mit einer Mischung aus Geschmeicheltsein,
Angst, Wut und Peinlichkeitsgefühlen. Sie gehen weiter und
sind beleidigt und verwirrt; sie spüren, daß die unterschwellige Botschaft nicht nur an den Körper gerichtet war.
Schon ein Pfiff treibt einen Keil zwischen Körper und Geist
und reduziert eine Person auf den Objektstatus. Mit dem
»Anmachen« auf der Straße ist auch nicht beabsichtigt, daß
Frauen sich gut fühlen, sondern daß sie verunsichert sind.
Männer, die Frauen in der geschilderten Weise belästigen,
haben kein Interesse daran, Komplimente zu machen. Sie
wollen vielmehr ihr Recht behaupten, über Frauen zu urtei-
len, in ihre Wahrnehmung einzubrechen, sie befangen zu
machen und sie zu zwingen, sich selbst in den Augen des
Angreifers als Objekt zu sehen. Dadurch, daß Frauen öffentlich wie Waren begutachtet und straflos belästigt werden
können, verstärkt sich die Überzeugung, daß weibliches

Aussehen öffentliches Eigentum sei und daß es legitim sei, Frauen zu Objekten zu machen.[21]

Wenn sie einmal zu Objekten geworden sind, können weibliche Körper durch visuelles Sezieren zerlegt und auf eine Sammlung von Einzelteilen reduziert werden. In einer Umfrage sagten neunzig Prozent der befragten Männer aus, daß sie bei einer Frau, die ihnen auf der Straße begegnet, zuerst auf die Beine achten; acht Prozent sehen zuerst auf den Busen, und bloß zwei Prozent fangen mit dem Gesicht an.[22] Nachdem man sie visuell seziert hat, kann die Frau Stück für Stück bewertet werden, wie ein zerlegtes Huhn – feste Schenkel, volle Brust, helles oder dunkles Fleisch. Auf einen Körperteil reduziert, kann sie nun wirklich als Ware gehandelt werden. Manche Männer sagen unbekümmert von sich selbst, daß sie »auf Titten stehen« – oder auf Hintern oder Beine –, der Prozeß der Verdinglichung entmenschlicht den Betrachter ebenso wie das Betrachtete.

Weil sie inspiziert und begutachtet werden, reagieren Frauen übertrieben auf Beobachtung und entwickeln Fixierungen an bestimmte Körperteile, von denen sie meinen, daß sie korrigiert werden müßten. Ein Experiment, bei dem Testpersonen eine Situation entweder als Beobachter oder als Beobachtete erleben konnten, zeigte, daß Frauen mehr als Männer dazu neigen, sich beobachtet (und auch unterlegen) zu fühlen. Man sah die Ursache dieser geschlechtsspezifisch unterschiedlichen Reaktionen darin, daß Frauen die kulturelle Rolle der Darstellenden, Männer dagegen die Zuschauerrolle innehaben. Nancy Henley schließt daraus:

»*In einer Gesellschaft, in der die Frauenmode explizit darauf ausgerichtet ist, den Körper und seine Konturen zu enthüllen, in der Frauen angestarrt, mit Pfiffen bedacht und gekniffen werden, während sie nichts weiter tun, als ihrer Arbeit nachzugehen, in der die Werbung erotisch einladend gekleidete Frauen zeigt, deren Körper verfügbar sind wie öffentliches Eigentum – in einer solchen Gesellschaft ist es nicht verwunderlich, daß Frauen sich beobachtet fühlen: Sie werden beobachtet!*«[23]

Der Mythos der weiblichen Schönheit fördert Verdinglichungstendenzen, verstärkt befangenes und unsicheres Verhalten und führt sogar zu phobischen Ängsten, die sich fast ausschließlich bei Frauen finden. Da Frauen wie Waren begutachtet, angestarrt und belästigt werden, ist es nicht erstaunlich, daß einige von ihnen auf öffentliche Plätze mit panischen Ängsten reagieren. Frauen, die unter Agoraphobie leiden, sind vor Angst wie gelähmt, so daß sie ihre Wohnungen nicht mehr verlassen können. Neun von zehn Menschen, die unter Agoraphobie leiden, sind Frauen, vor allem junge Frauen, die in überbeschützender Weise erzogen wurden. Sie verkörpern die Überzeugung, daß der Platz der Frau im Haus ist. Agoraphobie ist als extremes Resultat der weiblichen Rollenerziehung bezeichnet worden. Unterschiedliche Faktoren tragen zur Entwicklung dieser Art von Phobie bei, denn in ihr drücken sich die komplexen Verbindungen zwischen Körperbild, Selbstkonzept, Geschlechtsrolle und psychischen Störungen bei Frauen aus.

Joan war ein klassischer Fall von Agoraphobie; im Alter von fünfundzwanzig Jahren kam sie in Therapie. Sie erklärte ihre Furcht, allein das Haus zu verlassen, damit, daß sie »fallen oder einen Unfall haben könnte«; beim Einkaufen oder in öffentlichen Verkehrsmitteln erlitt sie Anfälle von schweren panischen Ängsten. Von Jahr zu Jahr schränkte sie ihre Aktivitäten mehr ein. Schließlich kam sie an einen Punkt, wo sie nur noch das Haus verließ, wenn jemand sie fest am Arm hielt, und zuletzt reichte auch diese Unterstützung nicht mehr aus. Zu dem Zeitpunkt, als ihr Mann darauf bestand, daß sie therapeutische Hilfe in Anspruch nehmen sollte, war sie praktisch zu einer Gefangenen im eigenen Haus geworden. Es war, wie sie sagte, der einzige Ort, an dem sie sich wirklich sicher fühlte.

Bei Elizabeth führte die Schönheitsobsession zwar nicht zur Agoraphobie, hinderte sie aber ebenfalls daran, sich in der Öffentlichkeit normal zu bewegen. Erinnern wir uns an ihre wachsende Angst, Orte aufzusuchen, wo eine attraktive Frau sie »auslöschen« könnte! Elizabeth mied Hotels und Flughäfen aus Furcht vor einem Panikanfall und machte sich Sorgen, daß der Verlust ihrer Schönheit mit zunehmendem Alter zu völliger Isolierung führen könnte.

Der Begriff Agoraphobie ist aus dem Altgriechischen abgeleitet: Die Agora war der öffentliche Platz im alten Athen, auf dem sich die Männer versammelten, den die Frauen jedoch nicht betreten durften. »Eine anständige Frau muß zu Haus bleiben; die Straßen sind für die niedrigen Frauen«, schrieb Menander im Jahr 300 vor Chr. Obwohl es Frauen heute gesetzlich freigestellt ist, überall hinzugehen, wo es ihnen beliebt, ist die agoraphobische Frau in ihren eigenen Ängsten gefangen. Diese Ängste sind die akkumulierten Rückstände der Furcht, die sich durch die Jagd auf Frauen über Jahrhunderte herausgebildet hat. Wenn sich die agoraphobische Frau in der Öffentlichkeit bewegt, wird sie auch zu einer der vielen »öffentlichen Frauen«, die angestarrt und mit Blicken ausgezogen werden. In Joans Ängsten, zu »fallen« oder »einen Unfall« zu haben, drückt sich symbolisch auch die Furcht aus, zu einem »gefallenen Mädchen« zu werden.

Die alltägliche Verdinglichung von Frauen auf der Straße, in den Medien und im Bewußtsein der Männer unterstützt die milliardenschwere Pornoindustrie. Pornographie ist eine Mischung von Verdinglichung und sexueller Gewalt, die ins äußerste Extrem getrieben ist. Wie der Mythos der weiblichen Schönheit tritt auch die Pornographie unter der Maske vorgeblicher Bewunderung auf. Auch die Pornographie stellt die Frau als schöne Vision dar, während sie ihre tatsächliche Opferrolle verschleiert. In beiden Fällen ist die zum Opfer gemachte Frau hinter ihrem Make-up und ihrem verzerrten Lächeln versteckt. Pornographie wird fast ausschließlich von Männern gekauft und konsumiert. Frauen reagieren auf Pornographie im allgemeinen mit Wut, Scham, Ekel oder Desinteresse, denn die Darstellungen der Pornographie drücken eine sexuelle Doppelmoral aus, die Ebenbürtigkeit und Gegenseitigkeit von vornherein ausschließt. Das Fehlen der Gegenseitigkeit ist das entscheidende Moment, das Pornographie von Erotika unterscheidet. Das Fehlen der Gegenseitigkeit ist auch ein wesentlicher

Aspekt des Mythos, der Schönheit in asymmetrischer Weise nur dem weiblichen Geschlecht zuschreibt.

In ihrem Buch »Pornography and Silence« (Pornographie und Schweigen) untersucht Susan Griffin die verborgene Bedeutung von Pornographie in den alltäglichen weiblichen Erfahrungen mit Schönheit:

»Der Körper einer Frau füllt die Mittelseiten einer Zeitschrift aus. . . . Sie ist dekoriert, hergerichtet, hübschgemacht. Bis auf ihren Schmuck ist sie nackt, aber ihr Gesicht ist maskiert, mit Lippenstift und Augen-Make-up; die Augenbrauen sind gezupft und zu perfekten Bögen geformt. Nun räkelt sie sich unter der Kamera, ihr Körper liegt auf blauem Satin wie ein Juwel. . . . Aber in den Windungen ihres Körpers, in der enthüllten Schönheit ihrer Formen und ihres Gesichts sehen wir nichts – denn es ist keine Person da, kein Mensch, den wir kennenlernen könnten. Die pornographische Kamera kehrt nämlich das Wunder des Lebens um: Wenn sie auf ein lebendiges Geschöpf gerichtet ist, auf einen beseelten Menschen, produziert sie das Bild eines toten Objekts. Eine Frau ist zu einem Ding geworden. Diese Verdinglichung ist keine zufällige Eigenschaft der Pornographie – sie ist vielmehr ihre zentrale Metapher.«[24]

Die Frauengestalt auf den Ausklappseiten der sogenannten Herrenmagazine wird präsentiert wie eine reife Frucht, die man pflücken und verspeisen kann. Ihre Wangen sind samtweich und glatt, ihr Busen ist von vollkommener Form, und sie erscheint bezwingend in ihrer perfekten Schönheit. Dennoch zeigt das pornographische Bild, »daß die mysteriöse Schönheit der Frau letztlich nichts bedeutet. . . . Ihre idealisierte Macht wird durch Verdinglichung ausgelöscht; die Frau gehört nicht sich selbst, sondern dem Voyeur – sie wird erniedrigt«, schreibt Griffin.

Der Mythos der weiblichen Schönheit verstärkt die Wirkung der Pornographie, indem er dem weiblichen Körper ein zusätzliches mysteriöses Image verleiht. Ohne die Maske der Schönheit gäbe es weniger Mysterium, das dann durch Verdringlichung beseitigt werden muß. das Fotomodell, das für ein Herrenmagazin posiert, die Siegerin einer

Miß-Wahl, die Frau von nebenan – alle haben die gleiche Rolle, weil sie alle in gleicher Weise betrachtet werden, erklärt Griffin. Eine Frau, die auf der Straße aufdringlich angeglotzt wird, wird visuell »genommen« wie ein pornographisches Modell. Auch sie wird von ihrem Selbst getrennt, auf eine Fassade reduziert, als attraktiver und als weniger menschlich angesehen, als sie ist. Die alltägliche Umwelt ist in gewisser Weise in eine pornographische Arena transformiert, wo sich modische Figuren zur Schau stellen und wo Huren in öffentlichen Ritualen angebetet und erniedrigt werden.

Wir bestreiten vielleicht, daß ein Sexidol wie Marilyn Monroe etwas mit unserem alltäglichen Erleben von Schönheit zu tun haben könnte, aber ihr Bild ist doch zu einem Archetypus geworden, der unsere Wahrnehmung verändert. Auch normale, alltägliche Frauen versuchen, wie Marilyn Monroe, eine Karikatur von Weiblichkeit zu verkörpern; auch sie leiden unter Unsicherheit, selbst wenn sie zum Idol gemacht werden. Sie bringen ihr Äußeres kunstvoll zur Geltung, um ihre Präsenz zu bekräftigen, verschwinden als Person aber gleichzeitig hinter der Dekoration. »Wenn ich nur schön genug sein kann, wird man mich auch als Person wichtig nehmen«; auf dieser Ansicht besteht Elizabeth. Sie hält an der Illusion fest, daß Angeschaut-Werden auch menschlich Gewürdigt-Werden bedeutet. Bei der Verdinglichung (und bei der Pornographie) ist aber das Gegenteil der Fall: Jemand wird angeschaut, bleibt als Person aber unsichtbar. Die Zurschaustellung der physischen Erscheinung kann also zur psychischen Auslöschung führen. Gutes Aussehen schafft den szenischen Rahmen für äußerst unangenehme Gefühle.

Die Pornographie und der Schönheitsmythos haben vieles gemeinsam. Beide sind auf geheime Requisiten und rituelle Opfer angewiesen; beide benutzen den weiblichen Körper, um die Frau zum engelhaften Idol zu stilisieren oder sie zu erniedrigen, als gefährlich auszugrenzen und als anstößig darzustellen. In beiden spiegelt sich, wie Griffin betont, eine sadomasochistische Beziehung zwischen Män-

nern und Frauen. Wenn man einen anderen Menschen zum Objekt macht, ist das ein sadistischer Akt, der dem anderen Schmerz zufügt. Wenn man es zuläßt, zum Objekt gemacht zu werden, ist das ein masochistischer Akt, durch den man sich selbst Schmerz zufügt.

Zwischen der legitimen Zurschaustellung von Schönheit und der illegitimen pornographischen Zurschaustellung verläuft eine sehr dünne Grenzlinie. Diejenigen, die als Schönheitsobjekt bewundert werden wollen, aber befürchten, als Sexobjekt ausgebeutet zu werden, müssen sich in acht nehmen, die Grenzlinie nicht zu überschreiten. Die Forderungen der Schönheit und die Tabus der Pornographie verlangen einen Balanceakt, der Frauen leicht aus dem Gleichgewicht werfen kann. Vanessa Williams, die »Miss America« von 1984, wurde als Schönheit umjubelt, aber sofort von ihrem Thron gestoßen, als bekannt wurde, daß die Vermarktung sie über die dünne Grenzlinie hinweg auf pornographisches Territorium getragen hatte. »Miss America« muß zwar provokativ sexy, aber auch eine reine vestalische Jungfrau sein, eine Cinderella, die die Botschaft »ansehen ja – anfassen nein« vermittelt.

Dieser Widerspruch zeigt sich auch in Elizabeths Geschichte: Anfangs bewunderte ihr Vater ihre aufblühende, frische Schönheit, tadelte sie aber dann, als sie sich schminkte, und nannte sie ein »Flittchen«. Selbst der »Playboy« beschäftigte keine Fotomodelle, die Hardcore-Pornographie gemacht haben. Die Zeitschrift versucht ebenfalls, die Grenzlinie nicht zu überschreiten und eine Illusion von »Reinheit« aufrechtzuerhalten, die dem Voyeur einen zusätzlichen Kitzel verschafft. Die verlogene Anständigkeit der Miß-Wahlen wurde als die Kehrseite der Pornographie bezeichnet. Wie bei einem Paar komplementärer Mythen ist die eine Seite von der anderen abhängig. Beide verzerren den weiblichen Körper und machen es Frauen schwer, ein positives Selbstbild aufrechtzuerhalten.

Mit Vanessa Williams' Ruhm war es vorbei, als die Schlagzeilen enthüllten, daß sie für ein Herrenmagazin als Nacktmodell posiert hatte. Schönheit erhöht eine Frau, aber

Pornographie entehrt sie. Je höher das Podest, auf das sie gestellt wird, desto tiefer der Fall. Auch die Feministinnen, die in Atlantic City gegen die Miß-Wahlen protestiert hatten, kamen als »bra burners« in die Schlagzeilen. In beiden Fällen war die vermittelte Botschaft dieselbe: Schönheit darf nur in dem dafür vorgesehenen Rahmen zur Schau gestellt werden, und diejenigen, die gegen die allgemein anerkannten Regeln verstoßen, müssen mit Repressalien rechnen.

Mythische Diskurse

Die Technologie des zwanzigsten Jahrhunderts veränderte das Selbstbild der Menschen in entscheidender Weise. Von den spiegelnden Wänden der urbanen Welt lächeln perfekt gestylte Gesichter im Riesenformat herab. Das kühle Auge der Kamera erfaßt und vergrößert das vollkommene Profil, den idealen weiblichen Körper. Auch in vergangenen Jahrhunderten wurden idealisierte Modelle weiblicher Schönheit geschaffen und bewundert, aber die Wirkung der visuellen Medien unserer Zeit unterscheidet sich grundlegend von der Wirkung der Skulpturen oder Gemälde der Vergangenheit. Die Venusgestalten der Renaissance waren romantische und glorifizierte Darstellungen eines unerreichbaren Ideals; die moderne Technologie verwischt dagegen die Grenzen zwischen Phantasie und Realität. Fotografie und Film erzeugen optische Illusionen, die auch die Frau von nebenan dazu ermutigen, nach der Rolle der Miß Universum zu streben. Das Fernsehen injiziert eine starke Dosis idealisierter Bilder in den Hauptstrom des Lebens. Da Fernsehen so alltäglich ist wie Essen und Saubermachen, wirken die sorgfältig entworfenen stereotypen TV-Gestalten um so authentischer. Frauen benutzen unbewußt das Fernsehen, um die aktuellen Schönheitsnormen zu überprüfen, und erhalten dabei nur immer wieder den Beweis ihrer eigenen Mangelhaftigkeit. Die Kunstfiguren der Fernsehserien erzeugen unrealistische Erwartungen. Eine Studie zeigte, daß Männer die Attraktivität realer Frauen im Alltag niedriger bewerteten, nachdem sie eine Folge der Serie »Charlie's Angels« gesehen hatten.[25]

Das Werbefernsehen bombardiert die Betrachter mit einem Sperrfeuer neuester Wunderprodukte, die versprechen, die Kluft zwischen den Idealvorstellungen und der Realität zu überbrücken. Werbung wurde als eine Form des »mythischen Diskurses« bezeichnet. Sie wirkt auf den Betrachter ein, die Botschaft als »Wahrheit« zu akzeptieren, statt sie als Verkaufsstrategie zu erkennen. Sie verkauft mit dem Produkt auch die vorherrschenden sozialen Standards und verstärkt dadurch stereotype Vorstellungen über weibliche Schönheit. In einem Bericht der Vereinten Nationen über den Status der Frauen wurde die Werbung als der schlimmste Angriff auf die Würde der Frau bezeichnet; die Werbung trägt die stereotype Vorstellung von Frauen als Sexualobjekten und als minderwertige Klasse von Menschen weiter, indem sie weibliche Körper ständig in erniedrigender Weise darstellt. Billionen von Dollars werden in Amerika jährlich für die Schönheitspflege ausgegeben: drei Billionen allein für Make-up, zwei Billionen für Haarpflegeprodukte und achthundert Millionen für die Produkte der »weiblichen Hygiene«.* Kritiker bemerken dazu, daß insgesamt mehr Geld für Schönheitspflege ausgegeben wird, als der Staat in Bildungseinrichtungen oder Sozialleistungen investiert. Kosmetikkonzerne investieren mehr als die Hälfte ihres Budgets in Marktforschung und Werbung und schaffen so neue Märkte für Vaginalsprays, Lipp-Gloss und Bleichcremes. Die Kosmetikindustrie verdankt ihren Erfolg dem Selbstzweifel – vor allem von Frauen. Um Verkaufserfolge zu erzielen, muß man nicht nur das Bedürfnis für ein Produkt schaffen, sondern die Frauen auch davon überzeugen, daß sie ohne dieses Produkt nicht begehrenswert sind. Zuerst wird ein obskures Problem definiert (»Leider hat eine Frau nicht nur unter ihren hübschen Armen Deo-Pro-

---

* In der BRD ist die Kosmetikbranche ein »Elf-Milliarden-Mark-Busineß«, wie der »Spiegel« vom 26. Juni 1988 mitteilt; A. d. Ü.

bleme . . .«), dann wird ein Heilmittel angeboten, das der Käuferin erlaubt, wie die gute Fee im Märchen verwandelnd auf ihren eigenen Körper einzuwirken.

Die Werbung schafft ein Klima, das die Normalität des weiblichen Körpers in Frage stellt. Als bei einem medizinischen Hearing Hygienesprays für Frauen zur Sprache kamen, sagte ein Arzt, daß die Werbung für diese Produkte das »unglaubliche Bild erzeugt, Frauen seien von Natur aus übelriechende Kreaturen«.

Bei ihrem Bemühen um Selbstakzeptanz verfängt sich eine Frau leicht in den feingesponnenen Netzen cleverer Werbefachleute. Ganz gleich, wie sehr sie sich bemüht, der herrschenden Norm zu entsprechen – die Botschaften der Werbung werden ihr immer vermitteln, daß sie unfertig oder unvollkommen ist. Ganz gleich, wie gut sie aussieht oder riecht – immer fehlt etwas. In einem Essay mit dem Titel »The Mask of Beauty« (Die Maske der Schönheit) schreibt Una Stannard:

»Die Billionen-Dollar-Schönheitsindustrie vermittelt Frauen jeden Tag und in jeder Hinsicht, daß sie eigentlich verkappte Monstren sind. Jede BH-Werbung vermittelt der Frau, daß ihre Brüste nicht straff genug sind, jede Werbung für hochhakkige Schuhe gibt ihr zu verstehen, daß ihre Beine schlanker aussehen sollten, jede Kosmetikwerbung sagt ihr, daß ihre Haut zu trocken, zu blaß oder zu sehr gerötet ist oder daß ihre Lippen nicht genug Glanz haben. In dieser Kultur lernen die Frauen, daß sie das ›schöne Geschlecht‹ sind, aber gleichzeitig wird ihnen vermittelt, daß ihre Schönheit gestrafft, geformt, gefärbt, angemalt, gekräuselt, aufgepolstert werden muß. Damit wird den Frauen nahegelegt, daß ›die Schöne‹ in Wahrheit selbst ›das Tier‹ ist.«[26]

Im gleißenden Licht der Konsumboulevards sehen reale Frauen wie mangelhafte Kreaturen aus, wie alte Hexen, struppige Biester, Nullen, Versagerinnen – ein peinlicher Affront gegen die wahre Weiblichkeit. Mit den angebotenen Waren kaufen die Konsumentinnen auch diese Botschaft. Trotz der rapiden Veränderung der Geschlechterrollen stellte die Werbung der letzten zwanzig Jahre Frauen in höherem – und nicht in geringerem – Maß als Objekte dar. In einer Studie wurde nachgewiesen, daß die Zeitschriftenwerbung der vierziger und fünfziger Jahre Frauen als tätige Menschen darstellte – entweder als Hausfrauen oder als berufstätige Frauen. Seit dem Beginn der achtziger Jahre herrscht ein anderes Frauenbild vor: Die Frauen in der Werbung sitzen untätig herum und sehen dekorativ aus. Diese Tendenz zeigt sich vor allem in den Frauenzeitschriften; dort nahm die Zahl der Anzeigen, die Frauen in einer familiären Rolle zeigen, deutlich ab, die Zahl der Anzeigen, die Frauen in einer Berufsrolle zeigen, blieb etwa gleich, und die Zahl der Anzeigen, die Frauen keine eindeutige Aktivität zuordnen, war deutlich erhöht.[27]

Der jüngste Werbetrend der Medien ist die in allen Lebenslagen erfolgreiche Superfrau. Sie bewegt sich in einem Wirbel professioneller, mütterlicher, sozialer und häuslicher Aktivitäten und sieht immer umwerfend attraktiv aus, während sie von einer weiblichen Rolle zur nächsten rast. Ein Werbefachmann kommentierte: »Dies ist die erste große Kampagne, die auf die berufstätige Mutter zugeschnitten ist. Wir zeigen sie als eine Frau, die Erfolg haben will, die aber auch die Bestätigung sucht, daß sie immer noch weiblich und schön ist.«[28]

Für Kosmetika der Superfrau wird mit pseudowissenschaftlichen Täuschungsmanövern geworben. Experten in weißen Laborkitteln offerieren ihr Computeranalysen von Haarfollikeln, Behandlungen mit Ultraviolettstrahlung, Akupressur, Vakuummassagen, »klinisch getestete« Collagen- und Proteinpackungen. Diese Wundermittel haben mit Sicherheit nur vorübergehend Erfolg – an dem Leiden selbst ändern sie nichts. Abgenutzte Stereotypen wiederholen sich in modisch aufgemachten Formen. In gewisser Weise wirkt der sogenannte neue Narzißmus vielleicht noch heimtückischer als der alte, denn er appelliert an die kompetente Frau mit hohem Ausbildungsniveau.

Seit den späten sechziger Jahren protestierten Feministinnen immer wieder gegen pornographische und kommerzielle Darstellungen, die Frauen in erniedrigender Weise zeigen. Paradoxerweise könnte die Frauenbewegung jedoch die Attraktivitätsängste, die sie zu bekämpfen versucht, sogar verstärkt haben. Das feministische Denken regt Frauen dazu an, ihre Identität zu überprüfen. Es ermutigt zu einem aktiven Problemlösungsverhalten. Diese Botschaft wurde manchmal als neue Rechtfertigung für die Transformation der physischen Erscheinung mißdeutet. In ihrem Eifer, ihr Leben zu verändern, konzentrieren sich manche Frauen exzessiv auf die Neuformung ihres Körpers. Leider geraten sie dabei oft in einen Teufelskreis narzißtischer Selbstbespiegelung und masochistischer Selbstablehnung. In Störungen wie Magersucht, obsessiver Gewichtskontrolle und zwanghaftem Fitneßtraining (die in einem späte-

ren Kapitel noch zur Sprache kommen) wird diese Dynamik offensichtlich. Im Klima der feministischen Reformen haben alle diese Störungen zugenommen. Patientinnen berichten, daß sie sich zwischen dem traditionellen Frauenbild und dem emanzipierten feministischen hin- und hergerissen fühlen. Eine von ihnen sagt:

»Es macht einem heute viel mehr angst, eine Frau zu sein. ... Es wird immer noch erwartet, daß wir grazil, schön und geradezu zerbrechlich sein sollen – während wir gleichzeitig mit eiserner Hand Konzerne regieren. Das ist eine schizophrene Art von Existenz.«[29]

Wer heute dem »schönen Geschlecht« angehört, wird von einem Strom ständig wechselnder Schönheitsvorstellungen mitgerissen, nach neurotischen Normen beurteilt, mit erniedrigenden Werbebildern bombardiert und mit neuen feministischen Verhaltensmodellen konfrontiert. Unter diesen Umständen ist es nicht verwunderlich, daß Frauen so oft Schwierigkeiten mit ihrem eigenen Körperbild haben. Die Spaltung zwischen dem Geistig-Seelischen und dem Körperlichen wird durch zahlreiche Aspekte der weiblichen Existenz verstärkt. Hutchinson weist darauf hin, daß diese Entfremdungserscheinungen auf verschiedenen Ebenen wirksam werden; sie äußern sich als physisches Phänomen, das von Körperempfindungen ausgelöst wird, als psychisches Phänomen, das die individuelle Lebensgeschichte durchzieht und die Vorstellungskraft verzerrt, als kulturelles Phänomen, das den Mythos der weiblichen Schönheit fortdauern läßt, als politisches Phänomen, das Frauen zu einem Kampf gegen ihren eigenen Körper zwingt, und als philosophisch-spirituelles Phänomen, das Geist und Körper einander als feindlich gegenüberstellt.[30]

Der Konflikt, entweder eine normale Persönlichkeit oder eine normale Frau zu sein, besteht beharrlich fort; die Geist-Körper-Spaltung trägt entscheidend zu dem Gefühl der sozialen Zweitklassigkeit bei. Als mögliche Lösung des Dilemmas bietet sich Frauen nach wie vor die Transformation durch Schönheitsrituale an.

WER SCHÖN SEIN WILL, MUSS LEIDEN:
KOSMETISCHE RITUALE

Menschen sind soziale Tiere. Da unsere äußere Erscheinung unter anderem der Kommunikation dient, stattet die Natur uns mit Körpermerkmalen aus, die soziale Botschaften aussenden. So wie ein Ehering den Status des Verheiratetseins signalisiert, vermitteln soziale Körpermerkmale spontane Eindrücke davon, wie alt, wie sexy, wie dominant wir zu einer gegebenen Zeit sind. Dale Guthrie erklärt, daß soziale Körpermerkmale oder »body hot spots« (etwa: »heiße« Körpersignale) ursprünglich unsere Überlebenschancen erhöhten.[1] Je mehr wir voneinander wissen, desto besser können wir Freund und Feind unterscheiden. Die Entwicklung des männlichen Bartwuchses zum Beispiel wird als optisch verstärkendes Merkmal erklärt, das einen kraftvoll zubeißenden Kiefer suggeriert. Bärte vermitteln die Illusion eines hervorspringenden Kinns, das Aggressivität und Kampflust ausdrückt. Wir sprechen bei Männern davon, daß sie ein starkes oder schwaches Kinn haben. Frauen mit stark ausgebildeten Kieferpartien gelten als unattraktiv, weil sie »zu aggressiv« aussehen.

Oft werden natürliche Körpermerkmale durch kosmetische Veränderungen verstärkt oder abgeschwächt. Japanische Frauen pflegten in vergangenen Jahrhunderten ihre Vorderzähne zu schwärzen und gaben sich damit das anrührend hilflose Aussehen eines zahnlosen Säuglings. Die Frauen der westlichen Kulturen malen ihre Lippen rot an und imitieren damit den leicht geschwollenen Mund des an der Brust saugenden Kleinkindes (oder, wie einige Theoretiker meinen, die geschwollenen Labien eines läufigen Schimpansenweibchens).

Daß Männer und Frauen sich anatomisch unterscheiden, ist nicht zu leugnen. Aber die Unterschiede sind nicht immer so »natürlich«, wie wir annehmen. Strukturelle und funktionale Unterschiede zwischen den Geschlechtern werden als »Dimorphismen« (von dimorph = zweigestaltig) bezeichnet. Diese Dimorphismen entwickeln sich zum Teil erst im Lauf des Lebenszyklus (zum Beispiel die bei Männern im Alter häufiger auftretende Kahlköpfigkeit). Beim Menschen sind die Geschlechterdimorphismen schwächer ausgeprägt als bei anderen Primaten; vielleicht erklärt sich daraus, warum wir uns so sehr bemühen, sie künstlich zu betonen. Manche Geschlechterunterschiede gehen primär auf biologische, manche aber auch auf andere Ursachen zurück. Genetische Anlagen können sich außerdem, je nach den Umwelteinflüssen, in unterschiedlicher Weise äußern. Austern zum Beispiel wechseln ihr Geschlecht mit dem Steigen und Sinken der Wassertemperatur.

Geschlechtsspezifische Unterschiede im Lebensstil erzeugen unterschiedliche Körpermerkmale bei Männern und Frauen. Wenn Männer sich rasieren, wird dadurch ein auffälliger Dimorphismus reduziert. Wenn Frauen hochhackige Schuhe tragen, verringert sich dadurch der geschlechtsspezifische Unterschied in der Körpergröße, aber andererseits wird der Dimorphismus in Haltung und Gang verstärkt.

Ironischerweise werden einige der angeborenen, tatsächlich biologisch begründeten Charakteristika des weiblichen Geschlechts wie Menstruation, Schwangerschaft und Laktation im Hinblick auf Ästhetik durchaus nicht hoch bewertet. Der dicke Bauch der Schwangeren und die Gerüche der Menstruation werden nicht als anziehend betrachtet, was zeigt, daß nicht der Dimorphismus als solcher zählt, sondern die Art, wie die Gesellschaft ihn bewertet. Was immer die biologischen Komponenten der Schönheit sind – es ist die Kultur, die ihnen ihre Bedeutung gibt. »Der Unterschied liegt eben darin, daß überhaupt ein Unterschied gemacht wird«, stellt Jessie Bernard fest.[2] Die Kultur etikettiert Frauen als das »schöne Geschlecht« und behauptet dann, dies sei von Natur aus so. Es ist die Kultur und nicht die Natur, die den verkrüppelten, künstlich verkleinerten

Fuß dem gesunden Fuß als »schöner« vorzieht, die die weibliche Brust erst verhüllt und sie dann mit lüsternen Blicken betrachtet.

Soziale Körpersignale sind die Auslöser nonverbaler Kommunikation zwischen Menschen. Ein wohlgeformter Busen in einem engen Pullover ruft den begehrlichen Blick eines Beobachters hervor. Der aufdringliche Blick veranlaßt die Trägerin des Pullovers, ihre Körperhaltung zu verändern und entweder peinlich berührt wegzusehen oder einladend zu lächeln. Solche Dialoge wirken auf die Selbsteinschätzung einer Frau zurück, indem sie Gefühle von Stolz oder Scham in ihr auslösen.

Ein grundlegendes Element dieser Art von Kommunikation sind die Gedanken und Empfindungen des Betrachters. Die menschliche Wahrnehmung beruht nicht einfach auf Instinkten. Erwartungen sind etwas sozial Erworbenes – und sie beeinflussen unsere Sensibilität für »body hot spots«. Wir nehmen vor allem das wahr, wonach wir gelernt haben Ausschau zu halten. Die Kultur redigiert das Skript der Natur; Mythen verändern die Erwartungen, wie sie die Anatomie verändern. Wenn Menschen einmal gelernt haben, daß purpurrote Lippen, hochsitzende Brüste und winzige Füßchen Zeichen von Schönheit sind, werden sie diese Signale stärker wahrnehmen und intensiver darauf reagieren.

Soziale Körpersignale können zu unterschiedlichen Zeiten und Gelegenheiten verschiedene Bedeutungen annehmen. Ein tiefes Dekolleté mit sichtbarem Brustansatz kann am Samstagabend vorteilhaft, am Montagmorgen peinlich sein. Eine optimale soziale Strategie erfordert daher einen dauernden Wechsel der Körpersignale.

Die Kommunikation zwischen Menschen spielt sich auf unterschiedlichen Bedeutungsebenen ab. Die gesprochenen Worte bilden die Oberflächenstruktur, während die wichtigere, darunterliegende Botschaft auf einer tieferen, unbewußten Ebene vermittelt wird. Ebenso wie ein gutes Gespräch ein gemeinsames Vokabular erfordert, verlangt der Dialog der Körper und der Schönheit gemeinsame Überzeugungen. Die aktive Wahrnehmung des Betrachters ist für die Schönheit genauso wichtig wie das hübsche Gesicht des Modells, denn der Betrachter definiert Schönheit durch die Art seiner Reaktion. Es gehören zwei dazu – Wahrnehmender und Wahrgenommene –, um Frauen zu Schönheitsobjekten zu machen. Männer lernen in ihrer Sozialisation, Frauen als das »schöne Geschlecht« wahrzunehmen und auf künstlich geschaffene Schönheitssymbole zu reagieren; Frauen werden dazu verpflichtet, diese Symbole zu produzieren.

Rollenzuweisungen

Die Verschönerung des Körpers ist eine universell verbreitete soziale Geste, die offenbar einem tiefen menschlichen Bedürfnis entspringt. Zu allen Zeiten und in allen Kulturen wurde Körperdekoration praktiziert – von Frauen und von Männern. Die Kulturen der Welt brachten eine überwältigende Vielfalt dekorativer Rituale hervor. Dem westlichen Auge erscheinen einige dieser dekorativen Traditionen – wie die langgezogenen Hälse burmesischer Frauen, die spitzgefeilten Zähne der Eingeborenen von Sumatra und die länglich geformten Köpfe der Senegalesen – ziemlich grotesk. Keine dieser kosmetischen Transformationen ist an sich schöner als irgendeine andere. Ihr ästhetischer Wert hängt von dem sozialen Kontext ab, in dem sie auftreten. Schwarzgefärbte Zähne oder rotlackierte Fingernägel erscheinen nur dem schön, der gelernt hat, sie als schön wahrzunehmen. Wer kann beurteilen, ob Schmucknarben elegant oder gräßlich sind, ob das Vergrößern der Oberlippe mit einem Knochenplättchen oder das Implantieren von Silikon in die Brüste ästhetische Verbesserungen oder monströse Entstellungen sind? Erinnern wir uns daran, daß Schönheit als einzigartige und außergewöhnliche, über den Durchschnitt hinausragende Qualität interpretiert wird! Die durch kosmetische Transformation erzeugten Körperveränderungen stellen unnatürliche Extreme dar. Rötere

Lippen, längere Hälse, blonderes Haar, flachere Köpfe sind kräftige Signale, die über die Grenzen der Natur hinausweisen. Oft ist Schmerz ein Bestandteil des Verschönerungsprozesses. Die Bereitschaft, Schmerzen zu ertragen, signalisiert ein bis zum Äußersten gehendes Engagement; je größer der Schmerz, desto einzigartiger fällt das Endresultat aus.

Das Schmücken und Verschönern ist eine Art codierte Sprache, die sich durch Haartrachten, Schmuck oder Körperbemalung äußert. Ihr Vokabular vermittelt subtile Botschaften. In seinem Buch »The decorated body« (Der dekorierte Körper) präsentiert Robert Brain ein faszinierendes Spektrum kosmetischer Rituale aus den unterschiedlichsten Kulturen. Er geht davon aus, daß Körperdekoration mit Fragen der individuellen Identität und der Gruppenidentität zusammenhängt: Wer bin ich, und wer sind wir gemeinsam? Kosmetik ist mehr als nur eine dekorative Maske, schreibt Brain; sie prägt dem Körper und dem Bewußtsein die Traditionen und die Philosophie der sozialen Gruppe auf.[3]

Die Requisiten der Schönheit werden von beiden Geschlechtern benutzt, um einen stärkeren Kontrast zwischen männlichen und weiblichen Charakteristika zu schaffen. Brain erklärt, daß Männer und Frauen in den meisten Kulturen unterschiedliche, aber gleichwertige Formen von Körperdekoration entwickeln. In den westlichen Kulturen der Gegenwart ist die Körperdekoration bei Frauen jedoch »in wesentlich höherem Maß und in größerer Vielfalt ausgeprägt als bei Männern. Körperdekoration wird heute in erster Linie mit weiblicher Eitelkeit assoziiert«. Nach Brains Analyse erwächst die neurotische Fixierung der heutigen westlichen Gesellschaften auf die weibliche Schönheit aus grundlegenden kulturellen Wertvorstellungen; sie spiegelt darüber hinaus eine eigenartige Verleugnung der weiblichen Sexualität. Schönheitsrituale dienen vor allem dazu, Frauen »sozial akzeptierbar« zu machen. »Eine Frau verwandelt sich in eine Dame, und ihre stärkste Motivation ist das Streben nach sozialer Anerkennung – nicht nach sexueller Bestätigung.« Brain weist darauf hin, daß durch Kosmetik vor allem das Gesicht betont und dadurch die Aufmerksamkeit von anderen erogenen Körperzonen abgelenkt wird.[4]

Unsere westliche Tradition, die Verschönerung des Körpers mit weiblicher Eitelkeit zu assoziieren, ist alt, aber durchaus nicht widerspruchsreif. In der Antike umfaßte die Vorstellung von Schönheit die gesamte Persönlichkeit; sie bezog sich sowohl auf die äußere Form als auch auf die inneren Qualitäten. Das griechische Schönheitsideal verehrte den männlichen Körper und zog ihn dem weiblichen Körper als die schönere Form vor. Die frühen christlichen Lehren stellten die Vorstellung von Schönheit als geistig-körperlicher Einheit in Frage. Sie lehnten Schönheit als entfremdete, beliebige Form oberflächlicher Bezauberung ab.[5] Man assoziierte den Geist mit den höheren Werten der Kultur und mit dem Männlichen, während der Körper mit dem niederen Bereich der Natur und mit dem Weiblichen in Verbindung gebracht wurde. Das vom Geistigen abgespaltene Fleisch wurde als narzißtisches Objekt abgelehnt; für Frauen galt die Beschäftigung mit dem Körper als angemessen, für Männer jedoch als gefährliche Versuchung.

Die Furcht vor der weiblichen Schönheit wurde zum Bestandteil des religiösen Asketizismus. Tertullian, ein Theologe des zweiten Jahrhunderts, lehrte, daß Frauen ihre körperliche Schönheit nie betonen und ihr Äußeres vernachlässigen, verhüllen und bedecken sollten, um nicht durch ihren Anblick Männer zur Sünde zu verführen. Als Resultat davon wurde der weiblichen Schönheit übertriebene Bedeutung und Macht zugeschrieben. Später unterstützte das britische Parlament die Kirche in ihren Versuchen, die Frauen von der Verschönerung ihres Körpers abzuhalten.

1650 wurde ein Gesetz gegen »das Laster des Schminkens und Tragens von Schönheitspflästerchen und die schamlose Kleidung der Frauen« erlassen, um Männer vor den »falschen Reizen des geputzten, mit künstlichen Zierden versehenen, ehehungrigen Weibes« zu schützen.[6]

Die gegen die Sexualität gerichteten Restriktionen des

Christentums brachten den weiblichen Körper mit Hexerei in Verbindung; Schönheit wurde mit der Macht des Bösen assoziiert. Der Glaube an die Macht der Schönheit beruht auf der Furcht vor dem Übernatürlichen. Eine Frau, die in strahlender Schönheit erscheint, ist im Doppelsinn »bezaubernd«. Sie betört die Sinne, behext, verwirrt, berückt den Betrachter, der ihr Bild in sich aufnimmt wie einen Verderben bringenden Zaubertrank. Im »Hexenhammer«, dem berüchtigten Werk der Dominikanermönche Sprenger und Institoris, das 1486 erschien und die Hexenverbrennungen offiziell rechtfertigte, ist über Frauen zu lesen:

»Was ist das Weib anderes als (. . .) eine unentrinnbare Strafe, ein notwendiges Übel, eine natürliche Versuchung, ein wünschenswertes Unglück, eine häusliche Gefahr, ein ergötzlicher Schade, ein Mangel der Natur, mit schöner Farbe gemalt?«[7]

Die rund vierhunderttausend Frauen, die über mehrere Jahrhunderte als Hexen stigmatisiert, verfolgt und hingerichtet wurden, wichen – in der Sicht ihrer Verfolger – in irgendeiner Weise von der gebilligten Norm ab: Sie waren zu klug, zu alt, zu frech, zu lange unverheiratet. Einige wurden allein aufgrund ihrer Gesichter, die entweder als zu schön oder zu häßlich galten, zum Tod auf dem Scheiterhaufen verurteilt. Erica Jong überlegt:

»Wie sieht eine Hexe aus? Sie ist entweder unglaublich schön oder unvorstellbar häßlich, von betörender Grazie oder grauenvoller Monstrosität. In jedem Fall bedroht sie die Männer; sie sind von ihrer Schönheit geblendet und gefesselt oder von ihrer Häßlichkeit verblüfft und erschreckt. Ganz gleich, ob er einer schönen oder einer häßlichen Hexe begegnet – ein Mann fühlt sich durch die Macht des Weiblichen in die Opferrolle gedrängt.«[8]

Legenden wie die von der biblischen Eva und der griechischen Pandora bringen die Frauen mit Verunreinigung und Sünde in Verbindung. Eva verdirbt die Vollkommenheit des Gartens Eden, indem sie Adam mit dem Apfel lockt; Pandora bringt das Übel in die Welt, indem sie ihre

»Büchse« öffnet und deren Inhalt freisetzt. Durch die unge-
zähmten Körper dieser mythischen Frauen droht der
Menschheit nichts Geringeres als der Untergang. Also müssen diese Körper gebändigt werden, um den Mann vor dem
Bösen zu bewahren. Gott macht den Anfang, indem er Eva
mit den Schmerzen des Kindergebärens straft. Das Leiden
des weiblichen Geschlechts wird zu einer Erweiterung der
Strafe Evas und zu einem unausweichlichen Bestandteil des
Frauseins.

Kosmetische Transformationen, die von Frauen Leidens-
und Opferbereitschaft und Unterordnung fordern, werden
durch Mythen gerechtfertigt, in denen Frauen als bedrohliche Kreaturen erscheinen, die bezwungen werden müssen.
Durch Schönheit werden die furchterregenden Dimensionen des Weiblichen erfolgreich verhüllt; gleichzeitig dient
Schönheit zur Kompensation weiblicher Mängel. Der Zierat
der weiblichen Mode, das niedliche Füßchen in hochhackigen Sandalen, das allgegenwärtige gelackte Lächeln – all das
sind Beschwichtigungsgesten. Sie versichern dem Mann in
beruhigender Weise, daß diese Frau keine Schwester Pando-
ras ist, keine gefährliche Hexe, kein kastrierendes Scheusal.
Selbst als glitzernde »Femme fatale« ist sie annehmbar, denn
sie hat zumindest keine Ähnlichkeit mit seiner dominierenden Mama. Lippenstift und Spitzenbesatz sind beruhigende
Zeichen ihrer Machtlosigkeit. Indem sie sich das Aussehen
einer Puppe gibt, signalisiert sie ihre Bereitschaft, »seine
kleine Frau« zu sein. Ihre mythische Schönheit dient beiden
als Überlebensstrategie.

Immer dann, wenn Sexualität in einer Kultur als Schwäche betrachtet wurde, der Männer verfallen, wurden die
Frauen als Verderben bringende Verführerinnen betrachtet.
Als Folge davon wurden rigide, verhüllende Kleiderordnungen in Kraft gesetzt, um die Macht des Weiblichen im Zaum
zu halten. Der heilige Thomas erklärte das Schmuckbedürf-
nis der Frauen zur Todsünde, da es bei Männern die ver-
derbliche Lust hervorrufe. Andererseits legte er den Frauen
nahe, sich schönzumachen, jedoch nur für ihren Mann, damit dieser nicht zur Sünde des Ehebruchs getrieben werde.

Zeitgenössische Varianten dieses Ratschlags finden wir in Büchern wie »Fascinating womanhood« (Faszinierende Weiblichkeit) von Helen Andelin und »The total woman« (Die totale Frau) von Marabel Morgan, die der guten christlichen Ehefrau beschwörend nahelegen, sich nach Kräften zu pflegen und zu verschönern, um den Ehemann »bei der Stange zu halten«.[9] (Die Forderung, daß Frauen gleichzeitig provozierend sexy und jungfräulich keusch sein sollen, ist das klassische Paradox des Schönheitsmythos.)

Der mittelalterlich-ritterliche »Frauendienst« gründete auf der Verehrung der weiblichen Schönheit als Symbol der Reinheit, Keuschheit, Wahrheit und Tugend. In der westeuropäischen Kunst wurde die weibliche Schönheit erst seit der Renaissance zur dominierenden Vorstellung; in der Malerei von Botticelli und später von Rubens ist die weibliche Gestalt das zentrale Element. Im Werk Raffaels wurde der weibliche Körper als »Essenz menschlicher Schönheit« glorifiziert. Ein Maler des achtzehnten Jahrhunderts erklärte, daß die geschwungene Linie einen größeren natürlichen Reiz habe als die gerade Linie; die geschwungenen Formen des weiblichen Aktes repräsentierten also die wahre »Linie der Schönheit«. Die zierlichen, glatten und grazilen Formen des weiblichen Körpers galten als schön an sich. Beim Aktzeichnen an Kunsthochschulen oder in Kursen wird auch heute mehr nach weiblichen als nach männlichen Modellen gearbeitet.

Im westlichen Europa des frühen und mittleren achtzehnten Jahrhunderts wetteiferten Frauen und Männer im Schmücken, Dekorieren und Zurschaustellen ihrer Körper. In der höfischen Gesellschaft waren die Männer ebenso üppig herausgeputzt wie die Frauen; sie stolzierten mit gepuderten Perücken und auf hochhackigen Satinpumps einher und zeigten ihre wohlgeformten Beine in Seidenstrümpfen. Die Männermode war wie die Frauenmode: Sie wechselte ständig und diente dazu, Sex und Status darzustellen. Dann kam die Französische Revolution, die nicht nur die sozialen Verhältnisse, sondern auch das Aussehen der Männer radikal veränderte. Dieser grundlegende Wandel wurde als »Wendung zum Maskulinen« bezeichnet, denn von diesem Zeitpunkt an lehnten Männer den größten Teil der kosmetischen Rituale als »weibisch« ab.[10]

Im Zusammenhang mit den neuen Idealen der Republik entstand die Überzeugung, daß der Platz des Mannes nicht im Salon, sondern im Büro oder in der Fabrik sei, wo er die wichtigeren Funktionen zu erfüllen habe. Enganliegende Beinkleider und Hosenbeutel verschwanden, Seidenstrümpfe wurden durch locker sitzende Hosen ersetzt, anstelle von Perücken trug man kurzgeschnittenes Haar. In den letzten zwei Jahrhunderten bevorzugten die Männer der westlichen Kulturen im allgemeinen dezente, an den Prinzipien der Zweckmäßigkeit orientierte Kleidung und verzichteten weitgehend auf Körperdekoration. Sie demonstrierten ihren Reichtum nicht mehr offen an ihrem eigenen Körper, sondern schmückten statt dessen ihre Frauen mit Juwelen und Pelzen. So wurde Schönheit zum Vorrecht und zur Last der Frauen.

In Amerika wurde das Schmücken und Verschönern des Körpers seit dem neunzehnten Jahrhundert zunehmend mit Frauen assoziiert. Die Historikerin Lois Banner weist in ihrem Buch »American Beauty« (Amerikanische Schönheit) nach, daß die sozialen und die Berufsrollen von Männern und Frauen durch die industrielle Revolution differenzierter wurden. Die Amerikaner begannen das Kultivieren von Schönheit und die Erhaltung der religiösen und geistigen Werte als die besondere Aufgabe der Frau zu betrachten. Banner zitiert Gedichte, Predigten und Handbücher des neunzehnten Jahrhunderts, die versichern, es sei die »Aufgabe der Frau, schön zu sein«. »Die Frau ist das Prinzip der Schönheit«, heißt es weiter, und »Schönheit ist unbestreitbar die größte Waffe des weiblichen Geschlechts«.[11]

Bilder von Pin-up-Girls und Reklameschönheiten erschienen in Straßenbahnwagen, in Bars und Kneipen, auf den Rückseiten von Spielkarten – ein Phänomen, das später als »Frauenkult« bezeichnet wurde. Um die Jahrhundertwende war die Kommerzialisierung der weiblichen Schönheit zum offensichtlichen Tatbestand geworden; sie zeigte sich in der aufblühenden Modeindustrie, in der wachsenden Zahl von Schönheitssalons, im zunehmenden Gebrauch von Kosmetika und in den Werbefeldzügen, die diese Entwicklung begleiteten.

Als Gegenstück zum Image des »Selfmademan« entwickelte sich im Lauf des neunzehnten Jahrhunderts für Frauen eine »Cinderella-Mythologie«, erklärt Banner. In den Jahren vor dem Ersten Weltkrieg arbeiteten junge Frauen daran und dafür, sich in elegante Damen zu verwandeln, während ihre Partner dafür arbeiteten, reiche Männer zu werden. Gemeinsam repräsentierten sie die Essenz der kapitalistischen Werte. »Eine Schönheit« zu sein war tatsächlich ein Beruf, schrieb Harriet Beecher Stowe.[12] Wenn eine Ehefrau den Tag mit der Pflege ihrer Schönheit verbringen konnte, sprach das für lässigen Wohlstand und somit für den Erfolg ihres Mannes. Die Mode repräsentierte Vergnügen und verwöhnten Geschmack – die Art, wie das Leben der Elite sein sollte.

Ironischerweise trug die protestantische Arbeitsethik, die für das amerikanische Wertsystem von so fundamentaler Bedeutung ist, indirekt auch dazu bei, daß das Streben nach Schönheit die Aufgabe der Frauen wurde, denn sie lehrt, daß Fleiß sich auszahlt und daß kein Opfer zu groß ist, um ein würdiges Ziel zu erreichen. Für die Frauen, denen nur wenige gesellschaftliche Bereiche offenstanden, in denen sie Erfolge erzielen konnten, verwandelte sich die Arbeitsethik in eine Aufforderung zur Veränderung der eigenen Erscheinung. Ehrgeizige Damen investierten ihre Energie in die Schönheitspflege (was keinen Angriff auf die weibliche Rolle darstellte). Der Weg zum Erfolg führte also über den Schönheitssalon; auf diese Weise gingen Narzißmus und Puritanismus eine merkwürdige Partnerschaft ein.

Zur gleichen Zeit sagten die Darwinisten des neunzehnten Jahrhunderts voraus, daß durch natürliche Selektion irgendwann alle Frauen attraktiv sein würden: Da Männer dazu neigten, gutaussehende Partnerinnen zu wählen, gäben sie die körperliche Attraktivität an ihre Nachkommen weiter. Die Vorstellung, daß jede Frau über Schönheit verfügen könnte (und daher auch sollte), wurde bald zu kommerziellen Zwecken aufgegriffen. Gutes Aussehen wurde zum »natürlichen Recht aller Frauen« deklariert. Kosmetika kann man an alle verkaufen, die den Preis dafür zahlen können; sie tragen also zur Demokratisierung von Schönheit bei. Das Kaufen und Verkaufen von Attraktivität paßt nahtlos in das amerikanische Wertsystem des Egalitarismus, Materialismus und krassen Individualismus hinein, merkt Banner an.[13]

Seit der Jahrhundertwende sieht man in Frauenzeitschriften die berühmten »Vorher-nachher-Darstellungen«. Einfache Hausfrauen bezeugen mit ihrem Beispiel, daß die Natur nur einen kleinen Anstoß braucht, um ihre ganze Pracht zu entfalten. Verantwortungsbewußten Frauen wird vermittelt, daß sie es sich selbst und ihren Familien schuldig sind, diese Mühe auf sich zu nehmen. Diejenigen, die ihr Attraktivitätspotential nicht nutzen, sind selbst daran schuld. Wenn unattraktives Aussehen einmal mit Faulheit gleichgesetzt ist, verschlimmert sich das Leiden derer, die als zu fett, zu alt, zu häßlich stigmatisiert werden, zusätzlich durch Schuldgefühle. Zsa Zsa Gabor wird der Ausspruch zugeschrieben: »Es gibt keine häßlichen Frauen – es gibt nur welche, die zu faul sind.«

Vom Täuschen der anderen bis zur Selbsttäuschung ist es nur ein kleiner Schritt. Schönheitsrituale, die ursprünglich dazu dienen, einen kleinen Defekt zu überdecken, hindern uns schließlich an der klaren Selbstwahrnehmung. Wenn wir uns ständig hinter einer Maske von Kosmetika verstecken, kann uns das eigene nackte Gesicht fremd vorkommen. Aus diesem Grund werden Schönheitspflegeprodukte so vermarktet, als ob die Veränderungen, die sie bewirken, »natürlich« seien. Der Mythos behauptet, daß Schönheit dem weiblichen Geschlecht von Natur aus innewohnt und daß sie nur sichtbar gemacht und herausgestellt werden müsse. Sogenannte natürliche Schönheitspflegeprodukte, die mit Zitrone, frischer Milch, Honig, reinem Weizenkeimöl und ausgewogenen PH-Werten operieren, erhalten uns die Illusion, die Natur »im Griff« zu haben. In den siebziger

Jahren reagierten Frauen auf den Trend zum »natürlichen Aussehen« dadurch, daß sie mehr Kosmetika kauften als je zuvor, um mit deren Hilfe ein frisches »ungekünsteltes« Image zu kultivieren. Wenn das reale Gesicht mit Phantasievorstellungen verschmilzt und wenn der Mythos sich den Anstrich der Wahrheit gibt, werden Frauen unsicher und schämen sich schließlich, wenn man sie ohne ihre übliche Aufmachung sieht. Sie lernen ihre Rolle allzugut und vergessen darüber, daß sie nur eine imaginäre Figur verkörpern.

Als Barbara mit fünfzehn Jahren zu mir in Therapie kam, litt sie unter starker Unsicherheit und neigte dazu, sich selbst abzuwerten. Ich fragte sie, ob es irgend etwas gebe, was sie an sich selbst mochte. Sie sah an sich hinunter, betrachtete ihre hübschen Sandalen und sagte schließlich: »Ich finde, daß ich schöne kleine Füße habe.« – »Ja – und was gibt es noch Besonderes an dir?« ermunterte ich sie, denn ich wußte, daß sie viele Talente hatte, und versuchte, an ihr Selbstwertgefühl zu appellieren. Es folgte ein langes Schweigen. Dann sah sie noch einmal an sich hinab und fügte hinzu: »Ich glaube, ich habe auch einen hübschen hohen Spann.«

Ich dachte bedrückt darüber nach, wie oft Barbara als kleines Mädchen wohl das Märchen von Cinderella (Aschenputtel) gehört haben mochte, die ihren kleinen Füßen die glückliche Wendung ihres Schicksals verdankte. Die Geschichte von Aschenputtel enthält viele Lehren über die Schönheit – wie sehr sie den Neid anderer erregen, wie man sie durch magische Mittel erreichen kann, wie sie Männer anzieht und täuscht. Vielleicht hat dieses Märchen in seinen zahllosen Varianten deshalb Jahrhunderte überdauert, weil es so gut geeignet ist, Kindern die besondere Bedeutung weiblicher Schönheit zu vermitteln. »Aschenputtel« ist eine Geschichte der Rivalität. Die Frauen dieses Märchens wetteifern mit allen Mitteln – mit Betrug, Selbstverstümmelung und Zauberei – um männliche Aufmerksamkeit. Durch die Jagd auf den Mann sind die Beziehungen der Frauen untereinander belastet; der Wettbewerb ist hart, denn es laufen nicht genügend Prinzen frei herum.

In seinem Buch über die Funktion von Märchen schreibt Bruno Bettelheim, es sei das größte Bedürfnis eines Kindes, einen Sinn im Leben zu finden, der über die Ereignisse des Augenblicks hinausgeht.[14] Piaget beschreibt diese Suche nach Sinn als kontinuierliche Anpassung an die Realität. Kinder erwerben ihr Wissen in kleinen Lernschritten; sie versuchen, eine geistige Konzeption der sie umgebenden

Phänomene zu entwerfen, indem sie immer wieder fragen: Wie sieht die Welt wirklich aus und wie kann ich in ihr leben? Märchenphantasien dienen dazu, die Lücken des kindlichen Realitätskonzepts zu füllen. Märchen und ihre Gestalten stellen vereinfachte Modelle der Beziehungsstrukturen zwischen Männern und Frauen dar. Sie geben unser soziales Erbe weiter, die kulturellen Mythen über Geschlechterrollen eingeschlossen.

Alle Märchen sind Geschichten einer Persönlichkeitswandlung. Bei der Überwindung von Schwierigkeiten und Krisen spielen bestimmte Körpermerkmale oft eine wichtige Rolle. Rapunzels langes Haar, Schneewittchens roter Mund, Aschenputtels einzigartiger Fuß signalisieren Kindern in beruhigender Weise, daß sie auf ihre eigene Körperlichkeit zurückgreifen können, selbst wenn sie sich einsam und von anderen zurückgestoßen fühlen. Märchenfiguren werden oft nach ihrem Aussehen benannt – Schneewittchen, Schneeweißchen, Rosenrot, Rotkäppchen.

Märchengestalten erscheinen polarisiert als gut oder böse; dadurch wird Kindern, die die Welt mit Hilfe einfacher geistiger Konzeptionen erfassen, die Identifikation erleichtert. (Aus Analysen von Märchen ging hervor, daß achtzig Prozent der weiblichen Märchengestalten böse und häßlich sind – die verbleibenden zwanzig Prozent sind schöne junge Mädchen.) Auf der einen Seite finden wir eine Gleichsetzung von Güte, Schönheit, Reinheit und Liebe, auf der anderen Seite werden Bosheit, Häßlichkeit, Verderbtheit und Haß miteinander verknüpft. Aschenputtel ist freundlich und gut, und wie sich später herausstellt, auch wunderschön; positive Qualitäten werden auf diese Weise miteinander verbunden. Da die Tochter der ersten Frau die niedrigsten Arbeiten des Haushalts verrichten muß, sieht sie ständig schmutzig aus; wenn die bösen Stiefschwestern sie »Aschenputtel« nennen, schreiben sie die Beschmutzung gleichsam in ihrem Namen fest. Auf subtile Weise kommt das auch einem Verlust an Tugend gleich. Wenn Schönheit und Tugend miteinander verschmolzen werden, ist die Tugend hinter einem verschmutzten Gesicht schwerer zu erkennen. Aschenputtel muß also einen Verwandlungsprozeß durchlaufen, damit das Gute und das Schöne wiedervereint werden können. Nach Bettelheims Auffassung ist eine Moral dieser Geschichte, daß Tugend belohnt wird, ganz gleich, in welchem Gewand sie auftritt. Aber selbst die naivste kleine Zuhörerin erkennt intuitiv, daß der Prinz das Mädchen nie geliebt hätte, solange es in Lumpen gekleidet war. Die versteckte Botschaft, die Kinder sehr wohl heraushören, ist, daß die Verpackung zählt, ganz gleich, über welche charakterlichen Werte die Frau verfügt.

Aschenputtel hat zwei Mütter – dieses Element ist uns in Märchen vertraut; es rührt an die Ambivalenzgefühle, die wir unseren eigenen Müttern gegenüber empfinden. Die verstorbene Mutter ist die liebende, gute Mutter, die von der anderen Welt aus über Aschenputtels Schicksal wacht wie eine gute Fee. Sie ist mit der Natur verbündet und verleiht Schönheit als Belohnung für Tugend. Die schlechte Mutter (die als Stiefmutter in sichere Distanz gerückt ist) verhält sich grausam und eifersüchtig; sie nimmt Aschenputtel ihre schönen Kleider und die Liebe ihres Vaters. Im Verhältnis zu Männern ist sie unsicher, aber gleichzeitig dominierend, und sie zerstört die Schönheit anderer Frauen, um die Konkurrenz zu verringern.

Wenn wir diese beiden Mütter genauer betrachten, wird deutlich, daß zwischen ihnen durchaus Gemeinsamkeiten bestehen. Beide verfolgen das Ziel, das Mütter jahrhundertelang verfolgten: Sie wollen ihre Töchter unter die Haube bringen. Wie die Mütter im wirklichen Leben fördern auch die Mütter in den Märchen die Schönheitsrituale ihrer Töchter; sie entwerfen die Moden und stellen die Motivationsstruktur und die Mittel bereit, die aus ihren Töchtern »Ehematerial« machen.

Auch in Barbaras Fall ist es ihre Mutter, die das gesellschaftlich anerkannte Bild von Weiblichkeit vermittelt, die Barbara auf die Mängel ihres Körpers hinweist und ihr hilft, diese Mängel zu »korrigieren«. Viktorianische Mütter sorgten dafür, daß ihre Töchter sich bis zur Ohnmacht schnürten; chinesische Mütter veranlaßten, daß die kindlichen

Füße ihrer Töchter in verkrüppelnde Binden eingeschnürt wurden; afrikanische Mütter billigen bis heute, daß an ihren Töchtern die Klitorisexzision vorgenommen wird; schwarze Mütter verbrennen die Haare ihrer Töchter bei dem Versuch, sie glattzubügeln; weiße Mütter arrangieren chirurgische Nasenkorrekturen und heben fünfjährige Mädchen auf den Laufsteg. Ich erinnere mich, daß meine eigene Mutter mich zur elektrolytischen Haarentfernung brachte, als ich zwölf Jahre alt war. Es war ein Geheimnis zwischen ihr und mir, eine Mutter-Tochter-Konspiration, bei der es darum ging, mein Gesicht zu »normalisieren«. Ich erinnere mich an eine junge Patientin, noch nicht ganz fünfzehn Jahre alt, deren Brüste chirurgisch verkleinert wurden – mit der Zustimmung ihrer Mutter.

Als Aschenputtels Stiefschwestern sich vergeblich bemühen, ihre Füße in den kleinen Schuh zu zwängen, reicht ihre Mutter ihnen ein Messer und drängt sie, eine Zehe beziehungsweise ein Stück vom Hacken abzuschneiden (Bettelheim merkt dazu an, daß dies eins der seltenen Beispiele von Selbstverstümmelung in Märchen ist). Die Mutter stellt das Instrument zur Verfügung, gibt die Anweisungen und kümmert sich nicht um die Schmerzen und die verkrüppelnden Konsequenzen. »Hau die Zehe ab!« ruft sie. »Wenn du Königin bist, brauchst du nicht mehr zu Fuß zu gehen.«

Dieser Refrain ist Frauen vertraut. Sein Echo hallt durch unsere gesamte Kultur: »Vergiß die Ausbildung – wenn du einmal verheiratet bist, brauchst du nicht mehr zu arbeiten!« Oder: »Vergiß deinen Namen – wenn du einmal ihm gehörst, brauchst du keine eigene Identität mehr!«

Mütter geben den Zwang, schön zu sein, nicht an ihre Töchter weiter, um sie zu Opfern zu machen. Die meisten Mütter, ob sie nun »gute« oder »böse« Mütter sind, erfüllen ganz einfach ihren Sozialisationsauftrag. Sie spüren nur allzu deutlich, daß gutes Aussehen vielleicht das wichtigste Vermächtnis ist, das sie ihren Töchtern mitgeben können. Attraktivität ist der Zauberstab der Mutter und das Glücksversprechen für das Leben der Tochter. Indem sie die Schönheitsrituale an ihre Töchter weitergeben, lehren Mütter auch rollenkonformes Verhalten. Durch diesen Prozeß wird das ohnehin ambivalente Haß-Liebe-Verhältnis zwischen Mutter und Tochter noch mehr belastet. Es führt zu Spannungen, wenn eine Mutter versucht, ihre Tochter zur Anpassung an traditionelle Schönheitsstandards zu zwingen. Wenn eine Tochter die Vorstellungen ihrer Mutter von »richtigem« weiblichem Aussehen zurückweist, lehnt sie damit auch die Persönlichkeit ihrer Mutter ab. Genau das ist der Grund, warum manche Mädchen bewußt ihren Körper und ihr Aussehen als Symbole ihres Unabhängigkeitskampfes gegen die Mutter einsetzen. (Bei magersüchtigen jungen Mädchen äußert sich dieser Kampf um Autonomie in destruktiver Weise.) Als Barbara dreizehn Jahre alt war, versuchte sie, ihrer Mutter die Erlaubnis abzuringen, ihre bereits durchstochenen Ohren mit weiteren Ohrlöchern versehen zu lassen. Als die Mutter das strikt ablehnte, nahm Barbara eine Nadel und durchstach sich in einem Trotzakt die Ohrläppchen selbst. Sie benutzte also einen Konflikt über Schönheitsvorstellungen, um ihrer Mutter ihre Unabhängigkeit zu demonstrieren.

An der Oberfläche vermittelt die Geschichte von Aschenputtel die Botschaft, daß mit kosmetischen Aktionen nichts zu erreichen sei. Die herausgeputzten Stiefschwestern werden später nicht nur zu lächerlichen Figuren, sie werden gedemütigt und hart bestraft. Bei der Heldin sieht das allerdings ganz anders aus. Aschenputtel putzt sich nicht weniger heraus als ihre Schwestern, aber sie verdankt der »guten Mutter« ihre neue Erscheinung. Ihre Wandlung ist die Belohnung für Tugend und Bescheidenheit, und ihre Verschönerung findet im geheimen statt – was bis heute für Schönheitsrituale typisch ist. Die Privatheit der Schönheitsrituale kann in einer Frau Isolationsgefühle auslösen; sie glaubt, sie sei die einzige, die einen falschen Busen oder ein geliftetes Gesicht hat.

Die Rituale der kosmetischen Veränderung erzeugen Rivalitätsgefühle zwischen Frauen. Als der große Ball im Königspalast angekündigt wird, löst das einen Wirbel von Aktivitäten aus: Haare werden gebürstet, Schuhe geputzt, hübsche Kleider ausgesucht – alle schönen Jungfrauen des Landes sind zur Brautwahl des Prinzen eingeladen. Zur Schönheit gehört aber, wie wir wissen, das Seltene und Außergewöhnliche, das immer nur wenigen eigen sein kann. Die Stiefschwestern, die stolz und voller Hoffnung auf den Ball gehen, kehren enttäuscht, mit leeren Händen und verletztem Selbstwertgefühl zurück. Bei Schönheitswettbewerben geht es ähnlich zu wie in diesem Märchen: Junge Frauenkörper werden vorgeführt, zur Schau gestellt und dann in Siegerin und Verliererinnen unterteilt.

Durch die magischen Kräfte der feenhaften »guten Mutter« wird Aschenputtel nicht nur zu einer hübschen jungen Frau, sondern zu einer aufsehenerregenden Erscheinung: In ihren goldenen Kleidern ist sie hundertmal, tausendmal schöner als ihre Schwestern, so schön, daß selbst diejenigen, die ihr am nächsten sind, sie nicht erkennen. Als sie den Palast betritt, löst sie bei allen Anwesenden großes Erstaunen aus. Der Prinz findet sie unwiderstehlich und gestattet keinem anderen Mann, mit ihr zu tanzen. So stellt das Märchen die magische Macht der weiblichen Schönheit dar, die Macht, Massen zu beeindrucken und Könige zu Marionetten zu machen – die Macht der Marilyn M., der Jackie O., der Prinzessin Di –, eine Macht, die Frauen mit anderen Mitteln kaum erreichen können.

Niemand nimmt Aschenputtel wahr, als sie in ihrem grauen Kittel und mit Holzschuhen an den Füßen harte Arbeit tut, aber verwandelt durch ihre goldenen Kleider und Schuhe, erobert sie die Welt. Hier hält das Märchen eine überzeugende Botschaft für die kleinen Zuhörerinnen bereit, die laut Bettelheim und Piaget nach Erklärungen für das Leben suchen. Was lernen sie? Sie lernen, daß Tugend ohne Schönheit unbemerkt bleibt, daß das Aussehen von Mädchen im Handumdrehen und auf magische Weise verändert werden kann, daß Mode und Kosmetik der Schlüssel zu Aufmerksamkeit und Liebe sind. Sie lernen auch, daß Frauen nicht durch Zielstrebigkeit, Aktivität und selbstbewußtes Engagement zu Macht und Glück im Leben kommen, sondern durch Gehorsam, durch die Bereitschaft zu dienen, durch Geduld und schließlich durch die magische Wirkung der kosmetischen Veränderungen.

Aschenputtels überwältigender Erfolg auf dem Ball ist paradoxerweise ein Resultat ihrer Passivität. Sie tut bereitwillig, was von ihr verlangt wird, beklagt sich nicht, verleugnet ihre Wut, lebt tugendhaft, ist ein gutes Mädchen. Sie scheint jedoch nicht fähig zu sein, sich um ihre eigenen Bedürfnisse zu kümmern.

Als der Königssohn ins Haus kommt und die Eigentümerin des kleinen goldenen Schuhs sucht, bleibt sie stumm und wagt sich nicht hervor. Wie es ihre Art ist, wartet sie, bis sie entdeckt wird. Sie unternimmt keine eigenen Anstrengungen, sondern überläßt es ihrem einmaligen Körper, für die Lösung des Konflikts zu sorgen. Unfähig, absichtsvoll zu handeln, stolpert sie auf der Treppe, als sie vor dem Prinzen flieht, und verliert ihren Schuh. Wurde sie dadurch zum »gefallenen Mädchen«? Bedeutet diese Szene das Preisgeben des kleinen Behältnisses, in das ein genau passender Körperteil hineinschlüpfen kann, fragt Bettelheim.[15] Bei dieser subtilen erotischen Symbolik verwundert es nicht, daß das Märchen Jahrhunderte überdauerte. Als vaginales Symbol ist der Schuh immer aus Glas oder aus Gold; er ist einmalig und paßt immer nur einer Person. Aschenputtels kindlicher Fuß symbolisiert Reinheit und Einzigartigkeit. Keine andere Frau hat genau den gleichen Fuß, der für den Prinzen genau das richtige Maß darstellt. Es ist bemerkenswert, wie hier ein Teil des weiblichen Körpers zum Symbol für die ganze Frau wird. Aschenputtels Schönheit und Unschuld – ja, ihr ganzes Schicksal verkörpert sich in diesem kleinen Fuß. (Barbara maß ihren Selbstwert ebenfalls an diesem einen besonderen Körpermerkmal.)

Durch Verdinglichung und Reduzierung auf bestimmte Körpermerkmale werden Frauen ihrer menschlichen Würde beraubt – aber auch für Männer ist es erniedrigend, wenn sie so sehr auf Brüste oder Beine fixiert sind, daß sie darüber die Person nicht mehr wahrnehmen. Nach Bettelheims Ansicht wurde Aschenputtel um ihrer selbst willen geliebt, unabhängig von ihrem Aussehen. Bei der Auflösung der Geschichte spielt die Größe ihrer Füße jedoch eine ausschlaggebende Rolle. Der Prinz hat einen Fetisch entwickelt. Er ist so besessen davon, den richtigen Fuß zu finden, daß die Stiefschwestern ihn, zumindest vorübergehend, hereinlegen können. Dadurch, daß sie den kleinen Zeh oder ein Stück vom Hacken abschneiden, können sie sich in den Schuh – und damit in sein Leben – hineinmogeln. Er hebt erst die eine, dann die andere als Braut auf sein Pferd, aber jedesmal quillt Blut aus dem Schuh und entlarvt die Schwestern als Betrügerinnen. In ihren Selbstverstümmelungen liegt auch eine Kastrationssymbolik. Diese aggressiven Frauen schrecken vor nichts zurück, nicht einmal vor dem Abschneiden von Körperteilen, um einen Mann einzufangen. Im Gegensatz dazu fließt kein Blut, als Aschenputtel den Schuh anzieht. Sie hat ihre Jungfräulichkeit bewahrt. In sexueller Hinsicht ist sie passiv und bedroht den Mann nicht, sondern wartet, bis sie von ihm »genommen« wird.

In der sexuellen Symbolik des kleinen Fußes mit dem kostbaren Schuh spiegelt sich die fernöstliche Herkunft dieser alten Geschichte. Chinesische Mädchen bekamen als Belohnung für die Qualen des Einbindens der Füße Schuhe aus Kristall oder kostbar bestickten Stoffen geschenkt, um ihre kostbarsten Körperteile damit zu schmücken. Ein verkrüppelter Fuß in seinem kostbaren Schuh ist das klassische Beispiel für den hohen Preis, der für den Mythos der weiblichen Schönheit gezahlt werden muß.

Märchen enden immer gut. Obwohl wir nicht erfahren, ob Aschenputtel den Prinzen liebt oder ob er überhaupt liebenswert ist, glauben wir, daß die beiden fortan in Glück und Seligkeit leben. Der perfekte Sitz des goldenen Schuhs symbolisiert die Bereitschaft der Heldin, ihr Leben um die Bedürfnisse ihres Prinzen herum einzurichten. Der Schuh kann allerdings auch als Symbol der Unterdrückung gesehen werden. Wenn die Frau sich den kleinen Dimensionen der weiblichen Rolle vollkommen anpaßt, hat sie nicht mehr die Freiheit, darüber hinauszuwachsen. Ein erbärmlich verkümmerter Fuß, der kleinste im ganzen Land, paßt wirklich nur noch für das Leben in einem Puppenheim.

Wir alle werden in überreichlichem Maß mit alten und neuen Aschenputtelgeschichten gefüttert, in denen Passivität reich belohnt wird und die zeigen, daß mit Opfern für die Schönheit Sicherheit und Liebe erkauft werden können. Heute streben Frauen nach Unabhängigkeit, aber die Sehnsucht nach einem Prinzen, in dessen Leben wir hineinschlüpfen können und der uns die Last, unser Schicksal selbst zu formen, von den Schultern nimmt, lebt immer noch in uns weiter. Colette Dowling nennt dieses Dilemma den »Cinderella-Komplex« (in den angelsächsischen Versionen des Märchens heißt Aschenputtel Cinderella). Diejenigen unter uns, die an diesem Syndrom leiden, schwanken zwischen dem Wunsch, eine eigene, authentische Identität zu entwickeln, und der Sehnsucht, sich zurückzunehmen und sich vom Mann eine Identität übertragen zu lassen. Dowling ist der Ansicht, daß der unbewußte Wunsch, in Abhängigkeit zu bleiben, uns daran hindert, im Leben voranzukommen. »Wir werden zu dem Glauben erzogen, daß wir als Frauen nicht allein standhalten können, daß wir zu zerbrechlich, zu zart und zu schutzbedürftig sind.«[16] Wie

Cinderella warten wir auf ein äußeres Ereignis, das unser Leben verändern soll. Unsere Füße kommen uns tatsächlich zu klein vor, um die Schuhe eines erwachsenen Menschen zu füllen. Wir stolpern, wie Cinderella, bei unseren Bemühungen, ins Leben hinauszutreten, und nehmen wie sie unsere Zuflucht zur Schönheit als Verteidigung gegen das Unglücklichsein.

Aber der Cinderella-Komplex äußert sich nicht nur in der ambivalenten Einstellung zur Unabhängigkeit. Er wirkt bis in die Körperlichkeit einer Frau hinein und zeigt sich in ihrer chirurgisch veränderten Nase, ihrem glasierten Lächeln, ihren durch Stöckelschuhe erhöhten Füßen. Dowling beschreibt die kosmetische Tarnung als eine »anti-phobische Fassade«. Viele Frauen geben sich nach außen den Anstrich gelassenen Selbstvertrauens, bleiben aber innerlich verwundbar und anfällig für Selbstzweifel. Obwohl sie machtvolle Schönheit ausstrahlen, fühlen sie sich völlig machtlos. Sie sind wie Barbara, die im Alter von fünfzehn Jahren ihren hübschen kleinen Fuß und ihren hohen Spann als die Qualitäten benannte, die sie an sich selbst am meisten schätzte.

Frauen sehnen sich nach Anerkennung. Sie sind sich ihres Standorts in der Welt nicht sicher und kämpfen darum, herauszufinden, was sie wollen und wer sie sind. Der Versuch, durch Accessoires und Schminke Aufmerksamkeit auf sich zu ziehen, ist ein Teil dieser Sehnsucht, als wertvoll anerkannt zu werden. Frauen schreien: »Sieh mich an, sieh nicht durch mich hindurch! Bestätige meine Anwesenheit!«

Der Cinderella-Komplex wird leicht zu einem Rechtfertigungssystem. Doch die Schönheitsmanipulationen tragen nur noch mehr zur Abhängigkeit bei, da sie die Energie einer Frau ablenken, ihre Kräfte aufsplittern und ihre Selbstachtung vermindern.

DIE MACHT DER SCHÖNHEIT
UND DIE OHNMACHT ZU HANDELN

Schönheit wirkt gleichzeitig als Verstärkung und Verminderung der Macht von Frauen. Gutes Aussehen ist eine wichtige Quelle sozialen Einflusses, aber paradoxerweise auch eine Hauptursache weiblicher Schwäche. Männer und Frauen erleben Macht in unterschiedlicher Weise. Aggressives Handeln wird als männlich – und folglich als unweiblich – betrachtet. Der Gebrauch direkter Macht »vermännlicht« eine Frau, bei einem Mann ist es der Mangel an zupackender Kraft, der ihn »verweiblicht«. Schönheit, nicht Herrschaft ist die Domäne der Frau. Signale der Macht sind in unserer Kultur mit Signalen der Geschlechtszugehörigkeit vermengt; dadurch wird eine Machthierarchie geschaffen, die auf Geschlechterunterschieden beruht. Da Frauen lernen, ihre Energien in das Gesehenwerden zu investieren, statt sich durchzusetzen, wird Anziehungskraft zu einem Substitut, einem Ersatz für Handlungsfähigkeit.

Macht kann viele Gesichter haben: die Fähigkeit, Ideen zu verwirklichen, Aufmerksamkeit zu erlangen, autonom zu handeln, Gehorsam zu erzwingen. Der Macht wohnt eine komplexe Dynamik inne, die darauf beruht, wie Menschen einander wahrnehmen und über welche Ressourcen sie verfügen. Aus Studien geht hervor, daß Männer und Jungen sich selbst als kraftvoller und mächtiger einschätzen als Mädchen und Frauen. Männer sind stärker daran interessiert, andere zu kontrollieren, und streben meistens die dominierende Rolle an, wenn sie mit Frauen zu tun haben.[1] Als College-Studenten gebeten wurden, eine Persönlichkeit zu nennen, die sie als machtvoll erlebt hatten, nannten mehr als die Hälfte der Befragten ihre Väter. Nur zwei Prozent der Männer und sechzehn Prozent der Frauen nannten ihre Mütter.[2]

Analysen des Männer- beziehungsweise Frauenbildes in den Medien ergaben, daß Männer im allgemeinen als aktiv und autoritär, Frauen als attraktiv und unterwürfig dargestellt werden. Solche Bilder spiegeln und bestätigen die vorherrschenden sozialen Normen.

Anführer müssen nicht nur ihrer Rolle gemäß handeln, sie müssen ihr auch im Aussehen entsprechen, denn Führerschaft hängt von der Anerkennung durch andere ab. Stereotype Vorstellungen darüber, wie Männer sich von Frauen und wie Anführer sich vom »Fußvolk« unterscheiden, sind fast miteinander identisch. Führerschaft wird mit Kompetenz, Unabhängigkeit und selbstbewußtem Auftreten assoziiert – Qualitäten, die als »männlich« betrachtet werden.

Ein dominanter Mann mit hohem Status verhält sich untergeordneten Männern gegenüber in ganz ähnlicher Weise, wie er sich Frauen gegenüber verhält: Er bestellt die Getränke, bestimmt die Gesprächsthemen, bezahlt die Rechnung. Wenn eine Frau sich in Gegenwart eines Mannes so verhält, signalisiert sie Macht, indem sie ein »männliches« Verhalten an den Tag legt. Der Status von Männern wird grundsätzlich als höher wahrgenommen als der Status von Frauen. Folglich befinden sich die Frauen, denen es gelingt, bestimmte Machtpositionen zu erreichen und zu nutzen, in einer Position der »Statusinkongruenz«. Ihre Machtstellung steht im Konflikt mit dem geringeren Status der weiblichen Rolle.[3]

Im Tierverhalten entdeckte man zwei unterschiedliche Formen der Verwendung von Macht[4]: erstens die agonische oder direkte Macht, die Drohung oder unmittelbare Gewaltanwendung beinhaltet und die aggressive Obertöne hat; zweitens die hedonistische Macht, die indirekt oder unterschwellig wirkt. Hedonistische Macht wird oft durch Zurschaustellung erreicht, durch auffällige Farben oder auffällige Bewegungen. Durch Herumtänzeln, Heulen oder irgendeine andere Form der Selbstdarstellung kann ein Tier – oder eine Person – Aufmerksamkeit auf sich lenken und so die Situation kontrollieren. Ein Cheerleader zum

Beispiel beeinflußt die Zuschauer auf hedonistische Weise mit Tanz und Gesang.* Cheerleanders machen das Spiel farbiger und für die Zuschauer attraktiver, aber sie haben kaum Einfluß darauf, welche Mannschaft gewinnt. Agonische Macht wird im allgemeinen durch Waffen verstärkt, hedonistische Macht durch Körperdekoration.

Ein wesentlicher Effekt des Schönheitsmythos ist die Verschiebung der hedonistischen Macht auf die weibliche Rolle. Untersuchungen zeigen, daß die Ausübung direkter Macht durch Frauen heute in den meisten Kulturen immer noch als umstürzlerisch und illegitim betrachtet wird. [5] Tatsächlich werden Frauen, je nach der Art, wie sie Macht einsetzen, in die Kategorien »gut« oder »schlecht« eingeordnet. Agonische Macht bedroht die normative Auffassung von Weiblichkeit und wird daher mit den »schlechten Frauen« assoziiert, mit »bösen Hexen«, »harten Weibern«, »häßlichen Emanzen«. Solche Frauen handeln aggressiv und sind folglich unattraktiv. Im Unterschied dazu verstärkt der Einsatz hedonistischer Machtformen die normativ aufgefaßte Weiblichkeit. Daher werden die hedonistischen Formen der Macht mit schönen oder tugendhaften, sexuell anziehenden und verführerischen Frauen assoziiert.

In ihrem Buch »Women, Men and the Psychology of Power« (Frauen, Männer und die Psychologie der Macht) erklärt Hilary Lips, daß agonische Macht auf Quellen zurückgeht, die Frauen nicht ohne weiteres zugänglich sind, auf physische Kraft, hohes Ausbildungsniveau, Geld und Kompetenz. Selbst wenn Frauen über diese Ressourcen verfügen, fehlt es ihnen oft entweder an den legalen Möglichkeiten oder am nötigen Selbstvertrauen, um sie effektiv zu nutzen. Da es im Hinblick auf den Zugang zur Macht Unterschiede zwischen Männern und Frauen gibt, gehen sie den Prozeß der sozialen Einflußnahme auch von unterschiedlichen Standorten aus an. Männer befinden sich bei

---

* Als »Cheerleaders« bezeichnet man in Amerika eine Gruppe von Mädchen oder jungen Frauen, die bei Sportveranstaltungen, besonders beim Football, am Rande des Spielfelds mit revueartigen Einlagen die Spieler anfeuern. Die Zuschauer stimmen in die Anfeuerungsrufe ein; A. d. Ü.

ihrem Eintritt in die soziale Einflußsphäre meistens in einer stärkeren Position und sind daher leichter bereit, ökonomischen oder physischen Druck auf andere auszuüben. Frauen beginnen gewöhnlich von einer schwächeren Position aus und wenden sich daher indirekten Formen der Kontrolle über andere zu: Charme, Abhängigkeit, Liebesentzug. Hilary Lips schließt aus den Untersuchungen zu diesem Thema, daß Frauen die Art von Macht, die auf »Attraktivität, Charisma und persönlicher Anziehungskraft« beruht, leicht erreichen können und daß ihre Macht nur in diesen Bereichen die Macht von Männern übersteigt oder ihr gleichkommt. Folglich wird nicht direkte Selbstbehauptung, sondern Schönheit und hedonistische Zurschaustellung zur Hauptquelle weiblicher Stärke. Lips weist außerdem darauf hin, daß Frauen selten hohe Positionen im Geschäftsleben oder in der Politik erreichen, daß sie im Bereich der darstellenden Künste, wo gutes Aussehen eine wesentliche Voraussetzung von Erfolg ist, jedoch häufig Spitzenpositionen einnehmen.[6]

Die Art von Macht, die ein Mensch einsetzt, bestimmt, wie stark er oder sie sich fühlt. Da hedonistische Macht oft nicht bewußt wahrgenommen oder als Manipulation gewertet und daher mit Mißtrauen betrachtet wird, trägt sie wenig dazu bei, den Status und das Selbstvertrauen derer zu erhöhen, die sie benutzen. Wer sich vor allem auf Schönheit und Charme verläßt, kann sich auch nach großen Erfolgen unsicher fühlen. Außerdem wird bei Frauen eine bescheidene, zurückgenommene Haltung unterstützt, was sie zusätzlich daran hindert, ihre Erfolge und Errungenschaften sich selbst und ihren eigenen Fähigkeiten zuzuschreiben.

Hedonistische Machtstrategien tragen am wenigsten zur Entwicklung von Selbstwertgefühl bei, und eben diese Strategien sind es, die Frauen am leichtesten zugänglich sind, stellt Lips fest. Ein positives Selbstgefühl ist eng mit dem Bewußtsein der eigenen Stärke verbunden. Vertrauen in die eigenen Fähigkeiten stärkt das Ich. Da Frauen dazu erzogen werden, indirekte Macht zu gebrauchen, verkennen sie häufig die Bedeutung agonischer Machtmittel (wie Autorität oder Geld) für die Erhaltung des eigenen Selbstwertgefühls. Frauen verfügen von vornherein über wenig Macht und neigen deshalb dazu, ihren Wert zu verleugnen und sie unbewußt anderen abzutreten. Sie fürchten direktes Handeln und setzen es nur widerstrebend ein.

Wenn eine Frau Handlungsfähigkeit mit Männlichkeit gleichsetzt, wird es schwierig für sie, ohne Ambivalenzgefühle mit direkter Macht umzugehen. Sie wird sich statt dessen hedonistischen Einflußstrategien zuwenden, auch wenn diese unangemessen oder uneffektiv sind. Vielleicht weint sie, pudert ihre Nase, zieht sich um oder macht eine Diät, statt eine Gehaltserhöhung zu fordern oder einen Rechtsanwalt zu beauftragen. In einem Roman von Nora Ephron sagt die Heldin: »Der einzige wilde und unwiderrufliche Entschluß, den ich je erwogen habe, ist, mir die Haare abschneiden zu lassen.«[7]

Frauen erfahren immer wieder, daß sie mit eigenständigem Handeln Mißtrauen wecken, daß es soziale Ablehnung oder ökonomische Vergeltungsmaßnahmen nach sich ziehen kann oder daß sie als neurotisch etikettiert werden. Das folgende Beispiel zeigt, zu welchen Problemen eine ambivalente Einstellung zum Gebrauch direkter Macht führen kann:

Emily kam in Therapie, weil sie sich unfähig fühlte, mit ihrem Sohn fertig zu werden. Sie beschrieb Bobby als einen »lauten, aktiven, dickköpfigen Vierjährigen, der sehr robust ist ... viel stärker als ich, ein echter Kraftbolzen«. Sie schaffte es nicht, ihn in die Badewanne zu stecken oder rechtzeitig zu Bett zu bringen; es war ganz eindeutig, daß er sie beherrschte, und sie fühlte sich ziemlich hilflos.

»Bobby ist von Kopf bis Fuß ein Junge, laut, rauhbeinig, aggressiv und ständig in Bewegung ... Ich wünsche mir oft, ich hätte eine Tochter. Ich glaube, mit einem ruhigen kleinen Mädchen käme ich wesentlich besser zurecht.«

An diesem Beispiel wird deutlich, wie die Rollenstereotypen des dominanten Mannes und der passiven Frau die Mutter-Kind-Beziehung beeinflussen können. Manchen

Frauen fällt es schwer zu glauben, daß sie die Kraft oder das Recht haben, einem fordernden männlichen Wesen mit Autorität zu begegnen, selbst wenn dieser Mann erst vier Jahre alt ist. Als sie nach ihrem Verhältnis zur Macht gefragt wurde, sagte Emily, daß sie in der Beziehung zu anderen selten in Machtbegriffen denke und daß es ihr unangenehm sei, Macht anzuwenden. Sie konnte ihre Vorstellung von einer engen Mutter-Kind-Beziehung nicht mit der Idee von Machtausübung vereinbaren. Ihre ambivalente Einstellung zur Macht führte dazu, daß sie sich als Mutter unfähig fühlte. Gleichzeitig war Emily aber eine kompetente und erfolgreiche Geschäftsfrau, die mit viel Ehrgeiz eine neue Karriere aufbaute. Sie war immer gut gekleidet und ging mehrmals in der Woche zum Friseur. Obwohl sie erst Mitte Dreißig war, unterzog sie sich einer chirurgischen Gesichtskorrektur, um »diese häßlichen kleinen Augenfältchen loszuwerden«. Die hedonistischen Machtstrategien – Attraktivität, Charme, verführerisches Aussehen –, die sie erfolgreich im Beruf einsetzte, erwiesen sich im Umgang mit ihrem Sohn als wirkungslos.

In der Therapie ging Emily der Frage nach, wie ihre Wahrnehmung von Bobby als einem aggressiven, dominanten männlichen Wesen und von sich selbst als einer passiven Frau ihre Gefühle als Mutter beeinflußte. Allmählich realisierte sie, daß Bobby nicht wirklich stärker, härter, durchsetzungsfähiger war als sie selbst. Als sie sich ihre legitimen Bedürfnisse nach Ruhe und Ungestörtheit zugestand und ihr Recht akzeptierte, direkte Kontrolle auszuüben, war sie fähig, dem Verhalten ihres Sohnes klare Grenzen zu setzen. Allmählich gewann sie die starke Elternposition zurück, die Bobby zur Orientierung brauchte. Als ihr Sohn heranwuchs, hatte Emily jedoch immer wieder Schwierigkeiten damit, ihr Selbstbild als kompetente, starke Mutter aufrechtzuerhalten.

Körpergröße und Körperkraft haben zweifellos Einfluß auf die soziale Macht von Menschen. Die Körpergröße amerikanischer Männer übersteigt die der Frauen um sieben Prozent, ihre Körperkraft ist um dreißig Prozent größer als die der Frauen. Der Dimorphismus in Körpergröße und Körperkraft bringt Frauen in die nachteilige Position, zu Männern aufsehen zu müssen wie ein Unterlegener zu einem Höherstehenden oder ein Kind zu einem Erwachsenen. Körperlich über andere hinauszuragen, das bringt einen natürlichen Machtvorteil mit sich. Als Emily einmal mit Bobby in Arizona Ferien machte, bekam ihr Sohn dort zum Geburtstag einen Cowboyhut und ein Paar hochhakkige Cowboystiefel geschenkt. Durch sein Machokostüm gewann er etwa zehn Zentimeter illusionäre Körpergröße. Emily sah, daß sein Hut auf einer Höhe mit ihrem Kopf war, und fühlte eine subtile Verschiebung der Machtdynamik zwischen ihnen.

Eine große Frau und ein kleiner Mann werden als ungleiches Paar betrachtet. In der Adoleszenz nehmen hochgewachsene Mädchen oft eine gekrümmte Körperhaltung an, um weniger imposant auszusehen. Große Frauen suchen sich Partner, die möglichst noch ein wenig größer sind als sie selbst; sie berichten, daß sie sich unbehaglich fühlen und sogar Schuldgefühle empfinden, wenn sie das Recht der Männer, »über ihnen zu stehen«, unterminieren. Susan Brownmiller beschreibt, wie sie reagiert, wenn sie einem kleineren Mann gegenübersteht:

»Obwohl ich nur 1,68 m groß bin – eine ideale Körpergröße für feminines Aussehen –, empfinde ich mich im Verhältnis zu einem kleineren Mann meistens als schwerfällig. Die gewohnten Größenverhältnisse sind aus dem Lot, die Ebene des Augenkontakts wirkt merkwürdig verkehrt. Mit einer unabsichtlichen, energischen Geste könnte ich ihn vielleicht umwerfen! Ich leide für ihn, weil er so klein ist, und fühle mich meines unabänderlichen Größerseins wegen schuldig. Ich ziehe die Schultern ein, verdrehe meinen Körper, halte meinen Kopf schräg. Ich greife tief in die weibliche Trickkiste – alles, um meine solide Körperlichkeit, meine relative Stärke zu überdecken.«[8]

Der Prinz und die Prinzessin von Wales sind etwa gleich groß. Auf ihrem Verlobungsfoto, das auf der Treppe des Buckingham-Palastes aufgenommen wurde, steht er eine

Stufe höher als sie, wodurch die Illusion einer dominanteren Gestalt geschaffen wird. Stellen wir uns die Umkehrung dieser Pose vor: er eine Stufe unter ihr, mit dem Kopf an ihrer Schulter!

Körpergröße wird oft mit Status assoziiert; große Menschen hält man für erfolgreicher als kleine Menschen. Kleine Männer werden eher wie Untergebene – und wie Frauen – behandelt. Aufgrund ihres geringeren »Formats« werden sie, wie Frauen, öfter angefaßt. Bei der Wahl für leitende Positionen werden sie leicht übergangen. Während die psychischen Belastungen, denen kleine Männer ausgesetzt sind, anerkannt und ernst genommen werden, hat man die Auswirkungen des Kleinerseins auf das soziale Machtgefühl von Frauen bisher weitgehend ignoriert.

Die Verhaltensforschung bei Tieren hat den Nachweis erbracht, daß männliche Dominanz bei Primaten zum Teil auf Geschlechterunterschieden in Körpergröße, Körperkraft und Aggressivität beruht. Bei Arten, die starke sexuelle Dimorphismen aufweisen, treten größere Dominanzasymmetrien auf. Den menschlichen Machthierarchien liegen ähnliche biologische Faktoren zugrunde, die jedoch durch den Kultureinfluß abgeschwächt oder verstärkt werden können. Margaret Mead berichtet, daß friedliche Gesellschaften nur minimale Geschlechtertypisierungen kennen, während in Gesellschaften, die Aggressionen fördern, die stärkste männliche Dominanz und die größten Geschlechtsrollendivergenzen auftreten. (Es scheint, daß in wettbewerbsorientierten Kulturen die Schwächeren grundsätzlich unterdrückt werden, was in den meisten Fällen die Frauen einschließt.)

Kosmetische Rituale tragen zur Verstärkung der Geschlechterdimorphismen und dadurch auch zur geschlechtsspezifischen Verteilung der Dominanzrollen bei. Moden, die der Steigerung der weiblichen Schönheit dienen sollen, verändern oft die Körperproportionen von Frauen. Durch Haartracht und Kleidung kann die Illusion einer dominanteren Gestalt oder einer verkleinerten Gestalt geschaffen werden. Hohe Absätze lassen Frauen größer und bedeutender erscheinen; eine Frau, die flache Schuhe trägt, kommt sich plötzlich klein vor, nicht nur im Vergleich zu Männern, sondern auch zu Frauen in hochhackigen Schuhen, die auf sie herabsehen. Kleider mit langen Schleppen, Hüte mit Straußenfedern und bauschige, gerüschte Unterröcke blähen die Gestalt auf und lassen sie größer und großartiger erscheinen. Moden, die optische Vergrößerung oder Grandiosität bewirken, schränken jedoch fast immer den Bewegungsspielraum ein. Ein Zuwachs an hedonistischer Macht (durch Zurschaustellung) wird im allgemeinen durch einen Verlust agonischer Macht (Verlust an Handlungsfähigkeit) erkauft. Das Schönheitsideal fordert von Frauen aber oft auch die Reduzierung bestimmter Proportionen. Der kleine Fuß, die Wespentaille, der Körper, der maximal fünfzig Kilo wiegt, gelten zu bestimmten Zeiten als Inbegriff weiblicher Schönheit. Bei Männern lösen Kastrationsängste und Furcht vor Impotenz endlose Selbstzweifel in bezug auf ihre Körperlichkeit aus. (Männliche Genitalien können nie zu groß sein, wie Cinderellas Fuß nie zu klein sein kann.) Taillen, die in Korsetts eingeschnürt sind, in Hüftgürtel gepreßte Hüften, verkleinerte Füße, Körper, die durch Diät im Zaum gehalten werden, schwächen die männlichen Ängste ab, denn sie erschaffen »das kleine Frauchen«.

Als Stokeley Carmichael erklärte, daß die Frauen innerhalb der Bürgerrechtsbewegung die »untere Position« innehätten, verwendete er eine Metapher, die sowohl im sozialen als auch im sexuellen Sinn gebraucht wird. Man hat Statushierarchien als die vertikale Dimension menschlicher Beziehungen bezeichnet. Wir sprechen auch im übertragenen Sinn von Größe und Kleinheit, von erhöhen und erniedrigen, nach oben kommen oder zu kurz kommen, an einer Aufgabe wachsen oder an jemanden nicht heranreichen. Mit hohem Wuchs und aufrechter Haltung assoziieren wir Selbstvertrauen, mit kleinem Wuchs und gebückter Haltung Unsicherheit. Verbeugungen und Kniefälle sind Unterwerfungsgesten; sie signalisieren Unterordnung. Jungen Mädchen aus der Oberschicht wird das Äußerste an hedonistischer Zurschaustellung abverlangt, wenn sie auf den (seit neuestem wieder in Mode kommenden) Debütantinnenbällen den großen Hofknicks vorführen. 1984 war in der New York Times zu lesen: »Eine Debütantin aus Texas in einem langen weißen Kleid mit goldbesticktem Oberteil, einen Strauß roter Rosen im Arm, tritt ins Scheinwerferlicht; sie beugt ihr rechtes Knie, läßt sich vorsichtig auf den Boden nieder und führt, während die Zuschauer den Atem anhalten, graziös den Dallas-Hofknicks aus.«[9] Die Debütantin hat die graziöse Ausführung des Hofknickses wochenlang geübt. In einer demütigen Geste weiblicher Unterordnung wirft sie sich vor der Gesellschaft nieder, der sie dann von der »unteren Position« aus strahlend zulächelt.

Nancy Henley hat die vielen Übereinstimmungen zwischen geschlechtsspezifischer Körpersprache und Gesten der Macht untersucht. Sie zeigt, daß »weibliche« Körpersignale oft gleichbedeutend mit Gesten der Unterwerfung sind, während »männliche« Körpersignale häufig Äquivalente von Dominanzgesten darstellen. Frauen und andere untergeordnete Personen neigen zum Beispiel dazu, als Zeichen der Unterwerfung den Augenkontakt zu unterbrechen, während Männer und andere dominante Personen den Blick nicht abwenden und andere unbekümmert anstarren. Dominante Personen beanspruchen mehr Raum für sich, während untergeordnete Personen ausweichen und Platz machen. Frauen sind beispielsweise leichter bereit, öffentliches Territorium aufzugeben; sie treten beiseite, wenn jemand auf der Straße direkt auf sie zugeht. Große Menschen können eine Situation einfach dadurch kontrollieren, daß sie mehr Raum einnehmen. Männer neigen dazu, ausladende Sitzhaltungen mit weit gespreizten Beinen einzunehmen, während Frauen und untergeordnete Personen in zusammengezogenen Haltungen dasitzen, die weniger Raum beanspruchen.[10] Dies sind nur einige der vielen »statusidentifizierenden« Gesten, die Henley anführt, der nonverbalen Äquivalente von Befehls- und Gehorsamsäußerungen. Statusidentifizierende Gesten und geschlechtsidentifizierende Gesten überschneiden sich in einer Weise, die den

Machtunterschied zwischen den Geschlechtern aufrechterhält. Henley warnt davor, Unterschiede in der Körpersprache und im nonverbalen Verhalten ausschließlich den Geschlechtsrollen zuzuschreiben, denn wenn wir die ihnen zugrundeliegenden Machtfaktoren nicht berücksichtigen, werden wir ihre volle Bedeutung nicht wahrnehmen.

Wenn Frauen (und untergeordnete Personen) versuchen, sich direkter Machtgesten zu bedienen, werden sie oft sogenannten Zähmungsstrategien unterworfen. Wenn eine Frau zum Beispiel ein klares Dominanzsignal aussendet, kann es bewußt oder unbewußt mißdeutet und damit in seiner Wirkung abgeschwächt werden. Ein Mann interpretiert es vielleicht als sexuelle Einladung, wenn eine Frau ihn aggressiv anstarrt. Oder er sagt ihr mitten in einem heftigen Streit, daß sie süß aussieht, wenn sie wütend ist, oder daß ihre Wimperntusche verschmiert ist. Ihre Dominanzgesten werden trivialisiert und erfolgreich verharmlost, indem man sie zu Signalen von »Weiblichkeit« uminterpretiert, erklärt Henley. Solche Zähmungsstrategien werden die Frau vermutlich von weiteren Versuchen abhalten, die Situation zu beherrschen.

Andererseits können sich Frauen manchmal Kühnheiten herausnehmen und dominantes Verhalten zeigen, wenn sie es in den dekorativen Zierat der weiblichen Rolle einbetten; das ist einer der Gründe, warum Schönheit als zusätzliche Machtquelle dienen kann. Wenn sie einem Mann Auge in Auge auf hohen Absätzen gegenübersteht, kann der wütende Blick einer Frau wirkungsvoller sein. Durch das Klirren von Armbändern und das Blitzen von Diamanten kann sie ständig auf ihre Anwesenheit aufmerksam machen, auch wenn sie es vorzieht, sich verbal nicht einzumischen. Statushierarchien werden ebensosehr durch die Beschwichtigungsgesten der Untergeordneten wie durch die aggressiven Signale der Dominierenden aufrechterhalten. Diejenigen, die schwächer sind oder sich schwächer fühlen, können es sich nicht leisten, angegriffen zu werden. Sie müssen klare Botschaften aussenden, die besagen: »Ich bin ungefährlich!« Beschwichtigungsgesten haben die Wirkung von

Friedensappellen. Das stets abrufbare Lächeln von Frauen stellt eine klassische Beschwichtigungsgeste dar. Studien zeigen, daß Frauen tatsächlich viel häufiger lächeln als Männer, vor allem dann, wenn sie wütend sind.[11] Für viele Frauen gehört das Lächeln gewissermaßen mit zum Make-up. Wenn ein Mann ruft: »Hey, Süße, lächle doch mal!«, verlangt er damit nicht nur ein Signal von Weiblichkeit, sondern auch eine Respektsgeste. Eine leuchtende Lippenstiftfarbe gibt dem Beschwichtigungslächeln größere Wirkung und macht es auch von weitem sichtbar.

Mit »femininer« Schönheit sind immer besänftigende Signale verbunden; sie finden ihren Ausdruck in Spitzenunterhöschen, rosa Angorapullovern und hochhackigen Sandalen. Diese und ähnliche Kennzeichen von »Weiblichkeit« vermitteln nicht nur den Eindruck von Hilflosigkeit – sie können tatsächlich eine physisch und psychisch hilflose Person hervorbringen. Reale oder vorgestellte Unterordnung führt im Lauf der Zeit zu einem ständigen Gefühl innerer Verletzlichkeit. Jan Morris, der die psychischen Veränderungen bei einer Geschlechtsumwandlung beschreibt, nennt das »die Symptome des Frauseins«:

»Je mehr man mich wie eine Frau behandelte, desto mehr wurde ich auch zur Frau. Ich paßte mich wohl oder übel an. Wenn ich für unfähig gehalten wurde, ein Auto rückwärts einzuparken oder eine Flasche zu öffnen, stellte ich fest, daß ich tatsächlich eine merkwürdige Inkompetenz entwickelte ... Ich fand heraus, daß Männer es auch heute noch vorziehen, wenn Frauen weniger informiert, weniger kompetent, weniger gesprächig und in jedem Fall weniger selbstbezogen sind als sie selbst, daß sie es schätzen, wenn Frauen auf sie angewiesen sind ... Ich weiß, das ist Unsinn, aber ich kann es nicht ändern.«[12]

Ein Mensch, der wie eine Puppe ausstaffiert und vorgeführt wird, fühlt sich innerlich zunehmend hilflos. Was als Pose und Verstellung beginnt, wird sehr bald zum automatischen Reflex und erscheint dann als »authentisch«. Genau das sind aber die Strategien, die in Bestsellern wie Marabel

Morgans »The Total Woman« (Die totale Frau) oder Helen Andelins »Fascinating Womanhood« (Faszinierende Weiblichkeit) empfohlen werden. Diese Bücher wurden in den letzten zwanzig Jahren millionenfach verkauft, obwohl im gleichen Zeitraum die feministische Bewegung aufblühte. Im wesentlichen geben sie Rezepte, wie frau die Signale der Unterwerfung kultivieren kann:

»Wenn Sie eine kräftig gebaute, hochgewachsene oder starke Frau sind, werden Sie daran arbeiten müssen, diese Züge zu verbergen, so daß Männer Sie als klein und zart wahrnehmen. Unabhängig von Ihrer Körpergröße können Sie einem Mann zerbrechlich erscheinen, wenn Sie bestimmte Regeln befolgen ... Es ist unwichtig, ob Sie tatsächlich klein und zierlich sind; es kommt darauf an, daß der Mann Sie so sieht ... Versuchen Sie, den Ausdruck von Kraft, Handlungsfähigkeit, Kompetenz oder Mut loszuwerden und entwickeln Sie statt dessen eine Haltung fragiler Abhängigkeit, die in Männern den Wunsch erzeugt, sich um Sie zu kümmern. Wenn Sie in männlichen Bereichen fähig und effizient sind, werden Sie diese Dinge ›verlernen‹ müssen.«[13]

Welch ein Paradox: Frauen werden angeleitet, Macht zu gewinnen, indem sie die Signale der Unterwerfung perfektionieren! Abhängigkeit ist eine verfügbare und nützliche Art der Einflußnahme für diejenigen, die von der Ausübung direkter Macht abgeschnitten sind. Die meisten Frauen sind körperlich tatsächlich kleiner und schwächer als Männer, verdienen weniger Geld und haben weniger Autorität als ihre männlichen Partner. Außerdem werden sie von Kindheit an mehr für hedonistische Zurschaustellung als für direktes Handeln belohnt.

Im folgenden Kapitel werden wir weibliche Kleidung, Haartrachten und Schuhmoden unter dem Gesichtspunkt der Machtstrategien betrachten, die menschliche Beziehungen verändern.

Macht und Ohnmacht des schönen Scheins

In den Tagen der Marie Antoinette und der Madame Pompadour wurden die Frisuren der Frauen zu so absurden Höhen aufgetürmt, daß Karikaturisten sie mit darin nistenden Vögeln darstellten. Kunstvolle Frisuren waren in früheren Zeiten ein Zeichen von hohem Rang, das sowohl von Männern als auch von Frauen benutzt wurde. Ägyptische Herrscher rasierten sich die Köpfe und bedeckten sie dann mit ausladenden Kunstfrisuren. Im achtzehnten Jahrhundert besaßen nicht nur die Frauen, sondern auch die Männer der herrschenden Schicht eine große Auswahl an raffiniert gestalteten Perücken. Englische Richter tragen bis heute gewichtige Perücken als Zeichen ihrer Autorität. Heute wird die kunstvolle Frisur, die einmal ein Statussymbol für beide Geschlechter war, jedoch vorwiegend mit weiblicher Schönheit in Verbindung gebracht. Im zwanzigsten Jahrhundert setzte sich für die Männer der westlichen Kulturen das kurzgeschnittene Haar durch. Die Asymmetrie der männlichen und der weiblichen Haarmoden trägt zur Aufrechterhaltung des Mythos der weiblichen Schönheit bei. Die hedonistische Macht üppig wallenden Haares ist hauptsächlich Frauen vorbehalten, als sexuelle Verlockung und als Statussymbol. Bei Männern wird langes Haar als unpassend oder weibisch angesehen. Kein Politiker oder Angehöriger der Managerklasse kann es sich leisten, sein Haar lang zu tragen. In den sechziger Jahren wurden langhaarige männliche Hippies in Amerika von Schulen und Universitäten verwiesen. Religiöse Fundamentalisten lehnen langes Haar bei Männern als »Sünde wider Gottes Gebot« ab und verweisen auf entsprechende Bibelstellen. Die jüdisch-christliche Tradition hingegen warnt den Mann vor den verführerischen Locken der »Femme fatale«, die ihn vom rechten Weg abbringen könnten. Ehefrauen mußten daher diese gefährliche Versuchung unter Tüchern und Hauben verbergen. Orthodoxe jüdische Frauen halten bis heute nach der Heirat ihr Haar bedeckt.

Wenn eine Frau ihr langes Haar löste, bedeutete das Intimität und die Aufhebung hemmender Schranken. Locker herabhängendes Haar konnte »lockere Moral« signalisieren. Rapunzel ließ ihr Haar herunter, um ihren Liebhaber daran in den Turm hinaufzuziehen. Viktorianische Ehefrauen gingen mit fest geflochtenen Zöpfen zu Bett. Hindubräute wurden ihrer schönen langen Haare wegen ausgewählt (wie chinesische Bräute wegen ihre kleinen Füße).

Bei einem kleinen Mädchen bedeutet langes Haar sowohl kindliche Unschuld als auch weiblichen Reiz. Väter bestehen oft darauf, daß die langen Haare ihrer Töchter nicht abgeschnitten werden. Sie schildern das Vergnügen, mit diesem Haar zu spielen, es zu berühren und anzusehen. Die erotische Anziehungskraft des langen Haares verstärkt somit die ödipale Bindung zwischen Vater und Tochter.

Eine vierzigjährige Patientin berichtete, daß sie sich immer ihr krauses Haar glätten ließ, bevor sie ihren Vater, der der Oberschicht angehörte, besuchte. Er versäumte nie, ihr Komplimente über ihre hübsche Frisur zu machen oder sie zu kritisieren, wenn er sie einmal mit ihren natürlichen krausen Locken sah. Vor kurzem hörte diese Frau damit auf, sich für Daddy ihr Haar glätten zu lassen; sie stellte fest, daß sie endlich soweit war, ihr Leben auch ohne die Zustimmung ihres Vaters zu leben.

Eine andere Frau erinnerte sich daran, wie sie in ihrer Jugend um die Erlaubnis kämpfte, ihre kindlichen Zöpfe, die ihr Vater so sehr liebte, abschneiden zu lassen. Mit zwölf Jahren setzte Jane sich über das Verbot ihres Vaters hinweg, ließ sich die Haare abschneiden und demonstrierte damit, daß sie ein neues Stadium von Unabhängigkeit erreicht hatte. Dreißig Jahre später erfuhr sie von ihrem Vater, wie schockiert er gewesen war, sie als rebellischen kurzhaarigen Teenager zu sehen, und daß er sich ihr danach nie mehr so nahe gefühlt hatte wie zuvor. Diese Geschichte illustriert, welche Rolle das Haar als sexuelles Symbol in der Vater-Tochter-Beziehung spielen kann, wie es erst zum Vehikel von Nähe und dann von Distanz wird. Als Erwachsene ließ sich Jane noch einmal ihr langes Haar abschneiden, und zwar unmittelbar vor ihrer Scheidung. Wie in ihrer Kindheit wurde die Trennung von ihrem Haar unbewußt zum Symbol der Lösung aus einer Abhängigkeitsbeziehung, diesmal von ihrem Mann, der ihr langes Haar geliebt hatte.

Frauen benutzen oft die Macht, die dem Haar als Schönheitssymbol innewohnt, um sich an einen Mann zu binden oder um Distanz zu einem Mann zu schaffen, die Verbindung zu ihm abzuschneiden. Da langes Haar auch die weibliche Sexualität symbolisiert, kann das Abschneiden des Haars auch den Verzicht auf die traditionelle weibliche Rolle bedeuten. In den zwanziger Jahren, als die »Garçonne-Frisur« in Mode kam, drohten Ehemänner ihren Frauen mit der Scheidung, falls sie sich das Haar abschneiden ließen. Guthrie setzt »Sufragetten, Lesbierinnen, Nonnen und durchsetzungsfähige Geschäftsfrauen« auf die Liste der kurzhaarigen Rebellinnen.[14] Bis in die sechziger Jahre hinein signalisierte sehr kurzes Haar bei Frauen jungenhaftes, unkonventionelles oder emanzipiertes Verhalten. Selbst heute wird Karrierefrauen empfohlen, ihr Haar weder zu kurz noch zu lang, weder zu lockig noch zu glatt zu tragen, um möglichen Assoziationen mit Geschlecht, Macht und Sexualität aus dem Wege zu gehen.

Haar kann eine Quelle erotischen Vergnügens sein. Das Bürsten, Kämmen und Berühren des Haares vermittelt dieselbe Art taktilen Vergnügens, als wenn man eine Katze streichelt oder sich in einen Nerzmantel kuschelt. Unter Primaten ist die gegenseitige Fellpflege ein wichtiges Ritual, das zwischen den Mitgliedern der Gruppe soziale Bindungen schafft. Die Haarpflege ist eine gute Rechtfertigung für Intimität. Ein Friseur ist nicht nur ein Handwerker, sondern ein Vertrauter, der liebevolle Zuwendung und Bestätigung gibt. Männern entgehen viele dieser Freuden. Ihre kurzgeschnittenen Haare haben nichts Eindrucksvolles oder optisch Grandioses, nichts erotisch Lockendes, und sie bieten keine Möglichkeit der Variation. Gepflegtes, getöntes, gestyltes »feminines« Haar verstärkt die erotische Anziehungskraft. Wiegt der damit verbundene Machtgewinn die Mühen und Unbequemlichkeiten auf? Es kommt darauf an. Die meisten Frauen sind bereit, für dieses Vergnügen einen gewissen Preis zu zahlen. Nichts ist so gut geeignet, das Selbstbewußtsein zu heben, wie eine neue Frisur – es sei denn ein neues Kleid.

Todchic

Weibliche Schönheit ist von wechselnden Moden begleitet. Als Signal für Geschlechtszugehörigkeit und für Macht ist Kleidung für die Definition der weiblichen Welt ebenso wichtig wie für die Definition des weiblichen Körpers. Trotz der wechselnden Designerlaunen ist Mode nicht wirklich willkürlich. Experten raten uns, wie wir uns anziehen sollen, um erfolgreich zu sein, denn Kleidung vermittelt Autorität und Kompetenz und zeigt den Rang an. Durch Kleidung werden Verhaltensweisen in die richtigen männlichen oder weiblichen Muster gelenkt, wie es zum Beispiel am verführerischen Gang der auf hochhackigen Schuhen einherstöckelnden Dame sichtbar wird. Das Sprichwort »Kleider machen Leute« ist nicht nur ein Klischee. »Es sind die Kleider, die uns tragen – nicht wir die Kleider«, schrieb Virginia Woolf. Jeder neue Aufschwung der Frauenbewegung beinhaltet auch irgendeine Art von Kleiderreform, denn die Rolle der Frau drückt sich in ihrer Kleidung aus und wird durch sie bestimmt.

Geschlechtsspezifische Unterschiede in der Kleidung haben eine so lange Tradition, daß wir sie als etwas Selbstverständliches hinnehmen, sie als natürlich und wünschenswert betrachten. »Eine Frau soll nicht Männersachen tragen, und ein Mann soll nicht Frauenkleider anziehen, denn wer das tut, der ist dem Herrn, deinem Gott, ein Greuel«, ist im fünften Buch Mose zu lesen.[15] Ständische Kleiderordnungen, die erlassen wurden, um Standesprivilegien aufrechtzuerhalten, verlangten von Frauen mal mehr Kleidung – als Demonstration von Bescheidenheit und Zucht –, mal weniger Kleidung – als Zeichen von Unterordnung.

Seit dem Ende des achtzehnten Jahrhunderts, als der dekorative Prunk aus der Männermode der westlichen Kulturen verschwand, war die Kleidung von Männern im allgemeinen dunkel, eintönig und simpel im Zuschnitt. Unsere Kultur kleidet das eine Geschlecht in heiße Rosatöne und das andere in schlichtes Marineblau. Locker sitzende Hosen geben Männern Bewegungsfreiheit, Jacken mit Schulterpolstern vermitteln den Eindruck von Kraft und Standfestigkeit. Das Individuelle wird heruntergespielt; eine Gruppe von Geschäftsleuten in professioneller Aufmachung bietet einen Anblick öder Gleichförmigkeit. Da sich die Männermode langsamer wandelt als die Frauenmode und da sich ihre Veränderungen auf kleine Details beschränken, erscheint die Kleidung von Männern nicht in jeder Saison veraltet und überholt. Die Frauenmode ist wesentlich farbiger und hat frivolere Züge. Transparente Stoffe wie Seide und Chiffon umhüllen den weiblichen Körper mit einem erotischen Flair und lassen ihn weich und zart erscheinen. Eine größere Variationsbreite von Stilarten und Farben erlaubt es Frauen, jeden Tag mit einem neuen Image aufzutreten. Das Neue weckt Interesse und verstärkt daher hedonistische Macht. Der schnelle Wechsel der Frauenmode spiegelt aber auch eine kulturelle Ambivalenz im Hinblick auf die angemessene Rolle der Frau.

Geschlechtsspezifische Unterschiede in der Kleidung sind dann am größten, wenn die Geschlechterrollen stark voneinander abweichen. Der krasse Schwarz-weiß-Kontrast in der Kleidung von Bräutigam und Braut symbolisiert die Rollenverteilung von Ehemann und Ehefrau. Der größere Aufwand in der Kleidung der Braut bestätigt die größere Bedeutung des Aussehens bei der Frau. In einer Gesellschaft, die an Zeremonien und Ritualen so arm geworden ist wie die unsere, stellt das Brautkleid ein eigenartiges rituelles Relikt dar. Es ist eins der letzten Zeremonialgewänder unserer Kultur, ein elegantes Beispiel der Macht und der Einschränkungen, die mit weiblicher Kleidung verbunden sind.

In meinem eigenen Fall war es so, daß ich die letzten Monate auf dem College damit verbrachte, an meinem Brautkleid zu arbeiten. Zuerst nahmen meine bräutlichen Träume auf Papier Gestalt an, dann wurde das Kleid liebevoll aus der kostbaren Spitzenschleppe des Brautkleids meiner Mutter zugeschnitten. Monatelang saß ich nähend und träumend in meinen Vorlesungen, während der künftige Gatte chirurgische Techniken lernte. Das Kleid wurde zur Verkörperung des erwarteten Ereignisses, einer Art Schönheitswettbewerb, dessen einzige Teilnehmerin ich selbst war. In sterilem Schneeweiß, im Taufkleid einer neugeborenen Ehefrau, kam ich zu meiner Hochzeit. Ich bewegte mich vorsichtig, wie mit gebundenen Füßen, und schleppte das weite, lange Kleid unbeholfen hinter mir her. Eine falsche Bewegung, und die ganze Pracht wäre hin gewesen! Ich erlebte die Hochzeitszeremonie wie durch einen weißen Nebel, abwartend wie eine neue Statue, die enthüllt werden soll.

Das Brautkleid ist oft das kostbarste Kleidungsstück, das eine Frau je besitzt – eine einmalige Investition für einen grandiosen Augenblick. Es kann zu einem Medienereignis werden, das erst geheimgehalten, dann von allen Seiten fotografiert und im Gesellschaftsteil der Zeitungen in allen Einzelheiten beschrieben wird; später wird das Kleid dann vielleicht an eine Erbin weitergegeben.

Die Frauenmode schwankt bis heute zwischen Korrektheit und Lässigkeit, zwischen Verhüllung und Entblößung. Durch Verhüllung wird die hedonistische Macht des geheimnisvoll verborgenen Körpers verstärkt; die agonische Macht des Handelns wird jedoch reduziert, da die Bewegungsfreiheit eingeschränkt wird. Andererseits erlaubt enthüllende Kleidung zwar meistens mehr Bewegung, macht Frauen aber auch verletzlicher (wenn sie zum Beispiel Busen und Schenkel entblößt).

Im Frühling, wenn die Hüllen fallen und die Körper sich freier bewegen, eskaliert die »Anmache« auf den Straßen.

Was am weiblichen Körper als besonders erotisch betrachtet wird, verschiebt sich ständig von den Fußknöcheln bis zum Hals und zum Haar. Wenn die eine Körperzone verhüllt wird, wird die andere entblößt. Verhüllungstabus können selbst die einfachsten Handlungen komplizieren.

Viktorianische Damen trugen ständig Handschuhe, im Haus und in der Öffentlichkeit. Die behandschuhte Hand signalisierte Muße – und zwang auch zur Untätigkeit. Die Ärmel viktorianischer Damenkleider waren so eng, daß es fast unmöglich war, die Arme zu heben.

Als Lady Diana Spencer zum ersten Mal zusammen mit Prinz Charles in der Öffentlichkeit erschien, hielten Fotografen den Augenblick fest, wie sie beim Aussteigen aus dem Wagen das Oberteil ihres trägerlosen schwarzen Abendkleides festhielt. Sekunden später stolperte sie über den Saum dieses Kleides, als sie die Treppe hinaufstieg. Hier kam eine verführerisch schöne Cinderella vor den Augen der Öffentlichkeit gleich zweimal in »entblößende« Situationen. Die Besonderheiten der weiblichen Mode produzieren solche prekären Momente; sie machen Frauen hilflos und verletzlich und geben Männern Gelegenheit, galant zu sein. Ein Prinz muß eine »Dame in Not« antreffen, wenn er als Retter auftreten will, eine Frau, die nicht ohne fremde Hilfe aus dem Wagen steigen oder die Treppe hinaufgehen kann und der man den Stuhl unterschieben muß, wenn sie sich setzt. Oft dirigieren Männer die Bewegungen ihrer Begleiterinnen; sie steuern sie sanft, aber bestimmt über Straßen und durch Eingänge. Der plötzliche Entzug solcher Galanterien in kritischen Momenten kann eine Frau in aller Schärfe an ihre reale Hilflosigkeit erinnern. Eine Patientin erzählte das folgende Erlebnis mit ihrem Ehemann:

»Ich hatte die ganze Woche über versucht, mit Jim über ein finanzielles Problem zu sprechen. Als wir am Samstag abend in die Stadt fuhren, gelang es mir schließlich, ihm einiges von dem zu sagen, was mir auf der Seele lag. Erst reagierte er sehr defensiv, und dann strafte er mich mit wütendem Schweigen. Nachdem wir das Auto geparkt hatten, lief er einfach los und ging mit schnellen Schritten auf das Theater zu. Ich hatte mich ohnehin über Jims Reaktion geärgert, und nun rutschte ich in dem langen Kleid und auf hohen Absätzen auf dem vereisten Gehsteig entlang. Ich war wütend auf ihn, weil er so schnell lief, daß ich ihn nicht einholen konnte. Es war, als hätte er mich im

*Stich gelassen . . . Ich fühlte mich aber auch ziemlich hilflos,
und mir wurde klar, wie sehr ich ihn brauchte, um mich an
ihm festzuhalten.«*

Frauen erleben oft das Zusammenspiel von seelischer und
kleidungsbedingter Hilflosigkeit, obwohl sie den Zusammenhang vielleicht nicht immer bewußt erkennen. Eine Therapeutin, die Frauen hilft, sich anhand von Träumen ihrer
Unsicherheitsgefühle bewußt zu werden, stellte eine interessante Übereinstimmung fest: Frauen aus allen sozialen
Schichten erzählten Träume, in denen sie durch ihre Kleidung gehemmt, behindert oder eingeschränkt wurden.[16]

Kleidung verhüllt Mängel und schafft Illusionen. Es ist
einfacher, sich in schöne Gewänder zu hüllen, als den Körper selbst umzumodeln. Der heutige Bekleidungsstil ist so
enthüllend, daß viele Frauen ihre Zuflucht zu kosmetischer
Chirurgie nehmen oder permanent Diät halten, um den
Körper zu modellieren, der früher in Korsetts eingeschnürt
oder unter Schleiern und Petticoats versteckt wurde. Das
Tragen eines Mini-Bikinis oder eines hautengen Surfing-Anzugs ist nur für diejenigen befreiend, die auch einen superschlanken Körper haben. John Carl Flügel kommt in seinem Buch »The Psychology of Clothes« (Die Psychologie
der Kleidung) zu dem Schluß, daß die größere Freiheit und
Flexibilität in der Frauenmode dieses Jahrhunderts nicht
nur Vorteile, sondern auch Verluste mit sich bringe.

*»Dadurch, daß die Frau ihre Rechte als Mensch behauptet,
hat sie einen Teil der erotischen Privilegien verloren, die sie vorher aufgrund ihrer spezifischen Weiblichkeit genoß. Statt der
Kleidung wurde der Körper akzentuiert, die Jugendlichkeit
trat als Ideal an die Stelle der Reife, und die Erotik verschob
sich vom Rumpf auf die Extremitäten.«*[17]

Seit einem Jahrtausend tragen Männer kurze Gewänder
oder geteilte Beinkleider, die ihnen freie Bewegung erlauben; in demselben Zeitraum war die Bewegungsfreiheit von
Frauen durch Röcke eingeschränkt, die bis in unser Jahrhundert hinein bis zum Boden reichten. Lange Gewänder

verstärken den Eindruck von Macht und Würde; Richter und Geistliche tragen sie bis heute als Symbol ihrer Autorität. Dennoch wirkt ein wallendes Gewand wie ein Pfauenschwanz; es zwingt seinen Träger oder seine Trägerin zu gemessenen Bewegungen. In irgendeiner Form wurden Frauen immer durch ihre Röcke eingeschränkt und behindert. Das Dolly-Varden-Kleid von 1840 hatte eine lange Schleppe, die den Boden fegte. Die Krinolinen von 1860 waren so aufgebläht, daß ihre Trägerinnen Schwierigkeiten hatten, Eingänge zu passieren. Der »Cul de Paris« von 1890 machte das Sitzen zu einem prekären Balanceakt. Der »Humpelrock« von 1915 schnürte die Beine in eine regelrechte Zwangsjacke ein. Die »Bleistiftlinie« von 1950 machte Hüftgürtel zu einer Notwendigkeit. Durch den Minirock von 1970 wurde das Strecken oder Bücken zu einer großen Enthüllung. Der Wickelrock öffnet sich in unvorhergesehenen Augenblicken. Das Ballkleid verwandelt Treppen in eine heimtückische Falle. Und so geht es weiter mit den fortschreitenden »Reformen« der Mode.

Noch in den sechziger Jahren galten Hosen für Frauen, zumindest bei öffentlichen Anlässen, als unpassend. Dann setzten sich Jeans als demokratisches Kleidungsstück und als Symbol der Gleichberechtigung durch. Heute gibt es aber enge Designerjeans, die genauso bewegungshemmend sein können wie ein »Humpelrock«.

Das zwanzigste Jahrhundert befreite die Füße der chinesischen Frauen von ihren verkrüppelnden Binden und die Beine der westlichen Frauen von ihren bewegungshemmenden bodenlangen Röcken. Die Bewegungsfreiheit der Beine steht für physische, soziale und ökonomische Gleichberechtigung. Eine Frau, die ungehindert herumlaufen kann, ist auch in der Lage, ein Geschäft zu führen und einem Beruf nachzugehen. Flügel nennt den kurzen Rock eine triumphale Geste der Freiheit der modernen Frau. Die nun enthüllten Beine der Frauen wurden jedoch auch zu einem neuen Symbol weiblicher Schönheit und zum Gegenstand übertriebener Aufmerksamkeit. Mit dem kurzen Rock stieg der Wert und Unwert des nackten Beins.

Bewegungshemmung und Verschleierung

Nancy Reagan hat die Schuhgröße sieben. Diese bedeutsame Tatsache wurde von der New York Times mitgeteilt, und daneben waren die Schuhe abgebildet, die die Präsidentengattin auf dem Inauguralball von 1981 tragen sollte. Für dieses Galaereignis waren zwei Paar Schuhe angefertigt worden: »Ein Paar cremefarbene Abendpumps aus Satin, handbestickt mit Bergkristallperlen, und ein weiteres Paar aus elfenbeinfarbenem Satin mit juwelenbesetzten Absätzen.« Männerfüße werden nicht in den Nachrichten erwähnt. Die inaugurale Fußbekleidung des Präsidenten wird nicht in der Zeitung abgebildet, denn auf den Zehen eines Oberbefehlshabers glitzern keine Bergkristalle. Die Stilisierung der Füße ist ein klassisches Beispiel dafür, wie Weiblichkeit, Schönheit, Sexualität und Macht miteinander vermischt und dann miteinander verwechselt werden. »Ich mag dich nicht, du hast zu große Füße«, geht der Text eines alten Jazzsongs. Große Füße gelten als tolpatschig, grob und unattraktiv, während das niedliche, makellose, kindliche Füßchen ästhetisch anziehend ist. Kleine Füße gelten als jugendlich und als aristokratisch. Im alten China begannen die kaiserlichen Familien damit, dem weiblichen Körper den permanenten Stempel vornehmer Abstammung aufzudrücken. Die Füße der Frauen wurden erst infantilisiert und dann in kostbare Schühchen gehüllt. Im Lauf der Zeit wurden die winzigen »Goldlilien«, wie man sie nannte, zu einer neuen erogenen Zone. Sie zu berühren oder zu beriechen war ein Akt großer Intimität.

Die verstärkte erotische Anziehungskraft der künstlich verkleinerten Füße beruhte ebensosehr auf ihrer Verhüllung wie auf ihrer Verformung. Nur ein Ehemann durfte diese kostbaren Körperteile sehen oder anfassen. Von Kindheit an wurde Mädchen eingeschärft, ihre Füße immer bedeckt zu halten. Prostituierte warteten hinter Wandschirmen, die nur den Blick auf ihre beschuhten Füße freigaben, und die Kunden trafen ihre Wahl nach der Zierlichkeit der Füße. Es gab »Feste der kleinen Füße«, die eine ähnliche

Funktion hatten wie unsere heutigen Schönheitswettbewerbe. Männer suchten sich dort ihre Konkubinen aus. Der kulturelle Schönheitsbegriff der Chinesen drückte sich in komprimierter Form in dieser einen Körperzone aus, die solche Macht gewann, daß sie die gesamte Attraktivität einer Frau bestätigen oder aufheben konnte. Verkleinerte Füße waren für den ökonomischen Austauschaspekt der Eheschließung von wesentlicher Bedeutung. Ein kleiner Fuß konnte die Kompensation für ein häßliches Gesicht sein, aber nichts konnte die Häßlichkeit eines unbehandelten »Gänsefußes« wettmachen. Eine Chinesin berichtete:

>*Meine Mutter kümmerte sich nicht um die Schmerzen, die ich litt, als meine Füße eingebunden wurden. Ein Mädchen mit durchschnittlichem Aussehen, das kleine Füße hatte, konnte immer noch als eine Schönheit gelten, aber niemand würde eine Frau mit großen Füßen heiraten, ganz gleich, wie hübsch sie aussehen mochte.*«[18]

Für uns ist es schwer zu begreifen, wie die Größe der Füße eine derartige soziale Bedeutung bekommen konnte. Es trifft jedoch auch auf unsere Kultur zu, daß ein einmal etabliertes Schönheitssymbol, das als Inbegriff von Weiblichkeit gilt, durch nichts zu ersetzen ist.

Der moderne hohe Absatz ist ein Nachkomme der Plateausandalen, die im sechzehnten Jahrhundert von venezianischen Huren getragen wurden. Heute zeigt eine Frau, die sehr hohe Absätze trägt, ihr Interesse, erotisch zu provozieren. Warum wirken hochhackige Schuhe als erotischer Köder? Sie verlängern die Beine und lassen sie schlanker erscheinen; durch die veränderte Körperhaltung – die Frau steht ständig auf den Zehenspitzen – wird das Hinterteil hinausgestreckt und der Busen vorgeschoben. Hochhackige Schuhe erzeugen den wippenden und hüftenschwingenden Gang eines Revuemädchens (aus diesem Grund tragen die Teilnehmerinnen von Schönheitswettbewerben die absurde Kombination von Badeanzug und Stöckelschuhen). Bei Tieren ist das ausgestreckte Bein ein Zeichen sexueller Bereitschaft. Hohe Absätze schaffen einen analogen »Balzgang«, der die Aufmerksamkeit auf das Becken lenkt.[19]

Hohe Absätze verstärken die hedonistische Macht von Frauen, während sie ihnen gleichzeitig einen Teil ihrer Handlungsfähigkeit nehmen. Das ist wieder ein Beispiel dafür, wie durch optische Verschönerungen eine Art von Macht verstärkt und eine andere Art von Macht verringert wird. Je höher die Absätze, desto größer die erotische Anziehungskraft. Je höher die Absätze, desto größer die Qual der entzündeten Fußballen, Hühneraugen, verstauchten Knöchel, Wirbelsäulenschäden, verkürzten Wadenmuskeln. Elegante Schuhe verursachen Schmerzen, und jemand, der Schmerzen hat, ist abgelenkt, unausgeglichen und eingeschränkt. Bei einer Umfrage gaben fünfzig Prozent der befragten Frauen zu, daß sie unbequeme und bewegungshemmende Stöckelschuhe tragen, weil sie elegant aussehen. Die chinesische Sitte des Einbindens der Füße unterstützte eine unverhüllte Ideologie der Unterdrückung der Frau. Neben einer Frau mit künstlich verkleinerten Füßen hatte der Mann einen festen Stand und ein Gefühl der Überlegenheit:

»Ich habe ein schlechtes Gedächtnis und mache keine gute Figur. Ich bin schüchtern, und meine Stimme ist schwach, wenn ich unter Männern bin. Aber für meine Frau, die durch ihre eingebundenen Füße ein Leben lang ans Haus gefesselt ist, außer wenn ich sie in meinen Armen trage, ist mein Gang heroisch, meine Stimme die eines brüllenden Löwen, meine Klugheit die der alten Weisen. Für sie bin ich die Welt, ja, das Leben selbst.«[20]

Die Moden wechseln, aber wir bleiben in der Tradition der Unterwerfung der Frau gefangen. Eine kürzlich geschiedene Frau erklärte:

»Ich habe mich mein Leben lang zurückgehalten und meinem Mann die Führung überlassen. Ich fühlte mich sicher, wenn er an der Spitze stand, und empfand es als richtig, ein paar Schritte hinter ihm zu stehen. Jetzt habe ich niemanden, dem ich folgen könnte, und ich fühle mich furchtbar bedroht.«

Die Absonderlichkeiten der Geschichte werden bedeutungsvoll, wenn sie Licht auf die Gegenwart werfen. Eine traditionelle chinesische Braut verbrachte Monate damit, Dutzende von Schuhen für ihre Aussteuer zu besticken. Elizabeth, deren Schönheitsobsession in einem früheren Kapitel beschrieben wurde, besitzt siebenundfünfzig Paar Schuhe – Pumps, Stiefel, Sandalen, Schuhe mit Keil- und Plateausohlen – in allen Regenbogenfarben. »Wenn es um Schuhe geht, kenne ich keine Zurückhaltung«, gibt sie zu. »Es ist die einzige Marotte, die ich ohne Schuldgefühle kultiviere. Außerdem hat mein Mann es gern, wenn ich Schuhe trage, die sexy aussehen.« Braucht sie die siebenundfünfzig Paar Schuhe, um ihre eigene oder seine Obsession zu befriedigen? Psychiater berichten, daß die meisten Fetischisten Männer sind und daß der am meisten verbreitete Fetisch ein Frauenschuh ist.

Eine chinesische Tradition, die tausend Jahre lang bestanden hatte, endete zu Beginn des zwanzigsten Jahrhunderts, als das künstliche Verkleinern der Füße durch ein Gesetz verboten wurde. Wie weit ist die westliche Kultur gekommen, was die Befreiung der weiblichen Füße angeht? In den spitzen Schuhen der achtziger Jahre mit ihren Stilettoabsätzen kehrt die Schuhmode der fünfziger Jahre wieder, die bei zahllosen Frauen zu gesundheitlichen Schäden führte. Frauen sind immer noch bereit, ein Stück ihres Körpers abzuschneiden, wenn der goldene Schuh nicht paßt. Im Austausch dafür gewinnen sie die masochistische Befriedigung, zu leiden, um anderen zu gefallen, und das narzißtische Vergnügen, ihre eigenen, in Satinpumps gehüllten Füßchen zu bewundern.

Ein Kleinkind unterscheidet sich von einem Säugling durch seine größere Mobilität; im Laufe der Zeit erwirbt das Kind Stabilität und Behendigkeit in der Bewegung. Füße, die durch verschönernde Requisiten unbeweglich werden, stellen eine eindeutige Regression dar. Handlungsfähigkeit wird gegen Anziehungskraft eingetauscht.

Moslemfrauen müssen ihren Mund verhüllen wie einen intimen Körperteil, den zu zeigen unschicklich wäre. Wie die verkleinerten Füße der Frauen in China war auch die Verschleierung der Frauen im Orient ursprünglich ein Zeichen von hohem Rang. Im Lauf der Zeit wurde die Sitte des Verschleierns auf Frauen aller sozialen Schichten ausgedehnt; sie diente dazu, Frauen vom öffentlichen Leben fernzuhalten. Ein Schleier, der den Mund verhüllt, dämpft auch die Worte, die dieser Mund spricht. Seit Jahrhunderten haben Frauen in der islamischen Kultur im öffentlichen Leben praktisch keinen Einfluß. Die weibliche Stimme wurde effektiv ausgeblendet.

Amerikanische Frauen verhüllen sich bis heute bei der Hochzeit mit weißen und bei Begräbnissen mit schwarzen Schleiern. Obwohl sie nur kurzfristig getragen werden, symbolisieren diese Überbleibsel ritueller Verhüllung weibliche Züge, die als permanent angesehen werden: Zartgefühl, Bescheidenheit, Reinheit, Emotionalität. Schleier erhöhen die Faszination der Frau, den Zauber des Verborgenen und Verbotenen. Ein Gesicht, das hinter einem Schleier verschwommen wahrgenommen wird, kann man in der Phantasie mit den Zügen magischer Schönheit ausstatten. Schleier sind eine Form von Verhüllung, die verschönert, Frauen aber gleichzeitig vom öffentlichen Leben absondert. Ein Schleier verbirgt nicht nur das Gesicht, sondern auch die Persönlichkeit. Er blockiert den Augenkontakt und ruft den gesenkten Blick der Unterworfenen hervor. Schleier sind wie kulturelle Mythen: Sie verzerren die Wahrnehmung und verkürzen die Perspektive. Frauen sind seelisch abgesondert – ganz gleich, ob sie sich hinter einem Brautschleier aus Spitze oder hinter einer Schicht von Make-up verbergen. Der Schleier der Schönheit verzerrt die Wahrnehmung einer Frau und bringt sie in Gefahr, sich selbst auszulöschen. Virginia Woolf weist darauf hin, daß das Pseudonym »Anonymus« von zahllosen Schriftstellerinnen zur Verschleierung ihrer Urheberschaft benutzt wurde. Andere, wie George Eliot und George Sand, benutzten das männliche Pseudonym als Maske der Anonymität. »Sie erweisen der Konvention, (...) daß Publizität bei einer Frau verabscheuungswürdig ist, ihre Reverenz. Anonymität liegt ihnen im Blut. Der Wunsch nach Verschleierung hält sie immer noch in seinem Bann«, schrieb Woolf.[21] Der Mythos der weiblichen Schönheit ist Bestandteil der seelischen Verschleierung, die Frauen davon abhält, ihr volles Potential zu erkennen. Er lenkt sie von selbstbewußtem Handeln ab, tarnt ihren Ehrgeiz als Geschicklichkeit und kanalisiert ihre Energien in die hedonistischen Formen der Macht.

Das Gleichgewicht der Macht

Beide Formen der Macht – die agonische und die hedonistische – sind nützlich. Jede hat ihren Ort und ihre Zeit. Wenn jedoch die eine der weiblichen und die andere der männlichen Rolle zugeordnet wird, trägt das die Ungleichheit der Geschlechter weiter. Solange man Anziehungskraft vor allem mit dem weiblichen Geschlecht und Handlungsfähigkeit mit dem männlichen Geschlecht assoziiert, werden starke Frauen mit Mißtrauen betrachtet und unscheinbare Frauen (wie schwache Männer) mit Verachtung gestraft. Solange Frauen als das »schöne Geschlecht« gelten, bleiben sie auch das »schwache Geschlecht«.

Es gibt die Tendenz, bestehende Machtstrukturen als recht und billig zu rationalisieren. Die Herrschenden überzeugen sich selbst und andere davon, daß ihr Status auf irgendeiner Form »natürlicher« Überlegenheit beruht oder ihr persönliches Verdienst ist; die Beherrschten akzeptieren Ungleichheiten, denen sie hilflos gegenüberstehen und die zu verändern sie sich nicht getrauen. Aber Macht wird schließlich durch menschliche Interaktion übertragen. So wie Männer das wohlvorbereitete Publikum für weibliche Schönheit darstellen, dienen Frauen der Verstärkung männlicher Macht. Die in faszinierende Weiblichkeit eingekleideten Signale der Unterwerfung bestätigen Männer in ihrer Rolle der Überlegenheit.

Der Schönheitsmythos ist eine bequeme Rechtfertigung der herrschenden Sozialordnung. Er bestätigt Frauen darin,

Attraktivität als Hauptquelle von Macht und Einfluß zu benutzen. Er ermutigt Männer dazu, Frauen als ästhetische, aber passive Objekte zu sehen und zu beurteilen. In den Gesten der Geschlechterrollen wiederholen sich eindeutig die Gesten der Macht. Wir haben gesehen, wie durch weibliche Schönheitsrituale gleichzeitig ein Gewinn und ein Verlust an Macht oder Stärke zustande kommen: Der elegante Fuß erhöht, wirkt aber gleichzeitig beschränkend, das verschleierte Gesicht ist verführerisch, grenzt aber gleichzeitig aus, das glänzende Image wirkt vergrößernd und macht unbeweglich zugleich. Die Macht der Schönheit ist real und wertvoll, aber sie wirkt korrumpierend, wenn sie physische Beschneidung verlangt. Sie korrumpiert, wenn sie Unterwerfung signalisiert, wenn sie Abhängigkeit erzeugt, wenn sie Verletzlichkeit und Unsicherheit hervorruft. Wir müssen ein System in Frage stellen, das Frauen so bereitwillig für ihr seidiges Haar und ihre zierlichen Füße belohnt, ihnen aber den Zugang zu Autorität und Geld verweigert.

Elisabeth Janeway bezieht sich in ihrem Buch »The Power of the Weak« (Die Macht der Schwachen) auf Karl Marx, der die Ansicht vertrat, daß größere soziale Veränderungen ohne das »weibliche Ferment« unmöglich seien und daß der soziale Fortschritt einer Gesellschaft an der »gesellschaftlichen Stellung des schönen Geschlechts – die Häßlichen eingeschlossen« gemessen werden könne.[22] Für Janeway ist diese Bemerkung mehr als ein launiger Scherz. Sie sieht darin die Warnung, daß Frauen sich von dem Status, den sie durch ihre Verbindung mit wichtigen Männern genießen, nicht abhängig machen sollten. Die männliche Vorliebe für hübsche Frauen ist keine zuverlässige Garantie für die Sicherheit der Frauen als gesellschaftliche Gruppe; außerdem kann nicht geduldet werden, daß die männliche Verachtung für häßliche Frauen den weiblichen Ehrgeiz blockiert. Der gesellschaftliche Status der Frauen ist letztlich keine individuelle Angelegenheit. Da denjenigen, die über Schönheit verfügen, so großzügig Privilegien angeboten werden, identifizieren Frauen sich gern mit dem Image der Attraktivität. Die Macht, die das gute Aussehen den wenigen einbringt, ist aber keine Kompensation für die Probleme, die dadurch für Frauen als Klasse entstehen.[23]

Janeway benennt drei Faktoren, durch die Unterprivilegierte in ihrer machtlosen Stellung festgehalten werden: erstens eine Trivialisierung ihres Lebens, die den Schwachen vermittelt, daß nichts, was sie tun oder empfinden, wichtig sei; zweitens ein tiefgehendes Gefühl der Isolierung und drittens ein grundlegender Mangel an Selbstvertrauen und Selbstachtung. Diese drei Formen »gestörter Realitätswahrnehmung« bilden in ihrer Kombination eine psychische Barriere, die Unterprivilegierte an ihre Situation bindet und sie daran hindert, gegen ihre Unterdrückung zu kämpfen.

Der Mythos der weiblichen Schönheit beinhaltet alle drei Faktoren und sorgt daher dafür, daß Frauen an ihre schwache Position gebunden bleiben: Erstens lenkt die Beschäftigung mit der Schönheit die Energien der Frauen in die trivialen Rituale der Zurschaustellung des Körpers; zweitens beschränkt sie die Frauen auf eine »kosmetische Welt«, was zu einem Gefühl der Isolierung führt, und drittens entfremdet sie Frauen ihrem eigenen Körper und produziert so Unsicherheit und Selbstablehnung.

Ein besserer Ausgleich zwischen den agonischen und den hedonistischen Formen der Macht würde für beide Geschlechter zu einer positiven Entwicklung des Selbstgefühls führen. Schönheit ist befriedigend, ich-stärkend und potentiell im gleichen Maß für Frauen und Männer verfügbar. Männer können das Vergnügen hedonistischer Macht genießen, wie sie es in der Vergangenheit taten, sich phantasievoll kleiden und schmücken und nicht nur Durchsetzungsfähigkeit, sondern auch ästhetische Sensibilität an den Tag legen. Frauen können sich von ihren Fixierungen an exhibitionistische Rituale lösen, wenn sie agonische Macht als einen legitimen Bestandteil der weiblichen Rolle leben können, wenn sie sich qualifizieren, ökonomisch unabhängig werden, darauf bestehen, daß man sie anhört, und fügsames Befehlsempfängertum verweigern.

Der Gewinn und der Gebrauch direkter Macht wird

Frauen ein Gefühl der seelischen Sicherheit geben, das sie von der äußeren Erscheinung unabhängiger macht. Wenn Frauen ihre Machtbasis über den traditionellen weiblichen Rollenbereich hinaus erweitern, werden sie mit dem Problem konfrontiert, der männlichen Ellenbogenmentalität ein eigenständig weibliches Verhalten entgegenzusetzen. Macht muß nicht unbedingt mit dem Ziel eingesetzt werden, andere zu unterwerfen – sie kann sich auch in konsequentem Handeln äußern. Eine Integration von Durchsetzungsfähigkeit und Schönheit, von hedonistischen und agonischen Formen des Handelns, wird beiden Geschlechtern neue Verhaltensweisen abverlangen. Ein Beispiel für die Integration von Kraft und Ästhetik auf der körperlichen Ebene ist das Aerobic, eine moderne Form des Körpertrainings. Es ist kein Sport im traditionellen maskulinen Sinn, denn es gibt weder ein Punktsystem noch Gewinner und Verlierer. Frauen haben diese Methode, sich gemeinsam mit anderen harmonisch zu bewegen und dabei die Kraft und die Flexibilität der Muskeln zu trainieren, popular gemacht. Seit kurzem beginnen auch Männer, diese Art von Körpertraining zu üben, obwohl es sich um eine »weibliche« Form handelt.

Die offiziellen und inoffiziellen Netzwerke der Frauenbewegung arbeiten seit Jahren mit der Zielsetzung, daß Frauen sich – über die individuelle Emanzipation hinaus – wechselseitig in ihrer Entwicklung zur Autonomie fördern und unterstützen sollten. Gloria Steinem wies darauf hin, daß viele von uns schöne Mütter hatten, aber nur wenige mit dem Rollenvorbild einer handlungs- und durchsetzungsfähigen Mutter aufwuchsen. Wir müssen also selbst neue Rollenmodelle für das weibliche Leben entwerfen und uns gegenseitig die Kraft und das Selbstvertrauen vermitteln, das unsere Mütter uns nicht geben konnten.[24] Wenn wir kollektiv handeln und den Schönheitsmythos als weibliche Verpflichtung von uns weisen, wenn wir uns weigern, direkte Macht als männliches Privileg zu bestätigen, können wir unseren Töchtern vielleicht ein solideres Erbe hinterlassen.

Marx sagte, daß der soziale Fortschritt einer Gesellschaft an der Stellung der Frauen – aller Frauen – gemessen werden kann. Wenn das zutrifft, gibt es Anlaß zu vorsichtigem Optimismus. Die Präsenz starker Frauen, die ihren Einfluß nicht ihrer Schönheit verdanken, ist zum Katalysator gesellschaftlicher Veränderungen geworden. Die Konsequenz davon ist, daß sich auch die Stellung von Männern in der Machthierarchie verändert und daß Männer auch im Alltag Dinge neu überdenken müssen, die sie früher als selbstverständlich oder »natürlich« betrachteten. Weder die agonischen noch die hedonistischen Formen der Macht sind Begrenzungen unterworfen; beide entstehen kontinuierlich und in uneingeschränktem Maß durch die menschliche Interaktion. Mit dem Wandel der Geschlechtermythen und der Schönheitsvorstellungen verändern sich auch die Machthierarchien. Eine Verschiebung der Machtstrukturen muß nicht notwendigerweise Machtzuwachs für das eine Geschlecht und Machtverlust für das andere bedeuten. Wenn Macht dazu benutzt wird, das eigene menschliche Potential zu verwirklichen und auch andere darin zu bestärken, wird die Emanzipation der Schwachen der gesamten Gesellschaft zugute kommen.

IST ANATOMIE SCHICKSAL?

Aristoteles schrieb, daß Schönheit eine bessere Empfehlung sei als jeder Einführungsbrief. Empirische Untersuchungen über die Rolle der Attraktivität in der Arbeitswelt ergeben jedoch keine so eindeutigen Resultate. Manchmal ebnet gutes Aussehen den Weg zum Erfolg, manchmal erweist es sich jedoch auch als Hindernis. Was schön ist, wird, wie wir wissen, auch für gut gehalten. Manche Studien bestätigen tatsächlich, daß attraktive Menschen für kompetenter und in einigen Arbeitsbereichen für besser qualifiziert gehalten werden und daß sie daher bessere Chancen haben. Ein Test ergab, daß die Gehaltsangebote für Frauen bis zu zwölf Prozent höher lagen, wenn den Bewerbungsunterlagen das Foto einer attraktiv zurechtgemachten Kandidatin beilag.[1] Frauen sind sich darüber im klaren, wie wichtig gutes Aussehen in der Berufswelt sein kann, und sie versuchen, ihre Erscheinung den Erwartungen anzupassen. Bewerberinnen für ein Forschungsprojekt trugen mehr Make-up und Schmuck und kleideten sich femininer, nachdem ihnen gesagt worden war, daß der Projektleiter ein Chauvinist sei.[2] Bei der Stellenvergabe werden attraktive Menschen besonders dann bevorzugt, wenn sie sich in einem Beruf bewerben, der als »Domäne« ihres Geschlechts gilt. Gutes Aussehen kann sich jedoch als Hindernis erweisen, wenn jemand einen Job sucht, der für sein oder ihr Geschlecht als unpassend betrachtet wird. Für eine Frau, die eine Position im höheren Management anstrebt, kann Schönheit ein Nachteil sein. Ihre Attraktivität wird als unvereinbar mit Autorität, Durchsetzungsvermögen und Entscheidungsfähigkeit angesehen – den sogenannten männlichen Eigenschaften, die diese Art von Tätigkeit verlangt. Im Gegensatz dazu sind hübsche Frauen im Vorteil, wenn sie sich in »typischen Frauenberufen« (wie Sekretärin, Krankenschwester,

Bibliothekarin) bewerben, in denen »weibliche« Eigenschaften verlangt werden.[3] In weiteren Studien wurde nachgewiesen, daß attraktive Frauen bei Jobs mit niedrigem Qualifikationsniveau größere Chancen hatten, eingestellt zu werden, jedoch geringere Chancen bei Jobs mit hohem Status und hohem Qualifikationsniveau.[4] Schönheit kann auch dann ein berufliches Hindernis sein, wenn sie als sexuelles Zeichen interpretiert wird. Bei Kandidaten politischer Parteien, über die den Wählern außer ihrem Aussehen nichts bekannt ist, geht die Tendenz dahin, daß attraktive Männer mehr Stimmen bekommen, während attraktive Frauen weniger Stimmen erhalten. Bei Frauen wird gutes Aussehen mit Sex-Appeal assoziiert, bei Männern mit Freundlichkeit.[5] Es kommt selten vor, daß ein gutaussehender Mann sich darüber beklagt, man nehme nur seine Attraktivität, aber nicht seine Talente wahr, oder daß er es satt habe, als Sexobjekt betrachtet zu werden. Unter ehrgeizigen Frauen sind solche Klagen jedoch universell verbreitet.

Bei Frauen zählt nicht so sehr, was sie tun, sondern wie sie aussehen, wenn sie etwas tun. Historiker in früheren Jahrhunderten argumentierten, Königin Elizabeth I. müsse entweder ein verkleideter Mann oder ein Hermaphrodit gewesen sein; das erkläre ihren »männlichen Geist«. Hier haben wir ein extremes Beispiel dafür, wie einer mächtigen und erfolgreichen Frau die Weiblichkeit abgesprochen wird. Es liegt auf derselben Linie, wenn in einer Studie von 1975 berufstätige Mütter als »unweiblich und frigide« bezeichnet werden.[6] Viele talentierte Künstlerinnen beschrieben den quälenden Konflikt zwischen ihrem Bedürfnis, ihr kreatives Potential freizusetzen, und dem ornamentalen Sog der weiblichen Rolle. Tillie Olsen schildert ihre Erfahrungen:

»Diese Selbstzweifel . . . diese Stunden qualvoller Unsicherheit über die eigene Erscheinung; die Konzentration ist aufgesplittert durch das Bemühen um Anziehungskraft, um Attraktivsein . . . Das reale, tiefe Bedürfnis zu arbeiten, die Liebe zur Arbeit mit Worten kam mir wie eine heuchlerische Selbsttäu-

schung vor (ich bin nicht wirklich mit Hingabe dabei), wie
eine Kompensation für das scheinbare (oder wirkliche) Attrak-
tivsein für Männer.«[7]

Erfolg bleibt problematisch für eine Frau, wenn er als ambivalente Segnung erfahren wird. Kann sie das Erfolgs-
Image mit »weiblichem« Aussehen und Handeln vereinbaren? Die Regeln für korrekte weibliche Kleidung sind kom-
plexer als die für korrekte männliche Kleidung. In Zeit-
schriftenartikeln werden Frauen in hochqualifizierten Berufen gewarnt: »Meiden Sie Rüschen wie die Pest und tragen
Sie niemals Stoffe, die Ihre Brustwarzen sichtbar werden
lassen. Je mehr Ihre Kleidung verdeckt, desto besser; wählen Sie also strenge Kostüme, die alle Kurven verhüllen.«
Auf eine einfache Formel gebracht, bedeutet das: »Zeige
nicht, daß sich unter deiner Kleidung ein sexueller Körper
verbirgt!« Wenn Frauen sich »karrieregemäß« anziehen,
wirkt ihre Kleidung wie eine Kopie der Geschäftsanzüge
der Männer. Jetzt, in den achtziger Jahren, ist das strenge
Jackett allerdings mit einem Rock kombiniert; vielleicht ist
das ein Hinweis darauf, wer immer noch »die Hosen anhat«.
Frauen werden dazu ermutigt, Männer nachzuahmen, aber
sie sollen nicht die männliche Macht übernehmen; sie dürfen männliche Mimikri pflegen, müssen aber dennoch gewisse Signale der weiblichen Position in der Hierarchie aufrechterhalten. Obwohl Frauen in der Berufswelt immer
stärker vertreten sind, hat sich im Hinblick auf ihre Repräsentanz in den Medien wenig verändert. 1953 erschienen
neun Frauen auf der Titelseite von »Time«; neben einigen
zu der Zeit populären Schauspielerinnen waren es Königin
Elizabeth II., Königin Friederike, Mamie Eisenhower und
Grandma Moses. 1982, nach einer Dekade feministischer
Reformen, waren nur zwei Frauen (im Verhältnis zu zwei-
undzwanzig Männern) auf dem Cover von »Time« abgebildet. Eine davon war eine schwangere Schauspielerin, deren
Foto auf der Titelseite erschien, weil »Time« einen Artikel
über den Baby-Boom brachte (das heißt, sie repräsentierte
die Frau als Mutter); die andere war ein nicht namentlich

genanntes Fotomodell in einem engen Gymnastiktrikot, als Illustration für einen Artikel über Fitneß als das neue Schönheitsideal (das heißt, sie repräsentierte die Frau als Sexualobjekt). Im ganzen Jahr 1982 wurde nicht eine einzige durch ihre professionellen Erfolge hervorstechende Frau auf dem Titel der Zeitschrift abgebildet!

Der Konflikt zwischen Schönheit und Intelligenz, zwischen Attraktivität und Erfolg, versetzt die Frau in die vertraute Ambivalenzsituation zurück, in der sie versuchen muß, sowohl eine »normale Frau« als auch eine erwachsene Persönlichkeit zu sein. Und wieder gerät sie in eine Lage, in der sie nicht gewinnen kann: Wenn es ihr gelingt, das Schönheitsideal zu erreichen und seine Macht zu nutzen, um Aufmerksamkeit auf sich zu ziehen (indem sie sich als unkomplizierte, langhaarige, sinnliche, schick zurechtgemachte Frau darstellt), untergräbt sie damit ihre Glaubwürdigkeit als kompetente Persönlichkeit. Die Signale faszinierender Weiblichkeit und die Signale brillanter Intelligenz sind inkompatibel. Wenn die Frau andererseits ihre Rolle als Schönheitsobjekt ignoriert und sich ausschließlich auf ihr berufliches Weiterkommen konzentriert, läuft sie Gefahr, daß ihre Leistungen nicht wahrgenommen werden. Außerdem setzt ein Mangel an Attraktivität ihre Glaubwürdigkeit als Frau herab, was zu Problemen im Bereich der zwischenmenschlichen Beziehungen führen kann.

Eine Frau sein bedeutet, die Arbeit an der Aufrechterhaltung menschlicher Beziehungen ernst zu nehmen. Frauen werden seit eh und je dazu erzogen, die »Gebenden« zu sein, Identitätsgefühl und Befriedigung aus dem Für-andere-da-Sein zu beziehen. Die Psychiaterin Jean Baker Miller beobachtete, daß Frauen sich ständig fragen, ob sie genug »geben«, und permanent Schuldgefühle wegen »egoistischer« Entscheidungen haben. Männer sind mehr am Tun als am Geben interessiert, stellt Miller fest. Ihre Selbstzweifel lauten eher »Bin ich handlungsfähig genug?« und nicht »Kann ich genug geben?«[8] Schon im Kindergartenalter ist zu beobachten, daß bei Mädchen das Bemühen, ein Ziel zu erreichen, und das Streben nach Liebe und Anerkennung miteinander verbunden sind. Bei Jungen treten diese beiden Tendenzen eher unabhängig voneinander auf.[9] Männer streben nach Leistung und Kompetenz um ihrer selbst willen, während Frauen Leistung und Kompetenz häufig als Mittel betrachten, Beziehungen zu pflegen und Anerkennung zu bekommen. Bekanntlich bauen viele Frauen Beziehungen auf, indem sie ihren persönlichen Ehrgeiz opfern und zu attraktiven und enthusiastischen Helferinnen ihrer Männer werden, die sich mit den »wichtigen Dingen« des Lebens befassen. Ein Patient erklärte mir einmal, er habe sich auf eine Affäre mit einer viel jüngeren Frau eingelassen, weil seine Ehefrau, mit der er seit fünfundzwanzig Jahren verheiratet war, ihm nicht mehr genügend Antrieb gebe. Er hatte das Gefühl, daß ihre enthusiastische Unterstützung in letzter Zeit nachgelassen hatte, gleichzeitig mit ihrem guten Aussehen.

Tatsächlich spricht alles dafür, daß ein Mann nicht durch die ökonomischen oder beruflichen Erfolge seiner Frau an Status gewinnt, sondern durch den Grad ihrer Attraktivität und ihrer sexuellen Anziehungskraft. Die Regeln des »Abfärbeeffekts« geben ihm die meisten Punkte dafür, daß er es geschafft hat, eine schöne Frau zu bekommen.[10] Selbst in den seltenen Fällen, wo die Frau einen wesentlich höheren beruflichen Status hat und mehr verdient als der Mann, wird sein Beruf dennoch als der wichtigere Gradmesser für den Sozialstatus des Paares angesehen. Studien zeigen, daß in vielen Ehen die Partner unbewußt zusammenarbeiten, um die tatsächliche Macht der Frau zu verschleiern. Sie spielen einander und der Umwelt vor, daß der Ehemann »die Hosen anhat«; die reale Dominanz der Frau wird hinter öffentlichen Unterwerfungsgesten verborgen.

Mittlerweile stoßen Frauen zunehmend die Türen auf, die zur männlichen Welt der direkten Macht führen. Wenn es Frauen gelingt, »Männerarbeit« zu tun, wird die Sphäre der männlichen Macht eingeschränkt und verringert. Daher fühlen sich die meisten Männer von Frauen bedroht, die sich nicht mehr dem Streben nach Schönheit, sondern dem Streben nach Macht widmen. In der Regel lehnen sie diese

Frauen ab – in offener oder verhüllter Form, auf der persönlichen und auf der beruflichen Ebene.

Nach einem weitverbreiteten Vorurteil kann eine Tätigkeit, in der Frauen Erfolg haben, nicht besonders schwierig sein. In Untersuchungen zeigt sich immer wieder das hartnäckige Stereotyp, daß Frauen weniger talentiert seien als Männer und daß die von Frauen geleistete Arbeit anspruchsloser und weniger wichtig sei.[11] Erfolg in sogenannten Frauenberufen wird häufiger der Einfachheit der Aufgabe als harter Arbeit oder besonderer Eignung zugeschrieben. Selbst wenn Frauen und Männer dieselben Aufgaben erfüllen, werden sie nicht als gleich kompetent betrachtet (und häufig auch nicht gleich entlohnt). Wenn eine wachsende Zahl von Frauen in ein Berufsfeld eindringt, das als »Männerdomäne« galt (wie in den sechziger Jahren in das Bankgeschäft und in den achtziger Jahren in die Medizin), beginnt der Status und der relative ökonomische Rang dieses Feldes zu sinken.[12]

Als Folge davon hat sich bei vielen Frauen bis heute die Überzeugung erhalten, ihre Tätigkeiten und ihre Arbeitsleistungen seien weniger wichtig als die von Männern. Sie leiden unter einem tiefsitzenden Zwang, die eigene Leistung abzuwerten. Wenn es ihnen gelingt, schwierige Anforderungen zu bewältigen, vermindert die Tatsache, daß sie Erfolg hatten, in ihren eigenen Augen und in den Augen der anderen den Wert ihrer Leistung. Selbst wenn sie unbezweifelbare Kompetenz an den Tag legen, schreiben viele Frauen das nicht persönlichen Faktoren wie ihrer Intelligenz und ihren Fähigkeiten zu, sondern eher äußeren Faktoren wie Glück oder gutem Aussehen. Diese Zuschreibungen erhalten das Gefühl der Machtlosigkeit, sogar angesichts hoher Leistungen. Übertriebene Bescheidenheit hindert Frauen daran, triumphierend ihre Siege vorzuzeigen. Vielleicht fürchten sie auch, daß ihr Erfolg Gegenschläge provoziert. Susan Brownmiller weist darauf hin, daß offene Begeisterung über die eigenen Errungenschaften als ebenso »unweiblich« betrachtet wird wie das Äußern direkter Aggression:

»In Siegerpose erhobene Arme sind undamenhaft, um es milde auszudrücken . . . Eine angemessene weibliche Reaktion sind die voraussagbaren Tränen der neuen ›Miss America‹, die gerührt ihre Krone und ihr Zepter entgegennimmt. Zitternde Lippen und tränenfeuchte Augen lassen an eine Cinderella denken, die durch unwahrscheinliches, unverdientes Glück in ihr verheißungsvolles Schicksal hineingestolpert ist.«[13]

Vor vierzig Jahren beschrieb der Soziologe Talcott Parsons Schönheit als eine Form der Kompensation für den Ausschluß der Frauen aus der Berufswelt. Er erklärte, daß Schönheit Frauen eine der wenigen Chancen eröffnet, in einer Weise nach Erfolg zu streben, die sie nicht *mit* Männern, sondern *für* Männer konkurrieren läßt. »Für die Frau, die vom Kampf um Macht und Prestige in der Berufssphäre ausgeschlossen ist, ist das der direkteste Weg zu einem Gefühl von Bedeutung und Überlegenheit.«[14]

Natürlich bestimmen im wesentlichen die ökonomischen Verhältnisse über persönliche und eheliche Macht. Wer schön, aber finanziell abhängig ist, wird im allgemeinen im Nachteil sein, was Macht angeht. In allen Kulturen gibt es Formen der geschlechtsspezifischen Arbeitsteilung; alle Kulturen brauchen die Arbeit der Frau und schätzen ihren Wert mehr oder minder hoch ein. Der Kapitalismus des neunzehnten Jahrhunderts betrachtete jedoch die »unbeschäftigte Frau« als Verkörperung des sozialen Fortschritts. Eines seiner unausgesprochenen Ziele war die Herauslösung der Frau aus der Berufssphäre. Der »unbeschäftigte« Status einer Frau war der Beweis für den Erfolg ihres Mannes und das Zeichen eines hohen Lebensstandards. Die nicht-berufstätige Frau, die von einem produktiven Ehemann ernährt wurde, sollte sich mit Familienangelegenheiten und mit der Pflege ihrer Erscheinung beschäftigen. Ihre Aufgabe war es, den Sozialstatus der Familie nach außen darzustellen, das Gesehenwerden zu genießen und mit dem Zustand gepflegter Muße zufrieden zu sein. Um die Jahrhundertwende schrieb Thorstein Veblen in seiner »Theory of the Leisure Class« (Theorie der Wohlstandsschicht; wörtlich: der Muße-Klasse), daß der Wohlstand Frauen in ein »Leben aus zweiter Hand« hineinführt. Intelligenz und Produktivität wurden von den Männern übernommen, während den Frauen Schönheit und Muße zufielen. Die geschlechtsspezifische Aufteilung von Arbeit und Muße trennte auch die Formen der Macht, die jedem Geschlecht zur Verfügung stand: Hedonistische Macht war den Frauen, agonische Macht den Männern vorbehalten. Veblen wies auch darauf hin, daß privilegierter Müßiggang oft durch einschränkende Kleidung signalisiert wird, durch enge Röcke, hohe Absätze, feine, empfindliche Stoffe – alles Zeichen, die darauf hinweisen, daß die Trägerin nicht arbeitet und daß sie Dienstboten braucht, die ihr beim Frisieren und Ankleiden helfen.[15] Als Therapeutin habe ich es häufig erlebt, daß »begüterte« Frauen bei ihrer Scheidung auf nichts zurückgreifen konnten als auf die Juwelen, Pelze und Kleider, die sie während ihres »Lebens in Muße« angehäuft hatten. Trotz ihres hohen Lebensstandards waren Schmuck und Kleidung ihr einziger materieller Rückhalt.

Liebe und Arbeit wurden als elementare Bestandteile seelischer Gesundheit erkannt. Wenn in einem Bereich Konflikte entstehen, kann der andere Bereich zu einer nützlichen Kompensation werden. Nach der psychoanalytischen Theorie wandeln seelisch gesunde Männer einen Teil ihrer sexuellen Energie in produktive Arbeit um. Ein Teil der Libido des Mannes fließt in sein Bemühen ein, die Welt zu verändern. Von einer Frau hingegen wird erwartet (wenn sie wirklich »weiblich« ist), daß sie diesen Teil ihrer Libido in die Pflege ihrer Erscheinung investiert.

Verzerrte Spiegelbilder

Ein italienischer Gelehrter des sechzehnten Jahrhunderts schrieb, die Natur habe es so eingerichtet, daß eine Frau sich erniedrigt und beschämt fühlen müsse, sobald sie über sich selbst reflektiere. Seine Worte erinnern an die eines Wiener Gelehrten des zwanzigsten Jahrhunderts, der überzeugt war, die Natur habe Frauen zu einem Leben in permanenter unklarer Sehnsucht bestimmt. Nach Freuds Auffassung erfordert die normale Persönlichkeitsentwicklung der Frau gesteigerten Narzißmus und exzessive Eitelkeit als Gegenwehr gegen Scham- und Minderwertigkeitsgefühle. Seine Analyse der Persönlichkeitsstruktur des »schönen Geschlechts« entspricht dieser Argumentation; sie geht nämlich davon aus, daß die Identifikation von Schönheit und Weiblichkeit eine nützliche Kompensation für den Glauben an die weibliche Minderwertigkeit sei. In der psychoanalytischen Theorie bestimmt jedoch eher die genitale Anatomie als die soziale Mythologie das Schicksal der Frauen als Schönheitsobjekte.

Freud errichtete sein phallozentrisches Persönlichkeitsmodell auf der Spitze des Penis. Unterschiede zwischen Mann und Frau erklärte er in Begriffen des Vorhandenseins oder Nichtvorhandenseins männlicher Geschlechtsmerkmale. Die »mangelhafte« Anatomie der Frau determinierte nach Freud ihr Schicksal als unvollkommene Person; im Ausgleich für ihre Defekte muß sie »überarbeitet« werden. Darauf bezieht sich das wohlbekannte Freudsche Diktum, daß ein Mann geboren werde (das heißt in intakter Form erscheine), eine Frau hingegen gemacht werden müsse. Die analytische Theorie behauptet, ein kleines Mädchen erlebe seine Penislosigkeit als »Kastration«, als schmerzlichen Verlust, der zu Minderwertigkeitsgefühlen führe und die Selbstliebe untergrabe. Der »Penisneid« wurde als permanente Verletzung des Selbstwertgefühls der Frau gedeutet. Freud schrieb:

»... der Kastrationskomplex des Mädchens wird durch den Anblick des anderen Genitales eröffnet. Es merkt sofort den Unterschied und – man muß es gestehen – auch seine Bedeutung. Es fühlt sich schwer beeinträchtigt, äußert oft, es möchte ›auch so etwas haben‹, und verfällt dem Penisneid, der unvertilgbare Spuren in seiner Entwicklung und Charakterbildung hinterläßt, auch im günstigsten Fall nicht ohne schweren psychischen Aufwand überwunden werden wird.«[16]

Ein mitleidiger Ton durchzieht seine Schilderungen dieser traumatischen Entdeckung, die Frauen ein Leben voll Neid, Scham und kompensatorischen Verhaltens auferlegt. Seine Schriften vermitteln, daß ein Mädchen seine Genitalien nicht nur als inadäquat wahrnimmt, sondern daß sie tatsächlich inadäquat sind. Die Klitoris wird ein »verkümmerter Penis« genannt; Mädchen müssen die »Tatsache« ihrer genitalen Mangelhaftigkeit verbergen. Theodor Reik setzte diese Tradition fort und beschrieb die weiblichen Genitalien nicht nur als minderwertig, sondern auch als häßlich. Er bezeichnete die Vulva als »unästhetisch« und erklärte, das Bemühen der Frauen um Schönheit sei teilweise in dem Wunsch begründet, ihre genitale Häßlichkeit zu verbergen. Reik schreibt, Frauen seien sich der »üblen Gerüche ihrer ungewaschenen Körper« bewußt, und daher seien sie von Sauberkeit ebenso besessen wie von Schönheit.[17] (Ich erinnere daran, daß die Broverman-Studie »Adrettheit« neben Attraktivität als Hauptgegenstand der Aufmerksamkeit normaler Frauen nennt.) Die Vulva wird also als kastriertes, verkümmertes, unästhetisches, übelriechendes Organ und als Hauptursache weiblicher Scham und Minderwertigkeit beschrieben. Wenn die Genitalien mangelhaft sind, ist es auch die ganze Person. Die psychoanalytische Theorie erklärt, daß Mädchen ihr Gefühl physischer Minderwertigkeit auf ihr gesamtes Selbstkonzept übertragen. Die Verachtung des eigenen Selbst wird auf die Mutter projiziert, die ebenfalls als kastriert betrachtet wird, und schließlich erstreckt sich die Verachtung auf Frauen im allgemeinen. In Freuds eigenen Worten:

»*Das heißt also, daß durch die Entdeckung der Penislosigkeit das Weib dem Mädchen ebenso entwertet wird wie dem Manne.*«[18]

Die psychoanalytische Theorie geht außerdem davon aus, daß Töchter ihre Mütter dafür verantwortlich machen, ihnen einen »defekten« Körper gegeben zu haben. Die Wut auf die Mutter verwandelt sich in Geringschätzung, wenn beide, der Sohn und die Tochter, sie als minderwertige Erwachsene zu sehen beginnen, die ebenso hilflos und abhängig ist wie sie selbst. Beim Knaben wird erwartet, daß die Auflösung des ödipalen Konflikts zu einer »normalen männlichen Verachtung für Frauen« führt. Die Frau als Mutter, die Frau als kastrierter Körper, die Frau als Gebärerin kastrierter Töchter, die Frau als Kindlich-Abhängige wird sowohl von ihren Söhnen als auch von ihren Töchtern entwertet. Da Mädchen sich mit der Mutter identifizieren, bedeutet die Verachtung der Mutter letztlich auch Selbstverachtung. So sieht – kurzgefaßt – das Freudsche Szenario aus, das aus der Anatomie abgeleitete Schicksal der Frauen: vom Penisneid zu lebenslanger Sehnsucht, von der Selbstverachtung zum dauernden Versuch, das Selbstwertgefühl wiederherzustellen.

Wie kann eine Frau mit ihren Minderwertigkeitsgefühlen fertig werden? Das psychoanalytische Modell bietet narzißtische Beschäftigung mit dem eigenen Körper und exzessive Eitelkeit als Lösung an. Es gibt zwar nicht die Möglichkeit einer wirklichen Korrektur »defekter« Genitalien, aber die Schönheit ermöglicht eine partielle Lösung des Problems. Gesteigerte narzißtische Beschäftigung mit dem eigenen Aussehen gilt als effektive Abwehr von Minderwertigkeitsgefühlen. Scham soll durch physische Attraktivität überwunden werden; Schönheit dient als Kompensation für den Verlust des Phallus.

»An der körperlichen Eitelkeit des Weibes ist noch die Wirkung des Penisneids mitbeteiligt, da sie ihre Reize als späte Entschädigung für die ursprüngliche sexuelle Minderwertigkeit um so höher einschätzen muß«, schrieb Freud.[19] Narzißmus und Eitelkeit polsterten in seiner Sicht das beschädigte weibliche Ego; sie waren wesentliche Voraussetzungen für die Entwicklung einer gesellschaftlich gut angepaßten Frau. Wie der Penis konnte die Schönheit als besondere Errungenschaft zur Schau gestellt werden. (Nichts deutet darauf hin, daß die Phantasien von Frauen um die Sehnsucht nach dem verlorenen Phallus kreisen; Studien zeigen aber tatsächlich, daß in den Tagträumen von Frauen und Mädchen das Aussehen eine größere

Rolle spielt als in den Phantasien von Männern. Besonders Mädchen in der Adoleszenz berichten, daß sie dauernd davon träumen, »hübsch und weiblich« auszusehen.)[20]

Freud riet den Töchtern Evas, als Kompensation für den kastrierten Körper, den die Natur ihnen zukommen ließ, ihre Eitelkeit zu kultivieren.

Natürlich wurde der Penisneid in erster Linie symbolisch gedeutet. Der Phallus galt als Symbol der Kraft, als Mittel, das zu bekommen, was man wollte. Wenn Frauen das Gefühl haben, zu kurz gekommen zu sein, ist das nicht einfach eine irrationale Reaktion auf die genitale Anatomie, sondern eine rationale Reaktion auf die soziale Realität. Der Frau wird tatsächlich ein Teil ihres Schicksals verweigert, da sie von der männlichen Welt des Geldes, der Politik und der direkten Macht abgeschnitten und in die weibliche Welt der Familie und der Mode eingeschlossen ist. Elisabeth Janeway schreibt:

»Frauen sind offensichtliche soziale Kastraten; die Verstümmelung ihres Potentials als leistungsfähige menschliche Wesen« entspricht der sogenannten Defektheit ihrer Anatomie, die so oft beschrieben worden ist.[21]

Wenn Freud fragt: »Was wollen die Frauen?« und dann selbst die Antwort gibt, was sie wollten, sei der Penis, den sie nie haben könnten, wird weibliche Minderwertigkeit damit als unabänderlich erklärt. Eine kastrierte Frau kann sich nie zu einer vollständigen, liebenswerten Persönlichkeit entwickeln; gesunde Selbstliebe ist ihr verwehrt. Die narzißtische Beschäftigung mit der Schönheit kann allenfalls ein schwaches Surrogat für das mangelnde Selbstwertgefühl sein. Frauen akzeptieren und agieren ihre Rolle als das »schöne Geschlecht«, um sich gegen die soziale Kastration zu verteidigen. Schönheit kann zwar Status verleihen und als Werkzeug der Macht dienen, aber sie kann Frauen nie vollständig »normalisieren« und sie liefert immer wieder den Beweis, daß Frauen unvollkommen sind und »verbessert« werden müssen.

Obwohl seine psychoanalytische Theorie in erster Linie auf den Phallus bezogen ist, räumt Freud ein, daß auch soziale Faktoren bei Frauen Narzißmus und Eitelkeit fördern. Er wies sogar warnend darauf hin, daß die Idealisierung weiblicher Reize für Frauen eine enorme Verführung darstelle, sich in exzessiv narzißtischer Weise mit ihren Körpern zu beschäftigen. Durch Idealisierung erhält Schönheit eine übertriebene Bedeutung, und sie wird benutzt, um unterschwellige Ängste zu bekämpfen. Ebenso wie gesteigerter Narzißmus mit Schamgefühlen zusammenhängt, erwächst die idealisierte Vorstellung von weiblicher Schönheit aus einer kulturellen Kastration.

Die Vorstellung, das weibliche Geschlecht sei minderwertig, durchdringt immer noch unser Sozialsystem und beeinflußt die seelische Entwicklung der Individuen. Wenn die analytische Theorie die weibliche Eitelkeit als Abwehr des Penisneids interpretiert, stimmt das mit dem Mythos der weiblichen Schönheit überein, dessen Kehrseite die stereotype Vorstellung von der weiblichen Minderwertigkeit ist. Schönheit wird der weiblichen Rolle als Kompensation für die angeblichen Defekte der Frau zugeschrieben. Wenn Frauen sich ihrem Körper zuwenden, suchen sie nicht nach dem »verlorenen Phallus«, sondern nach einem Gefühl von Normalität, das ihnen die misogyne Kultur, die Frauen in so vielfältiger Weise entwertet, immer wieder verwehrt.

Gesunder und kranker Narzißmus

Narzißmus, Passivität und Masochismus wurden zu Schlüsselbegriffen in der psychoanalytischen Interpretation der weiblichen Persönlichkeitsentwicklung; man betrachtete diese drei Elemente als den Kern der weiblichen Persönlichkeit. Als narzißtisch bezeichnet man eine psychische Verfassung, in der das eigene Ich als Liebesobjekt gesehen und bewertet wird. Der primäre Narzißmus ist ein normaler Bestandteil der frühkindlichen Entwicklung; der Säugling erlebt die Welt ausschließlich in der Bezogenheit auf seine eigenen Bedürfnisse. Im Rahmen einer gesunden Persönlichkeitsentwicklung kann der Narzißmus die Selbstwahr-

149

nehmung und das Selbstwertgefühl fördern; wird diese Entwicklung jedoch gestört, kann das psychische Wachstum gehemmt und das Verhalten auf egozentrische und infantile Muster beschränkt werden. Gesunder Narzißmus unterstützt die Entwicklung der eigenen Identität. Er fördert Lebensfreude und sinnliches Vergnügen, unter anderem durch Schmücken, Zeigen, Betrachten und Liebkosen des eigenen Körpers. Liebe zum eigenen Selbst kann auf andere übertragen werden und so Beziehungen zwischen Menschen stiften, in Form von Freundschaft und/oder sexueller Intimität. Eine Frau, die Freude an ihrem eigenen Körper hat, kann sagen: »Sieh mich an, damit wir uns beide erfreuen«, statt: »Sieh mich an, denn ich brauche die Bestätigung meines eigenen Werts.« Gesunder Narzißmus fördert ein positives Körperbild, das von innen kommt und nicht von außen diktiert ist.

Im Unterschied dazu führt exzessiver Narzißmus zu einer idealisierten Selbstwahrnehmung, die auf Phantasien beruht. Die unerreichbaren Idealbilder, die so zustande kommen, können quälend sein. Übersteigerter Narzißmus wird destruktiv, wenn er zum Beispiel permanente Jugendlichkeit verlangt oder wenn er das Selbstwertgefühl ausschließlich auf den Bereich der physischen Attraktivität konzentriert.

In dem Märchen »Schneewittchen« finden wir in der Stiefmutter eine extrem narzißtische Frau dargestellt, die durch ihre Obsession, »die Schönste im ganzen Land« zu sein und zu bleiben, zu Mordversuchen getrieben wird. Schneewittchen ist jedoch durch ihren eigenen Narzißmus motiviert, als sie sich von der verkleideten Stiefmutter den vergifteten Kamm ins Haar stecken läßt und den schönen, aber giftigen Apfel annimmt. Mit dem ersten Biß sinkt sie in einen todesähnlichen Schlaf; ihre anästhesierte Schönheit wird in einem Glassarg zur Schau gestellt. Sie kann nicht aus eigener Kraft ins Leben zurückkehren, sondern muß auf den Prinzen warten, der sie aus ihrer Totenstarre erlöst.

Madonna Kolbenschlag erklärt in ihrer Analyse dieses Märchens, daß Frauen durch ihren Narzißmus dazu getrieben werden, sich in eine »Formel für Weiblichkeit« zu verwandeln, in eine Phantasieheldin, deren unbewegtes Äußeres ein Seelenleben maskiert, das mit Ängsten, Neid und Wut befrachtet ist. Der Konflikt äußert sich darin, daß die Frau zwischen den Extremen der eitlen Selbstbespiegelung und der depressiven Selbstverachtung hin- und herschwankt. Das Schmücken und Verschönern wird zum Ersatz für zielgerichtetes Handeln; die Schönheit wird benutzt, um Lücken im eigenen Identitätsgefühl zu füllen.[22]

Wenn eine Frau sich ganz und gar mit einer Formel für weibliche Schönheit identifiziert, ist ihre eigene Vitalität abgespalten. Wie Schneewittchen im Glassarg zeigt sie nach außen eine hübsche, aber leblose Fassade. Ihre Schönheit isoliert sie von anderen Menschen und von ihrem eigenen inneren Selbst. Im Lauf der Zeit identifiziert sie sich unbewußt mit der »Formel für Weiblichkeit«, die sie darstellt; sie verkörpert die Titelschönheit, die temperamentvolle Blondine, das unkomplizierte süße Mädchen – ein Stereotyp, das ebenso unwirklich ist wie eine Märchenfigur. Ihr Körper wird zur Hauptquelle von Befriedigung – wie in der frühen Kindheit. Ihr exzessiver Narzißmus hält sie auf einer infantilen Stufe der Persönlichkeitsentwicklung fest.

Wenn die analytische Theorie Weiblichkeit und Narzißmus miteinander in Verbindung brachte, war nicht die gesunde Selbstliebe einer Frau gemeint, sondern das genaue Gegenteil: die quälende Unsicherheit über den eigenen Wert und das daraus resultierende überstarke Bedürfnis nach Liebe und Anerkennung. Dieses machtvolle Bedürfnis wird nach innen gewendet: Selbstliebe und Liebe für andere geraten miteinander in Konflikt.

Die psychoanalytische Theorie bezeichnet Liebesbindungen zwischen Menschen als »Objektbeziehungen«. Eine Frau, die sich in ein Schönheitsobjekt verwandelt, weil sie geliebt werden will, wird durch die Verdinglichung von ihrem Persönlichkeitskern isoliert. Sie wird nicht als Mensch, sondern nur noch als Objekt wahrgenommen, und auf diese Weise verwandeln sich Beziehungen zwischen Menschen im Wortsinn in »Objektbeziehungen«.

Die Tatsache, daß idealisierte Schönheit als wesentliches Element von Weiblichkeit betrachtet wird, macht es zusätzlich schwer, das richtige Gleichgewicht zwischen Narzißmus und gesunder Selbstliebe zu finden. Der Schönheitsmythos bietet Frauen eine bequeme Lösung für ihre inneren Konflikte an. Wenn Selbstliebe in der Verschönerung des eigenen Körpers ausgelebt werden kann, scheint es einfach, sich innerhalb der weiblichen Rolle selbst anzunehmen. Letztlich wirkt sich exzessiver Narzißmus jedoch destruktiv aus, wenn eine Frau auf der Suche nach Selbstannahme ihr wahres Selbst unterdrücken muß, wenn sie bei dem Versuch, ihr eigenes Spiegelbild zu umarmen, als Persönlichkeit zugrunde geht, wenn sie eine Schönheitsobsession entwickelt, aber gleichzeitig mit sich selbst und mit ihrem Körper unzufrieden und zutiefst uneins ist.

Masochismus

Die Broverman-Studie zeigte, daß von einer normalen Frau (aber nicht von einer normalen Persönlichkeit) starkes Interesse an ihrem Aussehen erwartet wird. Wenn das Schmuck- und Verschönerungsbedürfnis einmal als spezifisches Merkmal des eigenen Geschlechts internalisiert worden ist, kann eine Frau es nicht ignorieren, da sie sonst die Angst empfinden würde, »unweiblich« zu sein. Je mehr sie investiert, je größer die Opfer sind, die sie für die Vervollkommnung ihres Aussehens bringt, desto mehr beweist das ihre Hingabe an die weibliche Rolle.

Es ist kein Zufall, daß Schmerz Bestandteil so vieler Schönheitsrituale ist; sich schlecht zu fühlen wird zur Vorbedingung für gutes Aussehen. Das Aufdrehen und Bleichen von Haaren, das Durchstechen von Ohren, das Ausreißen von Körperhaaren mit Wachs oder mit Pinzetten, das Einzwängen und Einschnüren von Körperteilen – all das verursacht Schmerz. Wie Montaigne einmal sagte, gibt es keine Qual, die eine Frau nicht erduldet, wenn es um die Steigerung ihrer Schönheit geht – »il faut souffrir pour être

belle«. Warum erdulden Frauen so bereitwillig verstümmelnde und schmerzhafte kosmetische Prozeduren? Solche Rituale finden schließlich am lebendigen Körper statt. Wir wissen sehr wohl um die Folterqualen, die das Einbinden der Füße, das Schnüren bis zur Ohnmacht in der Vergangenheit bedeuteten; wir wissen von den Leiden der Magersucht oder des chronischen Diäthaltens in der Gegenwart, aber dennoch leiden Frauen stillschweigend weiter. Welcher narkotische Einfluß wirkt auf Nerven und Sinne, wenn es darum geht, für das Schönsein zu leiden? Sind Frauen wirklich so masochistisch, wie Freud annahm?

Masochismus ist das Bedürfnis, sich physischem oder psychischem Schmerz auszusetzen oder sich dem Willen eines anderen zu unterwerfen. Da es sich um eine Selbstschädigung handelt, spricht man auch von nach innen gewandtem Sadismus. Helene Deutsch, eine der ersten Psychoanalytikerinnen, nannte den Masochismus »die elementare Macht des weiblichen Seelenlebens«. In ihrer Sicht war der Masochismus nicht auf den Penisneid zurückzuführen, sondern auf die biologischen Erfahrungen des Frauseins. Schmerz ist ein unvermeidlicher Bestandteil der reproduktiven Funktionen der Frau, der Menstruation, der Defloration, des Gebärens. Deutsch beschrieb die Bereitschaft der Frauen, »im Dienst der Spezies« zu leiden, als notwendig und als seelisch gesund. Aus ihrer Perspektive konnte das masochistische Bemühen um Schönheit als Bestandteil der natürlichen Last des Frauseins gesehen werden.

Karen Horney wies den biologistischen Ansatz von Helene Deutsch zurück und erklärte den weiblichen Masochismus als Anpassung an unterdrückende soziale Machtstrukturen. Sie betonte außerdem, das masochistische Bedürfnis, um jeden Preis zu gefallen, sei in einer Gesellschaft, die Frauen zur Abhängigkeit erzieht, unvermeidlich. Horney rechnet sexuelle Repression, ökonomische Abhängigkeit, Blockierung des Erfolgsstrebens und die generell geringe Wertschätzung der Frauen als Gruppe zu den Faktoren, die Frauen zu Masochismus disponieren.

»Frauen nehmen das Sozialverhalten an, das sie gesellschaftlich akzeptierbar macht, und diese weiblichen Charakteristika werden internalisiert.«[23]

Sobald bestimmte Überzeugungen in einer Kultur fixiert sind (zum Beispiel der Glaube, daß Frauen »von Natur aus« narzißtisch, masochistisch oder schön seien), werden sie zu Ideologien, die dazu dienen, Menschen ihre gesellschaftlichen Rollen als natürlich und unveränderlich erscheinen zu lassen. Wenn eine Frau einmal die Vorstellung akzeptiert hat, daß masochistisches Verhalten normal oder lobenswert sei, wird sie eifrig ihre »wahre Natur« ausagieren, selbst wenn damit das Ertragen von Schmerzen verbunden ist. Durch masochistisches Verhalten wird das eigene Selbst verkleinert, erklärt Horney. Wenn eine Frau sich klein macht, indem sie Schmerz als normal akzeptiert, bestätigt sie damit unbewußt die Überzeugung, daß sie als Person unbedeutend und wertlos sei. Diese Beschreibung trifft sicherlich auf magersüchtige Frauen zu, die Hungerqualen erdulden, die es aber dennoch schön finden, zu einem Schatten ihrer selbst zu werden.

Ein überstarkes Bedürfnis nach Anerkennung kann selbst das repressivste Schönheitsritual in einen angenehmen Akt verwandeln. Wenn sich jemand dem Dienst an anderen verschrieben hat, fühlen Selbstopfer sich gut an.

Tatsächlich genießen wir im allgemeinen unsere Schönheitsrituale; wir lieben es, uns zu dekorieren und zur Schau zu stellen, selbst wenn Schmerzen mit dem Prozeß verbunden sind. Leiden ist befriedigend, wenn es die eigene Hingabe an die weibliche Rolle beweist. Kein Preis ist zu hoch, wenn es darum geht, anderen zu gefallen. Eine Dame des achtzehnten Jahrhunderts schrieb:

»Die drei Stunden, die ich gewöhnlich meiner Toilette widme, betrachte ich nicht als Zeitverschwendung, die eines vernünftigen Geistes unwürdig wäre. Ich bin es zufrieden, durch das Schnüren große Qualen zu leiden, wenn dadurch meine Gestalt in den Augen der anderen graziös erscheint.«[24]

Elizabeth erklärte in einem ähnlichen Ton:

»Ich habe dutzendweise extrem hochhackige Schuhe, die meine Füße wirklich umbringen. Aber ich kaufe Schuhe grundsätzlich danach, wie gut sie aussehen, ganz gleich, wie meine Füße sich darin anfühlen. Joe liebt es, wenn ich Schuhe trage, die sexy aussehen, und ich versuche, ihn glücklich zu machen.«

Wie die Darstellung von Schmerz in der Pornographie vermittelt auch der Schmerz masochistischer Schönheitsrituale eine unterschwellige Botschaft: »Du kannst alles von mir verlangen, du kannst mir alles antun, denn für mich fühlt sich alles gut an, wenn es dir gefällt.«

Ein Verhalten, das an der Oberfläche neurotisch und masochistisch erscheint, kann auf einer tieferen Ebene ein Versuch der Anpassung sein mit dem Ziel, Streß zu vermeiden. Das Leiden unter Schönheitsprozeduren kann man auch als eine Defensivstrategie gegen die schmerzhaftere Konsequenz des Abgelehntwerdens verstehen. Wenn Leiden in der einen oder der anderen Form unvermeidlich erscheint, kann es die klügste Entscheidung sein, sich die Art des Leidens selbst auszusuchen. Wenn Elizabeth Schuhe kauft, die hübsch aussehen, aber hinderlich und unbequem sind, meint sie auch, damit die klügere Wahl zu treffen, denn es gibt für sie keinen anderen Weg, feminin und liebenswert zu sein. Durch ihr freiwilliges Selbstopfer verteidigt sie sich gegen die Erniedrigung, zum Opfer gemacht zu werden. Auf diese Weise erhält sie sich auch das Gefühl, die Dinge selbst im Griff zu haben. Die Behauptung, daß sie den Schmerz wirklich gern erträgt, kann allerdings zum unbewußten Muster werden. Der Masochismus, der vielen Schönheitstransformationen innewohnt, ist durchaus kein Element der normalen weiblichen Persönlichkeitsentwicklung, wie man aus dem Modell von Helene Deutsch schließen könnte. Er kennzeichnet vielmehr das Verhalten von Opfern, die um die Anpassung an ein sadistisches System kämpfen.

Frauen, die durch Selbstverleugnung Schmerzen erleiden, werden als masochistisch etikettiert. Die Psychologin Paula Caplan weist jedoch darauf hin, daß die Theoretiker dabei einen wichtigen Punkt übersehen: »Frauen haben Angst davor, als unweiblich und häßlich verurteilt zu werden, wenn sie sich nicht selbstlos verhalten.« Die Gesellschaft konditioniert Frauen auf das Bedürfnis, um jeden Preis zu gefallen. Dann wird ein Begriff wie »angeborener Masochismus« geprägt, um das konditionierte Bedürfnis zu erklären, das schließlich als »natürliche« weibliche Eigenschaft betrachtet wird.[25]

Da Frauen in der Arbeitswelt mit Diskriminierungen rechnen müssen, da sie zur Abhängigkeit erzogen werden und auf aggressives Konkurrieren nicht vorbereitet sind, wünschen sie sich finanzielle Unterstützung. Sie haben wenig Aussichten, sich selbst finanzielle Sicherheit zu verschaffen, wenn sie nicht gut ausgebildet sind, wenn sie allein für die Pflege von Kleinkindern verantwortlich sind, wenn sie im mittleren Alter und ohne Berufserfahrung sind oder wenn sie darauf konditioniert sind, sich »ein Leben in Muße« zu wünschen. In einem Essay über kulturelle Zwänge und die psychische Struktur von Frauen schrieb die

Psychoanalytikerin Clara Thompson vor einigen Jahrzehnten:

»In der Vergangenheit konnte eine Frau sich sicher fühlen, nachdem sie geheiratet hatte, und es dann riskieren, ihre Reize zu vernachlässigen. Aber bei der heutigen Einfachheit der Scheidung muß die Frau, die im Hinblick auf ihren Unterhalt und ihre soziale Position von einem Mann abhängt, weiterhin einen großen Teil ihrer Zeit in Aktivitäten investieren, die man narzißtisch nennen könnte, das heißt in Körperpflege und Aufmerksamkeit für die Kleidung. Man sieht, daß der angebliche Narzißmus und das größere Liebesbedürfnis der Frau vielleicht einzig und allein das Resultat ökonomischer Zwänge ist.«[26]

Es ist leicht, Opfer, die keine praktikable Alternative haben, selbst für ihre Unterdrückung verantwortlich zu machen. Einige schmerzhafte Schönheitsrituale werden schon kleinen Mädchen aufgezwungen. Das Einbinden der Füße und die Klitoridektomie sind extreme Beispiele kosmetischer Verstümmelungen, die Kindern zugefügt werden, weil die Tradition es so verlangt. Die meisten Frauen entrichten jedoch freiwillig ihren Tribut an die Schönheit. Sie können es sich ganz einfach nicht erlauben, es nicht zu tun; die Ökonomie des sozialen Austauschs erfordert es.

Das menschliche Handeln wird durch grundlegende physische, emotionale und wirtschaftliche Bedürfnisse bestimmt. Wir alle brauchen Nahrung und Unterkunft. Wir alle haben das Bedürfnis, zu lieben und geliebt zu werden. Wir alle brauchen das Gefühl, daß unsere Arbeit gewürdigt wird. Frauen brauchen außerdem verläßliche Ehemänner und fürsorgliche Väter für ihre Kinder. In ihrer Verflechtung miteinander bewirken diese Bedürfnisse bei Frauen einen machtvollen Antrieb, Beziehungen zu Männern aufrechtzuerhalten. Schließlich kontrollieren vorwiegend Männer die Ressourcen unserer Gesellschaft. Frauen haben daran hauptsächlich durch ihre Bindungen an Männer Anteil. Um einen erwünschten Partner anzuziehen oder um den Mann, mit dem sie lebt, zu »halten«, muß eine Frau jung genug, elegant genug, verführerisch genug, sexy, bescheiden, dünn, drall, unschuldig, flippig genug aussehen – so aussehen, wie sie sich vorstellt, daß er es wünscht. Wie wir vorher gesehen haben, zeigen die Studien über Partnersuche und Partnerwahl, daß Schönheit Aufmerksamkeit und Zuneigung einbringt; für die Opfer, die sie verlangt, wirft sie Belohnungen ab. Wenn Schönheit zur weiblichen Rolle gehört, wird sie zu einem Wert ersten Ranges, zu einem Handelsartikel im Austausch der Geschlechter, zu einem Schlüsselelement des ökonomischen Überlebens.

Frauen würden sich den masochistischen Transformationsprozessen zum »schönen Geschlecht« nicht so bereitwillig unterwerfen, wenn ihr Platz in der Gesellschaft wirklich gleichberechtigt wäre. Zahllose Frauen verbringen zahllose Therapiestunden mit dem Versuch, ihr vermeintliches Versagen in der weiblichen Rolle aufzuarbeiten – dabei ist es nicht der weibliche Masochismus, sondern der Sadismus der Gesellschaft, der veränderungsbedürftig ist. Zu viele Frauen investieren zu viel Zeit und Mühe, um ihre Gesichter zurechtzumachen – dabei ist es der Spiegel der Gesellschaft, der erneuert und überholt werden muß. Solange Frauen sich in den Vorurteilen der Gesellschaft spiegeln, werden sie sich dessen, was sie in ihren eigenen Spiegeln sehen, schämen und sich gezwungen fühlen, Verzerrungen als Realität hinzunehmen.

WIE MÄDCHEN LERNEN,
WAS SCHÖNHEIT BEDEUTET

Die meisten Mädchen erleben die Pubertät als Wendepunkt in ihrem Selbstbild. Als Linda mit elf Jahren gebeten wurde, sich durch eine Reihe von »Ich bin . . .«-Sätzen selbst darzustellen, begann sie:

»Ich bin ein Mensch. Ich bin ein Mädchen. Ich bin ehrlich. Ich bin nicht hübsch . . .« Einer der auffälligsten Geschlechtsunterschiede, die in der Adoleszenz zutage treten, ist die größere Unsicherheit bei Mädchen. Mädchen finden es schwerer als Jungen, den idealisierten Normen, die für ihr Geschlecht gelten, zu entsprechen. In einer Studie, die zwanzigtausend Teenager umfaßte, berichteten fast fünfzig Prozent der Mädchen, daß sie sich häßlich fühlten.[1] In dem Ausmaß, wie junge Mädchen ihren Körper verabscheuen, lehnen sie sich auch selbst ab.

Im Vergleich zu Jungen wollen doppelt so viele Mädchen im High-School-Alter ihr Aussehen verändern. Im allgemeinen schätzen sie sich als weniger attraktiv ein als andere Mädchen, während sich Jungen im Vergleich mit ihren Altersgenossen häufig als attraktiver einstufen.[2] Bei Jungen besteht eine Korrelation zwischen Intelligenz und Zufriedenheit mit dem eigenen Aussehen, das heißt, je intelligenter der Junge ist, desto zufriedener ist er mit seiner eigenen Erscheinung. Bei Mädchen tritt diese Verbindung nicht auf, vielleicht, weil intelligente Mädchen sich sehr wohl der Tatsache bewußt sind, daß sie das idealisierte kulturelle Schönheitsideal nie erreichen können.[3]

Im College-Alter berichten fünfundsiebzig Prozent der jungen Männer, daß sie mit ihrem Gesicht und allgemein mit ihrem Aussehen zufrieden sind, während nur fünfundvierzig Prozent der jungen Frauen dasselbe sagen.[4] Mädchen in der Adoleszenz leiden oft unter einem negativen

159

Körperbild, zum Teil, weil sie schon in der Kindheit gelernt haben, die Bedeutung ihrer Erscheinung überzubewerten und ihrer eigenen Attraktivität zu mißtrauen. Sie treten mit einem starken Bedürfnis, attraktiv zu sein, in die Pubertät ein und leiden daher mehr als Jungen unter Unsicherheit, wenn ihr sich verändernder Körper außer Kontrolle zu geraten scheint und sich unbeholfen gibt. Außerdem werden Mädchen durch ihre Sozialisation darauf vorbereitet, ihre Identität über männliche Aufmerksamkeit zu definieren. Da gutes Aussehen in stereotyper Weise mit angenehmen Persönlichkeitsmerkmalen assoziiert wird, bedroht ein »unattraktiver«, im Wachstum begriffener Körper das Selbstwertgefühl.

Diese Verbindung zwischen Aussehen und Selbstwertgefühl kann sich in der Pubertät so tief ins Unbewußte einprägen, daß sie für das ganze Leben der Frau bedeutsam bleibt, zu einer permanenten Unsicherheit über ihr Aussehen und letztlich über ihren Wert als Person führt. Im Rückblick beschreiben die meisten Frauen ihre Teenagerjahre als eine Zeit der Unbeholfenheit, der Peinlichkeits- und Unzulänglichkeitsgefühle, der Angst vor Sexualität und vor Trennung. Manche Frauen bleiben in dem negativen Körperbild, das sie in diesem Übergangsstadium entwickelt haben, wie festgefroren und werden nie fähig, sich selbst als attraktiv wahrzunehmen.

Selbst die Mädchen, die von Natur aus mit Schönheit ausgestattet sind, berichten, daß gutes Aussehen ein ambivalentes Vergnügen sein kann. Es ist nicht immer von Vorteil, hübsch zu sein. Kindliche und jugendliche Schönheit ist ein erhöhter Anreiz für direkte oder indirekte sexuelle Ausbeutung, manchmal in sehr frühem Alter. Hübsche Mädchen werden von den Eltern herumgezeigt oder von Altersgenossen »benutzt«, die durch den Kontakt mit ihnen soziales Prestige gewinnen wollen. Viele hübsche Mädchen beginnen die Aufmerksamkeit, die nur ihrem Aussehen gilt, zu verabscheuen, denn ihre Persönlichkeit wird dabei ignoriert. Gutaussehende Jungen sind dieser Art von Gefährdungen selten ausgesetzt.

Der schwierigste Entwicklungsschritt in der Adoleszenz ist die seelische Ablösung von den Eltern. Da bei Mädchen während der gesamten Kindheit eher abhängiges und passives Verhalten gefördert wird, erleben sie die Ablösung von den Eltern mit stärkeren Konflikten. Aus der Identifikation mit der Mutter heraus will eine Heranwachsende in das vertraute Modell von Weiblichkeit hineinwachsen. Gleichzeitig realisiert sie aber, daß die Begrenzungen im Leben ihrer Mutter mit dem Frausein zu tun haben. Sie muß also das Rollenmodell der Mutter transzendieren. Sie muß sich noch ein zweites Mal – auf einer anderen Ebene – aus dem sicheren Schutz des Mütterlichen hinauswagen und die Mutter als Alter ego aufgeben. Trennungskonflikte, die zum ersten Mal in der frühen Kindheit erfahren wurden, kommen nun wieder an die Oberfläche. Der adoleszente Kampf um die Unabhängigkeit konzentriert sich oft wieder auf die Körperthemen der frühen Kindheit: Nahrung, Schlaf, Sicherheit, Sexualität. Ein magersüchtiges Mädchen transformiert ihr Bedürfnis nach einer eigenen Identität in einen destruktiven Ernährungswettkampf mit der Mutter. Sie verweigert die Nahrung in ähnlicher Weise wie ein Kleinkind, das den Brei ausspuckt.

Mädchen, die versuchen, ein eigenes Selbstbild zu entwickeln, konzentrieren sich oft darauf, *nicht* so zu sein oder auszusehen wie die Mutter. Da die Schönheitsnormen sich ständig ändern, liefern sie hervorragendes Material für den Trennungskonflikt. Erinnern wir uns an Barbara: Ihre Mutter hatte ihr die Erlaubnis verweigert, sich zusätzlich Ohrlöcher stechen zu lassen; Barbara griff trotzig zur Nadel und durchbohrte ihre Ohren selbst. Indem sie eine Schönheitsfrage zum Anlaß nahm, demonstrierte sie ihre Macht, die mütterliche Kontrolle abzuschütteln, und ihr Recht, nach ihren eigenen Vorstellungen mit ihrem Körper umzugehen.

Die Gruppe der Gleichaltrigen kann sich im Kampf um die Ablösung von den Eltern als wichtige Stütze erweisen. Gleichzeitig tendieren adoleszente Gruppen leider dahin,

Attraktivität und Beliebtheit beim anderen Geschlecht zu glorifizieren, und üben starken Druck auf Mädchen aus, sich rigiden Modetrends zu unterwerfen.

Auf der Schaukel der Rebellion sitzend, schwingt das Mädchen erst hinauf in die Freiheit, dann zurück in die Abhängigkeit. Die Ambivalenz der Mutter verstärkt oft den Konflikt. Der Kampf des Mädchens um die Ablösung von der Mutter, die ihre Tochter erst vorwärtsstößt in die Weiblichkeit und dann wieder in kindlicher Abhängigkeit an sich bindet, erinnert an die Schwierigkeiten, denen die Töchter in den Märchen ausgeliefert sind: Aschenputtel versucht der Stiefmutter zu entkommen, die sie an den Herd fesseln will; Rapunzel wehrt sich gegen die Hexen-Mutter, die sie in jungfräulicher Isolierung hält; Schneewittchen flieht vor der eifersüchtigen Mutter, die sie in den Schlaf der Kindheit zurückversetzen will. Bettelheim erklärt, daß Märchen oft Übergangsriten darstellen. Sie schildern den metaphorischen Tod eines alten, inadäquat gewordenen Selbstbildes und die Wiedergeburt des Selbst auf einer höheren Existenzebene. Schneewittchens schönes Gesicht ruft die Eifersucht der Mutter hervor, bringt ihr aber später auch die Erlösung aus der Isolierung des Glassargs. Rapunzels schönes Haar wird abgeschnitten, aber erst nachdem sie ihren Prinzen daran in den Turm hinaufgezogen und sich von der ausschließlichen Bindung an die Mutter befreit hat. In diesen Erzählungen ist es der sich wandelnde Körper des adoleszenten Mädchens, der zuerst den Anlaß zum Konflikt mit der Mutter gibt, der aber schließlich auch zum Symbol der Ablösung von der Mutter wird. Die Mütter in den Märchen reagieren auf die neu hervortretende sexuelle Schönheit ihrer Töchter, indem sie sie isolieren, von sich stoßen oder einsperren. Auch reale Mütter fühlen sich von Töchtern bedroht, deren Schönheit gerade zu dem Zeitpunkt aufblüht, da ihre eigene Schönheit zu verblassen beginnt. Mütter, die (unbewußt) Neid und Eifersucht auf ihre hübschen Töchter empfinden, senden ambivalente Doppelbotschaften aus: Stolz mischt sich mit Feindseligkeit, Ermutigung mit ängstlichem Beschützenwollen, Liebe und Anerkennung mit un-

bewußter Ablehnung. Mütter suchen hübsche Kleider aus und leiten ihre Töchter beim Make-up an, aber sie verhängen auch Ausgangssperren und andere Einschränkungen. »Pack dich konsumgerecht ein – aber laß dich nicht konsumieren! Sei verführerisch, aber mach mir keine Schande, indem du dich verführen läßt!« – so lauten die unterschwellig vermittelten Botschaften. Die gute Mutter verspricht Aschenputtel, sie in eine unwiderstehliche Schönheit zu verwandeln, aber sie muß das Fest verlassen, »ehe es zu spät ist«. Die guten und die schlechten Mütter in den Märchen sind zwar darauf aus, ihre Töchter als Bräute »an den Mann zu bringen«, aber sie fürchten die ungezähmte jugendliche Sexualität.

Wo sind die Väter? Aschenputtel, Schneewittchen und Rapunzel haben Väter, die passiv im Hintergrund bleiben und sich nicht einmischen. Märchen-Väter scheinen ihre Töchter den grausamen Müttern zu überlassen, und die Mädchen akzeptieren das väterliche Desinteresse offenbar, ohne zu klagen. Reale Väter fühlen sich durch eine hübsche Tochter, die an der Schwelle zum Frausein steht, häufig bedroht. Wenn die Mädchen das Pubertätsalter erreichen, kommen oft ödipale Probleme wieder an die Oberfläche. Der Vater, der jahrelang gern mit der kindlichen Tochter zusammen war und ihre Leistungen bestätigte, weicht jetzt vielleicht plötzlich von ihrem weiblichen Körper zurück. Eines Tages sieht er sein Kind als sexuell verführerische Frau, empfindet Angst und Schuldgefühle über diese inzestuöse Anziehung und fürchtet einen möglichen Kontrollverlust. Sein Rückzug kann sich abrupt oder allmählich, bewußt oder unbewußt vollziehen. Manchmal ist seine Ablehnung offen und grausam, wie bei Elizabeths Vater, der seine Tochter als »Clown« und »Flittchen« beschimpfte, wenn er sie mit Make-up sah. Ähnlich wie Mütter senden auch Väter ambivalente Doppelbotschaften aus: »Ich bin stolz auf dich, weil du eine verführerische Frau bist – aber ich will doch, daß du mein kleines Mädchen bleibst!«

Viele Frauen berichten, daß sie ihren pubertierenden Körper erst abzulehnen begannen, als die ironischen oder nekkenden Bemerkungen ihrer Väter Scham- und Ekelgefühle in ihnen aufkommen ließen. Für ein Mädchen, das mit dem Problem der mütterlichen Eifersucht und der Trennung von der Mutter kämpft, kann der zusätzliche Schmerz über die väterliche Ablehnung noch tiefere Einsamkeit und Unsicherheit bedeuten. Diese Konflikte erzeugen einen machtvollen Antrieb, ein anderes Liebesobjekt zu finden, die Zuneigung von den Eltern auf einen »Märchenprinzen« zu übertragen. Bei der Suche nach dem Prinzen spielt Schönheit natürlich eine ausschlaggebende Rolle.

In den Märchen werden bestimmte Körperteile oder Körpermerkmale durch phantastische Übertreibungen hervorgehoben: Aschenputtels Füße sind kleiner als die aller anderen Frauen; Rapunzels Haare sind so lang, daß sie von einem hohen Turm herabhängend bis zum Boden reichen; Schneewittchens Haut ist so weiß wie Schnee, ihr Mund so rot wie Blut, ihre Haare so schwarz wie Ebenholz. Wenn man sie auf ein heranwachsendes Mädchen bezieht, können diese Übertreibungen als emanzipatorische Symbole gesehen werden: Sie markieren den Übergang von kindlicher Abhängigkeit zu sexueller Reife. In den Märchen, in deren Zentrum eine jugendliche Heldin steht, ist es nicht der starke, sondern der schöne Körper, der zur befreienden Kraft wird. Wie die Märchenheldinnen wenden sich junge Mädchen in der Ablösungsphase von den Eltern ihrem eigenen Körper zu, um Sicherheit zu finden. Wenn wir bedürftig sind, sagt Bettelheim, gibt es kaum eine verläßlichere Zuflucht als unsere eigene Körperlichkeit. Mädchen suchen in der Steigerung ihrer jugendlichen Reize eine Hilfe, um zu Unabhängigkeit und Selbstachtung zu gelangen. Wie können sie, ohne die magischen Kräfte der guten Fee, die Superschönheit entwickeln, die den Prinzen herbeilockt? Auf ihrer Suche nach einer eigenen, von den Eltern unabhängigen Identität sind junge Mädchen besonders gefährdet, sich auf Schönheitstransformationen einzulassen, die ihre körperliche und seelische Gesundheit bedrohen. Heute werden Mädchen durch verfeinerte medizinische Techniken verlockt, sich »Korrekturen« ihres Körpers zu unterziehen, noch ehe sie vollständig erwachsen sind.

In Amerika werden heute an Mädchen ab vierzehn Jahren chirurgische Veränderungen der Brüste vorgenommen. Daran wird deutlich, wie negativ kulturelle Schönheitsklischees natürliche Reifeprozesse beeinflussen können. Da der Busen in den westlichen Kulturen ein so wichtiges Symbol weiblicher Schönheit ist, erleben viele physisch völlig normal entwickelte junge Mädchen das Wachstum ihrer Brüste mit geradezu lähmenden Hemmungen. Die Brustentwicklung beginnt in der frühen Pubertät, oft schon im Alter von zehn bis elf Jahren. Mädchen reifen früher heran als Jungen; oft sind sie ihren Schulkameraden in der körperlichen Entwicklung weit voraus. Vollbusige Mädchen tragen die Zeichen ihrer frühen Reife buchstäblich vor sich her. Sie leiden sehr unter Peinlichkeitsgefühlen, insbesondere deshalb, weil sie oft anzüglichen und spöttischen Bemerkungen ausgesetzt sind. (Tatsächlich werden vollbusige Frauen aller Altersstufen in stereotyper Weise als dumm, inkompetent, unmoralisch und leichtfertig etikettiert.)[5] Die chirurgische »Korrektur« ihrer Brüste muß manchen jungen Mädchen also als Universallösung für all ihre Probleme erscheinen. In seltenen Fällen mag eine solche Lösung auch gerechtfertigt sein, aber im allgemeinen ist es zu früh für solche Eingriffe. Bis vor kurzem wurde die chirurgische Verkleinerung der Brüste nicht an Minderjährigen vorgenommen. Mittlerweile wird sie Mädchen angeboten, die kaum die Pubertät überschritten haben. Ein Chirurg berichtet, daß der Wunsch nach dem operativen Eingriff oft von den Eltern ausgeht. Er ruft andere Ärzte dazu auf, sich genau zu vergewissern, daß die Mädchen selbst die Operation wirklich wünschen und daß sie sich über die Schmerzen und die möglichen Konsequenzen im klaren sind. Bei Brustverkleinerungen treten häufig Komplikationen auf; es kann unter anderem zu häßlichen Narben und zum Verlust der Sensibilität der Brustwarzen kommen. Ist eine Vierzehnjährige, die unter einem negativen Körperbild leidet, weil sie wegen ihrer großen Brüste verspottet wird, und die emotional noch unreif ist, wirklich in der Lage, eine vernünftige Entscheidung über eine chirurgische Brustverkleinerung zu treffen? Frauen im College-Alter haben die Hemmungen, die sie in der Pubertät wegen ihrer Brüste empfanden, im allgemeinen überwunden. Weil sie eine schnelle und effektive Lösung für ihre Probleme herbeisehnen, lassen sich manche Mädchen auf eine irreversible Veränderung ihres Körpers ein, die sie vielleicht später bereuen.

Auch der Gebrauch von Kosmetika kann für Mädchen in der Adoleszenz eine Gefährdung darstellen. Make-up hat bei Mädchen heute oft die Funktion einer Initiation in das Frausein. Es gehört zu den Moderequisiten, die Geschlechtsunterschiede in übertriebener Weise hervorheben. Nach einer Schätzung entwickelt etwa ein Drittel aller Mädchen, die regelmäßig Make-up benutzen, Hautprobleme, die heute von Dermatologen als »acne cosmetica« bezeichnet werden. Akne hat normalerweise genetische Ursprünge; sie wird in der Pubertät durch die gesteigerte Hormonproduktion ausgelöst. Die Wirkstoffe, die in Kosmetika enthalten sind, können auch bei Mädchen, die keine Anlage dazu haben, schwerwiegende Hauterkrankungen auslösen. Da es mehrere Monate dauert, bis eine Kosmetikakne zum Ausbruch kommt, wird die Ursache häufig nicht erkannt. Wenn sich die Akne einmal entwickelt hat, kommt es zu einem Circulus vitiosus: Mehr Make-up wird benutzt, um die Akne zu überdecken, und dadurch verschlimmert sich wiederum der Zustand der Haut.[6]

Eine andere schwere Form der Akne wird durch zwanghaftes Drücken und Kratzen an harmlosen Hautunreinheiten ausgelöst. Heranwachsende, die unter dieser Störung leiden, haben in der Regel ein negatives Selbstbild. Das Kratzen und Quetschen an ihren Gesichtern ist eine Form der Selbstbestrafung, durch die sie sich ihre Gefühle der Häßlichkeit und Wertlosigkeit bestätigen. Diese Form der Akne findet sich fast ausschließlich bei heranwachsenden Mädchen. Es ist bekannt, daß Akne sich psychisch bei Mädchen stärker auswirkt als bei Jungen, da das Aussehen für die weibliche Identität von größerer Bedeutung ist. Auch Jungen, die Akne haben, leiden unter Hemmungen, aber sie können durch Sport oder schulische Leistungen leichter einen Ausgleich herstellen und Bestätigung finden.

Nach der Analyse der Zeitschriftenwerbung, deren Zielgruppe Jugendliche sind, kommt ein Sozialwissenschaftler zu dem Schluß, daß Mädchen vor allem mit einer zentralen Botschaft bombardiert werden, was der Sinn ihres zukünftigen Lebens sei: »die Kunst der Körperdekoration durch Kleidung, Kosmetik, Schmuck, Haarpflegemittel und Parfüms zu erlernen.«[7]

Kostspielige, aufwendige und zum Teil schmerzhafte Schönheitsrituale tragen jedoch wenig zur Identitätsfindung bei. Ganz im Gegenteil: Die Mädchen sehen schließlich alle gleich aus und werden dann um so leichter auf die gängigen Weiblichkeitsklischees reduziert.

Wartezeit

Nach der Entwicklungstheorie von Erik Erikson sind die frühen Stadien der seelischen Entwicklung bei Jungen und Mädchen ziemlich ähnlich. In der Adoleszenz sind es jedoch nach Eriksons Auffassung vor allem die Muster der sozialen Anpassung, die bei beiden Geschlechtern voneinander abweichen. Seine Darstellung der Geschlechterdivergenzen in der Adoleszenz zeigt, wie tief die Vorstellungen von weiblicher Schönheit und weiblicher Minderwertigkeit selbst in einflußreichen psychologischen Modellen verankert sind.

Heranwachsende kämpfen in erster Linie um seelische Unabhängigkeit. Auf der Suche nach der eigenen Identität benutzen sie die neue Ebene des erwachsenen Denkens, um verschiedene Lebensvorstellungen zu erproben. Bei einem Jungen, erklärt Erikson, hat die Identitätssuche dynamischen Charakter; neue Alternativen werden erprobt und wieder verworfen. Im Unterschied dazu muß das heranwachsende Mädchen in einem »psychischen Moratorium« ausharren, »bereit und willig, sich mit einem Mann zu vereinen«, der den Rahmen schaffen wird, in dem sie sich selbst entdecken kann. Ihre Aufgabe ist es, flexibel und offen zu bleiben, »ihren inneren Raum für den Mann bereitzuhalten, der sie eines Tages von ihrer Leere und Einsamkeit befreit, indem er diesen Raum füllt«. Die Reife des Frauseins beginnt, wenn es der Heranwachsenden durch »Attraktivität und Erfahrung gelungen ist, die Wahl zu treffen, die ihrem inneren Raum für immer willkommen sein wird«. Von heranwachsenden Mädchen wird also erwartet, daß sie ihren Körper als Basis benutzen, um »den anderen in sich aufzunehmen«.[8]

Eriksons Beschreibung läßt an Schneewittchen denken, die in ihrem Glassarg ruht. Das lebhafte Mädchen, das zuvor mit den Zwergen lebte, spielte und arbeitete, liegt jetzt in passiver Schönheit als Schauobjekt in einem von Jägern durchstreiften Wald. Ihr vollkommener Körper und ihr »innerer Raum« sind als Köder ausgeworfen. Im Koma bereitet sie sich auf die Wiedergeburt als Frau vor. Die Veränderungen des heranwachsenden Mädchens werden aber nicht allein von der Natur bestimmt; auch die Kultur diktiert ihr Schicksal. Das Mädchen muß sich nicht nur den entwicklungsbedingten Veränderungen der Pubertät anpassen, sondern auch den Reaktionen der Gesellschaft auf diese Veränderungen. Gerade zu dem Zeitpunkt, an dem die Natur sie einlädt, sich mit vollen Segeln in ihr Frausein hineingleiten zu lassen, wird sie von der Natur aufgefordert, sich zurückzuhalten: »Sieh dich vor, bewahre deinen Körper in Unschuld, bleib der Familie nahe, setz dir bescheidene Ziele, sei hübsch, benimm dich gut!«

Die Natur fordert Expansion – die Kultur erlegt dem Mädchen Zwänge auf. Gesellschaftliche Vereinbarungen und Normen regulieren ihre Aktivitäten, beschränken ihre Sexualität, reduzieren ihre Wahlmöglichkeiten, lenken ihre Phantasien in festgelegte Richtungen. Gerade dann, wenn das Ausleben der eigenen Sexualität zum entscheidenden Faktor der Identitätsfindung wird, warnt die Kultur das

Mädchen vor direktem Handeln. »Netten« Mädchen wird bis heute geraten, nicht den ersten Schritt zu tun. Selbst in den freizügigen achtziger Jahren erklären »Expertinnen« wie Ann Landers und Joyce Brothers, daß »eine junge Frau, die ihre Weiblichkeit und ihren Charme einzusetzen versteht, bessere Chancen hat als eine, die direkt handelt«.

Ein heranwachsendes Mädchen in unserer Kultur ist mit dem Problem konfrontiert, wie sie attraktiv genug werden kann, um »gerettet« und von der Unsicherheit eines Identitäts-»Moratoriums« erlöst zu werden. Um »den Richtigen« zu finden, muß sie sich von ihrer besten Seite zeigen. Wie die in einem früheren Kapitel zitierten Untersuchungen zeigen, sind die hübschesten Mädchen auch die populärsten und begehrtesten. Jungen im Adoleszenzalter, die befragt wurden, welche Eigenschaften sie sich bei einer Partnerin wünschen, nannten »gutes Aussehen und gute Figur« an erster Stelle, während Mädchen »Intelligenz« als die wichtigste Qualität nannten, die sie bei einem Partner erwarten. Mädchen wählen ihre Freunde nach unterschiedlichen Kriterien aus, unter anderem nach geistiger und sportlicher Leistungsfähigkeit und nach selbstbewußtem Auftreten. Jungen wählen ihre Freundinnen immer noch primär nach dem Aussehen.

Erikson nimmt an, daß »ein großer Teil der Identität einer jungen Frau schon durch ihre Art von Attraktivität definiert ist und durch ihre Selektivität auf der Suche nach einem Mann, von dem sie erwählt werden will«.[9]

Anaïs Nin schrieb: »Jedes fünfzehnjährige Mädchen hat einem Spiegel dieselbe Frage gestellt. Bin ich schön? ... Der Spiegel antwortet nicht. Sie wird die Antwort in den Augen und Gesichtern der Jungen suchen müssen, die mit ihr tanzen.«[10]

Psychologische Theorien, die auf der Vorstellung beruhen, daß das Männliche das Normgebende sei, kommen unweigerlich zu einer Sichtweise, in der die weibliche Entwicklung sich als etwas Sonderbares ausnimmt und in der Frauen als minderwertig erscheinen. Trotz feministischer Kritik gilt Eriksons »Eight Stages of Man« (Die acht Entwicklungsstufen des Menschen) immer noch als gültige Interpretation auch der weiblichen Erfahrung.* Auch in Artikeln aus jüngerer Zeit zieht sich Erikson weiterhin in den »inneren Raum« der Frau zurück, um die Geschlechterdivergenzen biologisch zu erklären, während er in anderen Zusammenhängen durchaus anerkennt, daß soziale Faktoren für die Persönlichkeitsentwicklung von fundamentaler Bedeutung sind.

Die gesellschaftlichen Einflüsse haben in der Tat ihre Auswirkungen. Es ist nicht die Schwerkraft ihres »inneren Raums«, die ein heranwachsendes Mädchen festhält und daran hindert, zielstrebig auf den Horizont des erwachsenen Lebens loszusegeln. Der Hauptstrom dieses Lebens fließt ganz einfach nicht in ihre Richtung. Wenn Erikson ein »psychisches Moratorium« als normal und wünschenswert beschreibt, versieht er das, was eigentlich eine gesellschaftlich bedingte Fehlentwicklung darstellt, mit dem Stempel professioneller Bestätigung. Sein Entwicklungsmodell setzt das, was zu sein scheint, mit dem gleich, was in der Sicht der androzentrischen Kultur sein soll und sein muß. Kann es für einen heranwachsenden Menschen gut sein, sich selbst auf Eis zu legen? Ein Teil des Selbst muß dabei absterben; es bleibt eine Leere, die vom Ego eines anderen ausgefüllt werden muß. Wenn die Identität einer jungen Frau synonym wird mit dem Geliebtwerden, wird sie große Schwierigkeiten haben, sich selbst anzunehmen, solange sie nicht den anderen findet, der sie für liebenswert und begehrenswert hält. Um ihre Selbstachtung aufrechtzuerhalten, braucht sie die dauernde Bestätigung, daß sie »anbetungswürdig« ist. Sie muß ständig in den Augen der anderen nach der Spiegelung ihres Selbstwerts suchen.

Madonna Kolbenschlag erklärt dazu: »Vielleicht wird Dornröschen gar nicht von irgendeinem Prinzen geküßt, sondern von ihrem eigenen Wesen umarmt werden.«[11]

---

* Im Englischen wirkt das noch absurder, weil das Wort »man« in der Bedeutung von »Mann« und von »Mensch« verwendet wird; A. d. Ü.

DER KAMPF MIT DER WAAGE:
AUF DER SUCHE
NACH DEM »IDEALEN« KÖRPER

Rufen wir uns für einen Augenblick die ältesten menschlichen Bildwerke in Erinnerung, die aus dem Paläolithikum stammenden archaischen Frauenstatuetten, die in ganz Europa und Kleinasien gefunden wurden. Diese Relikte der Vorzeit stellen eine üppige weibliche Gestalt dar, mit riesigen Brüsten, die über einen vorgewölbten Bauch herabhängen, und mit gewaltigen Oberschenkeln; Kopf, Arme und Unterschenkel sind nur rudimentär ausgebildet. In der Sicht der meisten Archäologen stellt diese Figur die vorgeschichtliche Muttergöttin dar; sie verkörpert die Ehrfurcht einer ständig von Hunger bedrohten frühen Menschheit vor dem Mysterium der Fruchtbarkeit. Manche Wissenschaftler äußerten auch die Ansicht, daß es sich bei diesem »Venusfigürchen« nicht um Fruchtbarkeitssymbole, sondern um eine Art erotischer Amulette gehandelt habe – um archaische Vorläufer des Pin-up-Faltblatts in Herrenmagazinen. Man stelle sich einen hominiden Jäger vor, der auf seinen einsamen Streifzügen die Brüste und den Bauch eines Venusfigürchens liebkost, um Trost und erotisches Vergnügen zu finden! Diese sicherlich bizarre Vorstellung würde bedeuten, daß die archaischen Frauenstatuetten das paläolithische Schönheitsideal darstellten, ein aus Lust und Sehnsucht geborenes Traumbild. Phantasieren wir weiter: Wir könnten uns nun ausmalen, wie eine junge Frau der frühgeschichtlichen Jäger- und Sammlerwelt versucht, sich dem herrschenden Schönheitsideal anzupassen, ähnlich, wie Frauen es heute tun. Sie ist von Gewichtsproblemen besessen und tief deprimiert, weil ihre Brust flach ist und ihre Schenkel schlank sind; während sie neidisch ihre schönen dicken Schwestern betrachtet, stopft sie Bananen in sich hinein. Wenn sie es schafft, das ideale Maß zu erreichen, macht ihr gewaltiges Körpervolumen sie natürlich schwerfällig, verletzlich und abhängig. Die Auswirkungen eines in diese Richtung verzerrten Körperbildes wären sicherlich schädigend.

Die dicke Frau von heute hat in unserer Kultur keine Chance, für den Inbegriff von Erotik gehalten zu werden. Sie trifft vielmehr auf heftige Ablehnung, denn der moderne Schönheitsmythos hat die Idealgestalt der Frau auf ein geringeres Maß reduziert. Es ist ein qualvoller Aspekt des gegenwärtigen Schönheitsideals, daß Schlankheit die Grundvoraussetzung für Attraktivität darstellt. In den letzten Jahrzehnten konnte man beobachten, wie die amerikanischen Frauen immer dünner wurden. Jede zweite Frau hält fast ständig Diät. Drei von vier Frauen haben das Gefühl, daß sie zu Übergewicht neigen.[1]

Gewichtsobsession ist heute eine der bei Frauen am meisten verbreiteten Störungen. Sie ist der gemeinsame Nenner bei Erkrankungen wie Fettleibigkeit, Bulimie, Anorexia nervosa – besonders häufig tritt sie aber bei Frauen mit normalem Gewicht auf.

Revidierte Vorstellungen vom »Idealgewicht« definierten die Mehrzahl aller Frauen als übergewichtig und führten zu einer Epidemie der Selbstablehnung. In den letzten Jahren kamen mehr als zweihundert Diätbücher auf den Markt; ein Dutzend davon wurde zu Bestsellern. Jedes Jahr werden Billionen von Dollars für Schlankheitsprogramme ausgegeben, von denen sich keines auf lange Sicht als effektiv erwiesen hat. Beim fünfundzwanzigsten Jahrestreffen meiner High-School konnte ich durch eine grobe Schätzung feststellen, daß dem festlichen Ereignis ein kollektiver weiblicher Gewichtsverlust von mehreren hundert Pfund vorangegangen war. Obwohl kein schöner Prinz als Belohnung zu erwarten war, hatten sich meine ehemaligen Klassenkameradinnen für den Ball in Form gebracht.

Das Hormon Östrogen sorgt dafür, daß der weibliche Körper mit mehr Fettgewebe gepolstert ist als der männliche Körper. Frauen weichen daher von der populären sehnigen und muskulösen männlichen Norm ab. Heute werden Frauen mit normalem Körpergewicht fälschlich als übergewichtig beurteilt und schätzen sich auch selbst so ein. Männer können ihr Normalgewicht meistens besser einschätzen als Frauen, die oft glauben, zu dick zu sein, auch wenn sie es in Wahrheit nicht sind. Die Anzahl der Frauen, die sich selbst für zu fett halten, hat sich in den letzten Jahrzehnten verdoppelt. Als die Zeitschrift »Glamour« 1984 eine Umfrage unter ihren Leserinnen veranstaltete, hatten fünfundsiebzig Prozent der befragten Frauen das Gefühl, zu dick zu sein, und nur fünfzehn Prozent der Frauen meinten, ihr Gewicht sei gerade richtig. Nahezu die Hälfte der Frauen, die tatsächlich eher Untergewicht hatten, berichteten, daß sie sich zu fett fühlten, und meinten, Diät halten zu müssen.[2] Bei einer Testgruppe von Studentinnen stellte sich heraus, daß vierzig Prozent sich zu dick fühlten, während nur zwölf Prozent tatsächlich Übergewicht hatten.[3] Bei Diätkursen sind neun von zehn Teilnehmenden Frauen, die oft ihr Normalgewicht kaum überschreiten. Im Vergleich zu Männern steigen Frauen häufiger auf die Waage und suchen öfters medizinische Hilfe aufgrund von Gewichtsproblemen.

Während Frauen schon wenige zusätzliche Pfunde als Beeinträchtigung ihres Lebens erfahren, sagen Männer mit mehr als hundert Pfund Übergewicht, daß Fettsein ihnen nicht viel ausmache. Männer achten weniger auf ihr Gewicht, und Übergewicht ist ihnen weniger peinlich. Es wird ihnen auch von anderen ein größerer Spielraum zugestanden als Frauen, ehe sie als zu dick beurteilt werden.[4] Viele dicke Männer waren in ihrer Jugend sportlich und betrachten sich selbst nicht als dicke, sondern als »starke« Männer. Sie halten ihre Fettleibigkeit nicht für ein Problem, und sie suchen auch keine therapeutische oder medizinische Hilfe. Manchmal gilt Fett bei Männern als Zeichen von Virilität oder wird mit Humor aufgenommen. Bei Frauen signalisiert Fettleibigkeit nahezu immer Minderwertigkeit, denn sie erscheint als unvereinbar mit Attraktivität. Der für das Körpergewicht geltende doppelte Maßstab wird sowohl in beruflicher als auch in sozialer Hinsicht angelegt. Carole

Gerdom führte zehn Jahre lang einen Prozeß gegen die Gewichtsbeschränkungen, die Continental Airlines benutzte, um Hunderte von Stewardessen zu feuern, die jedoch nie auf männliche Flugbegleiter angewandt wurden.

In einer Studie über männliche und weibliche Einschätzungen des idealen Körpergewichts zeigte sich, daß Frauen ihr Gewicht oft überschätzten und sich selbst als zu dick ansahen – gemessen an dem, was sie für das von Männern bevorzugte Körperideal hielten. Im Unterschied dazu schätzten Männer ihr Körpergewicht präziser ein und waren im allgemeinen der Ansicht, ihre gegenwärtige Körperform komme der Vorstellung der Frauen vom idealen männlichen Körper ziemlich nahe. Männer haben also eine Wahrnehmung, die es ihnen ermöglicht, mit ihrem Körper zufrieden zu sein, während Frauen durch ihre Wahrnehmung in Richtung Gewichtsobsession und Diät getrieben werden. Die Autoren der Studie kommen zu dem Schluß, daß Frauen eine übertriebene Vorstellung davon haben, wie schlank sie sein müssen, um für Männer begehrenswert zu sein, und daß diese Vorstellung auf das idealisierte Frauenbild der Medien und auf die Werbekampagnen der Diätindustrie zurückgeht.[5]

Körperideale kommen und gehen. Die Griechen beneideten die Kreter um eine mysteriöse Droge, die angeblich dafür sorgte, daß sie schlank blieben; die Römer, die Fettleibigkeit haßten, aber auch das Schlemmen liebten, pflegten nach üppigen Festmählern ihre Gaumen mit Federn zum Erbrechen zu reizen. In den westlichen Kulturen wird erst seit etwa sechzig Jahren Schönheit mit Schlankheit gleichgesetzt. Zwischen 1400 und 1600 wurde die mütterliche Rolle der Frau idealisiert. Der üppige Frauenkörper war das ästhetische und erotische Ideal. Weiblichkeit und Mütterlichkeit setzte man gleich. Frauen wurden wegen ihrer Fortpflanzungsfähigkeit begehrt; sie verbrachten den größten Teil ihres Lebens schwanger oder stillend. Auf Gemälden erscheint das Frauenideal in matronenhafter Fülle, erdhaft und fruchtbar, mit vollen nährenden Brüsten. Nach dem zierlichen, enggeschnürten Schönheitsideal des achtzehnten Jahrhunderts wurde im späten neunzehnten Jahrhundert wieder der schwere, üppige Frauenkörper als Idealgestalt angesehen. Hüften und Hinterteil wurden mit Tournüren künstlich verbreitert. Ärzte priesen den molligen Körper als Zeichen guter Gesundheit (wie jetzt, hundert Jahre später, den schlanken und muskulösen Körper). Riesenskulpturen wie die Freiheitsstatue stellten grobknochige, solide, aber gerundete Frauenfiguren dar.[6] Mit den »Flappers« der zwanziger Jahre begannen die Amerikaner, sich vom üppigen Frauenideal abzuwenden; die Schlankheit der modernen Frau bereitete sich vor. In einer Welt, die das Nullwachstum der Bevölkerung anstrebte, verlor die Mutterschaft an Wert. Selbst Schwangerschaft war nun keine Entschuldigung mehr für ein üppig-mütterliches Aussehen. In den sechziger Jahren setzten Gynäkologen werdende Mütter routinemäßig auf eine Diät, die eine Gewichtszunahme von maximal zwanzig Pfund erlaubte, eine Prozedur, die später abgelehnt wurde, weil sie das Wachstum des Fötus beeinträchtigte.

Als die Mutterschaft im Leben von Frauen weniger Raum einzunehmen begann, wurde das mütterliche Frauenbild durch ein sexuelles Frauenbild ersetzt. Schlankheit wurde zum Zeichen für Emanzipation und zum Symbol unabhängiger, befreiter Sexualität. Das »Playgirl« verdrängte die Erdmutter als Schönheitsideal. Tatsächlich sind die Faltblattschönheiten des »Playboy« seit der Gründung der Zeitschrift immer schlanker geworden.[7] Von 1954 bis 1978 wurden die Siegerinnen der »Miss America«-Wahl im Durchschnitt drei Zentimeter größer und fünf Pfund leichter. Auf dem Höhepunkt ihrer Karriere als Fotomodell wog die 1,70 Meter große Twiggy siebenundneunzig Pfund. Dem Trend zu einem hyperschlanken Schönheitsideal steht die Tatsache entgegen, daß Frauen heute, dank besserer Ernährung, mehr wiegen als früher. Die Folge davon ist eine größere Diskrepanz zwischen dem realen und dem idealen Körpergewicht. Unser gegenwärtiges Körperideal verlangt ein Gewicht, das um fünf Prozent unter dem tatsächlichen Durchschnittsgewicht von Frauen liegt.[8] Der weibliche

177

Körper repräsentierte in der Vergangenheit die Fruchtbarkeit und den Kreislauf von Leben und Tod. Das hyperschlanke Schönheitsideal entkleidet ihn seiner erdhaften und fruchtbaren Dimensionen und verbirgt die Fortpflanzungsfähigkeit der Frau hinter einem hermaphroditisch-neutralen Image. Wenn die Frau als jungenhafter Kobold oder, wie in letzter Zeit, als eckige Sport-Amazone erscheint, verschwindet das Bild der angsteinflößenden machtvollen Mutterfigur.

Kommerzielle Bilder reflektieren und beeinflussen das vorherrschende Körperideal. Die Analyse von Medienbildern bestätigt, daß ein extrem schlanker Körpertypus dominiert und daß positive soziale Attribute mit dem Schlanksein, negative soziale Attribute mit dem Dicksein assoziiert werden. Den Frauen wird vermittelt, daß sie nur geliebt werden können, wenn sie schmal und grazil sind. Praktisch jede Frauenzeitschrift bringt regelmäßig eine Diät-Serie. Diese Publikationen verstärken die Besorgtheit um zu hohes Gewicht; gleichzeitig bieten sie fragwürdige Methoden und Produkte zur Heilung an. Ein Fotomodell berichtete, daß sie sich in die Designer-Jeans, die sie für ein Werbefoto tragen sollte, nur mit Hilfe mehrerer Leute hineinzwängen konnte und daß sie an ihren Standort getragen werden mußte. Sie konnte weder gehen noch ihren Körper beugen. »Um so auszusehen, wie ich in dieser Werbung aussah, muß man zwei Monate fasten und dann noch ständig die Luft anhalten«, sagte sie.

Lange Zeit wurden üppige Körper mit Wohlstand in Verbindung gebracht. Die Herzogin von Windsor soll die erste gewesen sein, die erklärte: »Man kann nicht zu reich oder zu schlank sein.« Modetrends entstehen in der Oberschicht und sinken, sobald sie allen zugänglich werden, allmählich in die Unterschicht ab. In der Sicht des alten Orients machte eine wohlgenährte Frau ihrem Mann Ehre. Ihre Körperfülle bestätigte den Wohlstand ihres Mannes (wie heute die Designer-Kleidung einer Oberschichtfrau). Mächtige Stammesfürsten zwangen ihre Frauen manchmal, sich zu mästen, damit sie üppig wurden und Reichtum demonstrierten. Der Soziologe Thorstein Veblen schrieb vor einem Jahrhundert, daß die Körperform den Lebensstil spiegele und daß ein üppiger Körper ein Zeichen von Luxus sei. In einer Gesellschaft mit knappen Mitteln bedeutet ein dicker Körper Reichtum, und dicke Frauen werden als Schönheiten bewundert. In einer Wohlstandsgesellschaft kehrt sich jedoch das Gewichts-Kastensystem um. Die Reichen werden dünn, der Körper wird zu einem Symbol »unauffälligen Konsums«, durch den sich die oberen Klassen von den unteren abheben.[9] Bei amerikanischen Männern sind Klassenunterschiede kaum am Körpergewicht zu erkennen; bei Frauen tritt Fettleibigkeit jedoch in der untersten sozioökonomischen Schicht siebenmal häufiger auf als in der Oberschicht. Umgekehrt tritt Anorexia nervosa unter Oberschichtfrauen häufiger auf, in Unterschichtsfamilien findet man diese Störung selten.

Schönheitsstandards stehen also mit politischen und ökonomischen Faktoren in Zusammenhang. Das schmale, sehnige Körperbild entspricht dem amerikanischen Wertsystem, das harte Arbeit und Selbstverleugnung bewundert. Schlankheit bekommt die Nebenbedeutung von Tugend, verbunden mit ökonomischem Erfolg, während Übergewicht die Nebenbedeutung des Anstößigen und der niederen Schichtzugehörigkeit erhält. Fett gilt heute als häßlich, weil es sowohl geringen Sozialstatus als auch geringe Selbstbeherrschung signalisiert. Die Vorstellung, daß die glücklichsten Frauen reich und dünn sind, quält Mittelschichtfrauen mit Durchschnittsgewicht und bringt sie dazu, den größten Teil ihres Lebens Diät zu halten. Zur Zeit ihres High-School-Abschlusses sind die meisten Mädchen bereits in den lebenslangen Kampf mit der Waage eingetreten.

Schlankheitsdiäten erfordern narzißtisches Kreisen um sich selbst und masochistische Selbstverleugnung. Sie sind mühsam und kräftezehrend. Die Resultate sind frustrierend; fast jedes mühsam abgehungerte Pfund nimmt man später wieder zu. Menschen, die chronisch Diät halten, können unter Mangelernährung leiden, selbst wenn sie Übergewicht haben. Oft treten Magen-Darm-Störungen, Nervosität, Ängste, Lethargie, Ermüdung, Spannungen, Schlaflosigkeit und Depressionen als Nebenwirkungen der neuesten Diätmoden auf. Die meisten Frauen, die unter solchen Störungen leiden, bringen ihre Symptome nicht mit ihrem Streben nach Schönheit in Verbindung. Die Ärzte, an die sie sich wenden, verschreiben ihnen Tranquilizer oder Antidepressiva, oder sie empfehlen Psychotherapie; häufig steigert sich bei Frauen dadurch das Gefühl, sich selbst nicht mehr im Griff zu haben.

Wie andere Schönheitsobsessionen geht chronisches Diäthalten oft auf das Bedürfnis zurück, einen unakzeptierbaren Körper zu »normalisieren«. Diäthalten erfordert das Verleugnen von Hunger, das Ablehnen von Fülle, das Abwehren natürlicher Empfindungen. Eine Frau sagt dazu: »Was ich am Diäthalten hasse, ist, daß es einen so selbstbezogen macht, so fixiert auf Dinge, die nur einen selbst betreffen, so daß keine Energie mehr übrigbleibt, um spontan, entspannt oder kontaktfreudig zu sein.«[10]

Eine andere beschreibt den Kampf um die Schlankheit als »eine Art Karikatur, eine Parodie auf die Erfahrung des Frauseins, denn beim Diäthalten wird das physische Unbehagen und das Selbstopfer, das die weibliche Rolle verlangt, überdeutlich«.[11]

Eines der Haupthindernisse, ein normales Gewicht zu halten, liegt offenbar im eigenen Bewußtsein, das heißt in der Überzeugung, zu dick zu sein, auch wenn das Körpergewicht im normalen Rahmen liegt. Die Schlankheitsdiäten selbst gehören zu den Hauptursachen von Eßstörungen. Extreme Schlankheitsdiäten können, besonders im Adoleszenzalter, zu Stoffwechselstörungen führen, die es wiederum schwierig machen, ein Normalgewicht zu halten. Selbstverordnete Mangelernährung führt zu Anfällen von Heißhunger, und so entsteht ein Circulus vitiosus von Hungern, unkontrolliertem Essen, Erbrechen, Schuldgefühlen und Selbstekel.

Körper senden soziale Botschaften aus. Eßstörungen können daher als eine Form von Kommunikation gesehen werden. Frauen leiden heute drei- bis zehnmal häufiger an Eßstörungen als Männer. Warum benutzen so viele Frauen ihren Körper, um ihre Gefühle auszudrücken? Was versuchen sie durch ihr Hungern oder ihr übermäßiges Essen zu vermitteln?

In ihrem Buch »Fat is a Feminist Issue« (Fett ist eine feministische Frage) erklärt Susie Orbach, daß Fettleibigkeit manchmal ein symbolischer Weg ist, »ihr könnt mich mal ...« zu sagen. Jede dicke Frau »versetzt der Fähigkeit der populären Kultur, uns zu bloßen Produkten zu machen, einen Schlag«, schreibt sie.[12] Fettleibigkeit kann die Konfrontation mit einem einengenden Frauenbild bedeuten, einen Protest gegen die unsinnige gesellschaftliche Forderung nach Hyperschlankheit. Fettleibigkeit stellt den fragilen, abhängigen, kindlichen Aspekt des Frauenbildes in Frage. Größeres Gewicht vermittelt größere Kraft; darin liegt ein Gegenbild zu dem zarten, abhängigen Geschöpf, dem man die Tür öffnen und den Stuhl unterschieben muß. Für eine Frau mit großen Ideen, die danach strebt, als Persönlichkeit »Gewicht« zu haben, kann ein schwerer Körper eine gute Möglichkeit sein, sich durchzusetzen. Dicke Menschen sind schwer zu übersehen, ihre Bewegungen sind »gewichtig«, und wenn sie ihre Masse ins Spiel werfen, können sie starke Eindrücke hinterlassen.

Einer Frau, die Bedeutung erlangen will, können Schlankheitskuren als triviale Zeitvergeudung erscheinen:

»Diese Kleine und Läppische ... ich hasse den kleinen, geschwätzigen, elsternhaften Frauentyp ... Mein wirklicher Ehrgeiz ist, Bedeutung zu erlangen, das heißt, nicht einfach eine Frau zu sein, sondern mehr.«[13]

Fett verleiht einer Frau die »männlichen« Qualitäten der Kraft und der Dominanz und schafft ein substantielleres Selbstbild – in ähnlicher Weise, wie es auch durch Fitneß erreicht werden kann. Tatsächlich wird die gegenwärtige Schlankheitswelle einer unterschwelligen Angst vor weiblicher Macht zugeschrieben. Einige dicke Frauen berichten, daß sie von Kindheit an das immer wiederkehrende Bedürfnis hatten, etwas Besonderes zu werden, mehr als nur eins unter vielen anderen hübschen Mädchen. Sie verbergen ihre Weiblichkeit hinter Fleischmassen. Durch die dicke Abwehrschicht, mit der sie sich umgeben, schützen sie sich davor, als »ein Mädchen wie alle anderen« wahrgenommen zu werden. Übergewicht kann man als Erklärung für alle möglichen Probleme benutzen. Dem »wahren Selbst« bleibt der öffentliche Test erspart; Mißerfolge können der Tatsache zugeschrieben werden, daß man übergewichtig und unattraktiv ist. Obwohl das fette äußere Selbst abgelehnt wird, bleibt das dünne innere Selbst geschützt. Wenn Geist und Körper voneinander abgespalten sind und wenn die von dem jeweiligen Bereich ausgehenden Erfahrungen einander widersprechen, wird es allerdings schwierig, ein ganzheitliches Selbstgefühl aufrechtzuerhalten. Frauen mit Eßstörungen sprechen von ihrem Körper wie von einem Objekt, das unter fremder Kontrolle ist; immer weitere Manipulationen am Körpergewicht werden notwendig, um das Selbstgefühl zu festigen. Bei Frauen, die sich hinter einer falschen Schönheitsmaske verstecken, kommt es zu einer ähnlichen Geist-Körper-Spaltung; das wahre, nicht durch Make-up aufgemöbelte Selbst wird unzugänglich.

Schlanksein wird mit Schönsein und sexuell Begehrenswert-Sein gleichgesetzt. Umgekehrt bedeutet Fettsein Unerotisch-Sein. Manchmal wird Übergewicht dazu benutzt, angsteinflößende sexuelle Impulse abzuwehren; das Fett bildet eine Barriere zwischen dem sexuellen und dem nicht-sexuellen Selbst. Eine Frau, die durch ihr Fett zum Neutrum geworden ist, verliert einen Teil der mit Schönheit verbundenen Macht, aber sie kann eine andere Art von Menschen gewinnen. Mit den stereotypen Einstellungen und Verhaltensweisen, denen schlankere, sexuell anziehende Frauen ausgesetzt sind, wird sie wahrscheinlich selten konfrontiert. Männer werden eher auf das reagieren, was sie sagt oder tut, und sie nicht deshalb beachten, weil sie hübsch aussieht und sexuell begehrenswert ist. Man wird ihr nicht vorwerfen, daß ihr Weg nach oben sie durch die Betten einflußreicher Männer geführt habe. Wie der Eunuch, der sich im Harem frei bewegen kann, weil er keine Bedrohung für den »Besitz« des Paschas darstellt, kann eine dicke, »asexuelle« Frau manchmal auf Möglichkeiten zurückgreifen, die ihren schlankeren Schwestern nicht zur Verfügung stehen. Die Ängste, die übergewichtige Frauen manchmal empfinden, wenn sie abzunehmen beginnen, gehen zum Teil auf die Befürchtung zurück, daß man sie trivialisieren oder sexualisieren könnte, wenn sie dünner und attraktiver werden. Gewichtsverlust enthüllt ihre Weiblichkeit und könnte folglich einen Teil ihrer Persönlichkeit auslöschen.[14]

Manchmal wird Fett auch als Liebestest eingesetzt. Wenn ein Liebhaber sich loyal verhält, obwohl die Frau fett ist, beweist das, daß sie um ihrer selbst willen geliebt wird und nicht nur wegen ihrer sexuellen Anziehungskraft.

Die traditionelle psychoanalytische Literatur geht davon aus, daß Frauen sich ihrer »seelischen Grenzen« nicht sicher sind. Das bedeutet, daß es ihnen schwerfällt, zu definieren, wo sie selbst aufhören und wo der andere anfängt oder wieviel »seelischen Raum« sie in der Welt einnehmen.[15] Als Form von Körperkommunikation kann Fettleibigkeit einer Frau helfen, ihren Raum zu definieren. Wir alle brauchen unseren eigenen Raum, einen (inneren) Ort, an den wir uns zurückziehen, um zu uns selbst zurückzufinden und uns zu regenerieren. Fett kann zu einer indirekten Form des Selbstschutzes werden. Indem sie das Volumen ihres Körpers ausdehnt, nimmt eine übergewichtige Frau mehr individuellen Raum in Anspruch. Sie schafft sich durch ihr Fett eine Pufferzone gegen die Ansprüche anderer. Sie hüllt sich in Fleisch, wie andere Frauen sich hinter Magerkeit oder Make-up verbergen und wie alle Frauen hinter dem Schleier der Schönheitsmystifikationen verborgen sind. Der Effekt dieser unterschiedlichen Verhüllungsstrategien ist immer der gleiche: Der Dialog des Körpers mit der Umwelt führt zu Verzerrung und Maskierung.

Karen wuchs in einer Familie mit ungewöhnlich engem Zusammenhalt auf. Ihre Eltern stellten hohe Leistungsansprüche und übten starken Einfluß auf sie aus, bis ins Erwachsenenalter hinein. Als Teenager war sie lebhaft und energiegeladen; sie war mittelgroß und hatte eine volle Figur. Ein Freund erinnert sich: »Ihr Körper hatte die klassische Birnenform – sie war mollig und hatte deswegen starke Hemmungen.« Mit zwanzig Jahren hatte Karen eine Gewichtsobsession »von psychotischen Ausmaßen« entwickelt.

Karen war talentiert und ehrgeizig; sie begann, gemeinsam mit ihrem Bruder als Popmusikerin aufzutreten. Sie machten Schallplattenaufnahmen, gewannen mehrfach Preise und traten einmal im Weißen Haus auf. Präsident Nixon sagte über sie, sie repräsentierten »das junge Amerika in seiner positivsten Form«. Karen trieb sich ständig zu Höchstleistungen an, um diesem Image gerecht zu werden. Gleichzeitig führte sie einen verzweifelten Kampf gegen das Essen. Auf dem Höhepunkt ihres Erfolgs, als ihre Schallplatten millionenfach verkauft wurden, war ihr Körpergewicht auf neunzig Pfund gesunken. Sie wurde wegen »Erschöpfung« ins Krankenhaus eingewiesen; den wahren Grund ihrer Krankheit hielt man geheim.

Danach löste Karen sich von ihrer Familie und heiratete einen älteren Geschäftsmann, wurde aber zwei Jahre später geschieden. »Ich versuchte, ihr zu helfen«, sagte er, »aber sie wollte nicht wahrhaben, daß sie eine Eßstörung hatte.«

Als sie auf fünfundachtzig Pfund abgemagert und vom Gebrauch von Abführmitteln abhängig geworden war, wandte Karen sich an einen Spezialisten, von dem sie sich schnelle Heilung erhoffte. Er sagte ihr, nur eine Langzeittherapie sei sinnvoll, und sie flog nach New York, um sich dort behandeln zu lassen. Das folgende Jahr verbrachte sie im Krankenhaus in Intensivtherapie. Allmählich erreichte sie das fast normale Gewicht von hundertacht Pfund. Von neuer Hoffnung erfüllt, kehrte sie Weihnachten nach Hause zurück; sie trug eine neue Frisur und kündigte ihren Freunden an: »Ich habe noch eine Menge Leben nachzuholen.« Aber die zwölf Jahre andauernde Auszehrung hatte ihr Herz zu stark belastet. Karen Carpenter starb am 4. Februar 1983 im Alter von zweiunddreißig Jahren.[16]

Die Forderungen eines sozialen Mythos können grausam sein und Menschen bis zum Äußersten treiben – im Extremfall bis in den Tod. Tausende von Karen Carpenters, die jährlich der Magersucht erliegen, sind das tragische Beispiel von Selbstopferung auf dem Altar des Schönheitsmythos.

Viktorianische Frauen schnürten sich in fischbein- und stahlverstärkte Korsetts ein, um das Schönheitsideal ihrer Zeit, die »Wespentaille«, zu erreichen. Die magersüchtige Frau von heute ist ebenso eingeengt – durch das Korsett ihrer Selbstkontrolle. Sie sucht dasselbe wie ihre Ahninnen – Schönheit, Liebe und Selbstachtung –, wenn sie ihren Körper durch psychisches Einschnüren neu modelliert. Wie die enggeschnürten Frauen früherer Zeiten ist sie überzeugt, daß ihr natürlicher Körper unannehmbar ist, wenn er nicht kontrolliert wird. In dem Maß, wie sie an Gewicht verliert, verschwinden die Zeichen der sexuellen Reife; die Menstruation bleibt aus. Schließlich führt der ausgezehrte Zustand und die verzerrte Erscheinung der Magersüchtigen zu sozialer Ablehnung, zu familiären Krisen und zu schwerwiegenden gesundheitlichen Problemen. Sie verfolgt hartnäckig ein ultrafeminines Schönheitsideal, wird dabei aber paradoxerweise zu einer geschlechtslosen und unfruchtbaren Frau.

Anorexia nervosa hat unter allen bekannten psychischen Störungen die höchste Sterblichkeitsrate. Es sind fast ausschließlich Frauen, die an Magersucht leiden und sterben. Etwa ein Prozent aller jungen Mädchen und Frauen von zwölf bis fünfundzwanzig Jahren leidet unter Anorexie; nach den jüngsten Schätzungen tritt die Störung in den letzten Jahren wesentlich häufiger auf. Die sogenannte subklinische Anorexie, das heißt Gewichtsobsession und unkontrollierter Wechsel zwischen gierigem Essen und radikalen Schlankheitskuren ohne lebensbedrohlichen Gewichtsverlust, ist unter College-Studentinnen in geradezu epidemischen Ausmaßen verbreitet. Nach neuesten Berichten beginnen jetzt schon Mädchen im vorpubertären Alter sich vor Fettleibigkeit zu fürchten.[17] Anorexia nervosa ist eine komplexe Störung, an der viele verursachende Faktoren beteiligt sind. An dieser Stelle geht es nicht darum, die Ätiologie der Magersucht vollständig darzustellen; es soll vielmehr untersucht werden, in welcher Weise die kulturelle Forderung nach weiblicher Schönheit an der Entstehung dieser Krankheit mitbeteiligt ist.

David Garner, ein Spezialist für Eßstörungen am General Hospital in Toronto, erklärt, daß soziale Faktoren in hohem Maß für die Verbreitung von Eßstörungen verantwortlich sind, die fast ausschließlich bei jungen Frauen auftreten. Zu diesen Faktoren gehört die Schlankheitsideologie, die Glorifizierung kindlicher Qualitäten als Bestandteil von Weiblichkeit, die Ablehnung des mütterlichen Frauenbildes und die hohe Bedeutung, die unsere Kultur der Unabhängigkeit und der Attraktivität beimißt.[18]

In der Sicht der traditionellen psychoanalytischen Theorie wird Anorexie durch die in der Adoleszenz wiederbelebten ödipalen Konflikte ausgelöst. Die Selbstaushungerung wird als Abwehr der auf den Vater gerichteten inzestuösen Wünsche gedeutet oder als Angst vor den eigenen oralen Aggressionen. Die Ablehnung der Nahrung wird als Ablehnung der eigenen Weiblichkeit interpretiert, und das psychodynamische Element, das als Ursache am stärksten betont wird, ist »die unbewußte Angst vor der oralen Schwängerung«. Dieser Sichtweise steht eine neue Auffassung entgegen, die Anorexie nicht als Ablehnung der eigenen Weiblichkeit interpretiert, sondern im Gegenteil als den dramatischen Versuch, Hyperweiblichkeit zu erreichen. Die Psychologin Marlene Boskind-Lodahl meint dazu:

»Das obsessive Bemühen um Schlankheit stellt ein Akzeptieren des Weiblichkeitsideals dar und ein übertriebenes Streben, dieses Ideal zu erreichen. Die Versuche der Magersüchtigen, ihre physische Erscheinung zu kontrollieren, demonstrieren ein

unverhältnismäßig starkes Interesse daran, anderen, vor allem
Männern, zu gefallen, und eine große Abhängigkeit von ande-
ren, die sie in ihrem Selbstwert bestätigen sollen. Sie weihen ihr
Leben der Aufgabe, die weibliche Rolle auszufüllen, statt ihre
eigene Individualität zu entwickeln.«[19]

Magersüchtige versuchen, durch die Transformation
ihres Körpers Schönheit zu erreichen (wie es auch die meisten »gesunden« Frauen tun). Es ist nicht ihr Ziel, Weiblichkeit abzuwehren, sondern Weiblichkeit zu inszenieren, indem sie schlanker und hübscher werden als alle anderen.
Sie reagieren auf die Herausforderung der Adoleszenz, ihr
Leben selbst in die Hand zu nehmen, durch eine obsessive
Anstrengung, ihr Aussehen zu kontrollieren. Wie andere
Frauen benutzen sie ihren Körper als Quelle der Macht. Sie
stutzen sich auf das ideale Maß zurecht wie die Stiefschwestern Aschenputtels. Ihr Versuch, durch magische Veränderung ihrer Erscheinung Liebe zu gewinnen, ist uns aus den
Märchen vertraut – nur gerät der Versuch in diesem Fall auf
gefährliche Weise außer Kontrolle.

Es gehört zur normalen Entwicklung von Mädchen, daß
sie in der Pubertät eine rapide Gewichtszunahme erleben.
Der höhere Östrogenspiegel sorgt für die Entwicklung von
Fettgewebe, besonders an den Brüsten, Schenkeln und Hüften, und erzeugt so die gerundete weibliche Figur. Fett
macht etwa dreißig Prozent des weiblichen Körpergewichts
aus, im Vergleich zu nur fünfzehn Prozent bei Männern.
Jungen erleben in der Pubertät nicht dieselbe drastische
Zunahme von Fettgewebe; außerdem werden ihnen keine
hyperschlanken männlichen Fotomodelle als Vorbilder ent-
gegengehalten. Einige Theoretiker führen die Tatsache, daß
Anorexie unter Männern höchst selten vorkommt, speziell
auf diese beiden Faktoren zurück.

Mädchen und Jungen im Pubertätsalter führen ihr Dicksein auf unterschiedliche Ursachen zurück. Dicke Jungen
meinen oft, sie hätten »besonders starke Knochen und Muskeln«, und sehen ihr höheres Gewicht als positiv an. Mädchen erklären sich ihr Dicksein jedoch mit übermäßigem

Essen und reagieren darauf mit Diät.[20] Bei High-School-Schülerinnen und -Schülern zeigte sich, daß fünfzig Prozent der Mädchen befürchteten, Übergewicht zu haben, im Vergleich zu nur dreizehn Prozent der Jungen. Ein Drittel der Mädchen an High-Schools versucht abzunehmen, im Verhältnis zu einem Zwanzigstel der Jungen. Die Analyse der Aufnahmepraktiken an Colleges in den sechziger Jahren zeigte, daß übergewichtige Mädchen dreimal so oft abgelehnt wurden wie übergewichtige Jungen, bei gleichen intellektuellen Leistungen.[21]

Das magere, geschmeidige Körperideal, das gegenwärtig verherrlicht wird, entspricht tatsächlich dem Aussehen des Mädchens in der Vorpubertät. Die Zeichnungen der Modewerbung stellen Frauengestalten mit den überlangen Beinen eines spätentwickelten Mädchens in den frühen Phasen der Pubertät dar. Die Mädchen, deren Körperform sich diesem Image annähert, haben im allgemeinen ein positiveres Selbstbild.[22]

Das kleinmädchenhafte Aussehen ist erotisch reizvoll, vermittelt aber auch Bedürftigkeit. Es ist dazu geschaffen, einen Mann anzuziehen, der eine verführerische Kindfrau »väterlich beschützen« möchte. Die Konturen, die Körperbeschaffenheit und die Gerüche einer wirklichen Frau stehen zu den kindlichen Dimensionen der weiblichen Schönheit im Widerspruch. Um ein niedliches kleines Mädchen zu bleiben und gleichzeitig eine schöne Frau darzustellen, muß eine Heranwachsende ihren aufblühenden Körper gleichzeitig enthüllen und verbergen.

Das magersüchtige Mädchen wandelt Hamlets Frage »Sein oder Nichtsein...« in die Forderung »Sein und Nichtsein« um. Wenn sie die weiblichen Rollennormen erfüllen wollen, stehen Frauen oft vor den widersprüchlichen Forderungen, sich wegen ihres weiblichen Andersseins zu verbergen und sich wegen ihrer weiblichen Schönheit offen zu zeigen. Frauen sind in der Männerwelt präsent, aber gleichzeitig unsichtbar; sie sind da, aber sie sind verhüllt, wie die Moslemfrau hinter ihrem Schleier, wie die chinesische Konkubine hinter ihrem Wandschirm. Die verheiratete Frau, die den Namen ihres Mannes trägt, ist selbst namenlos geworden; das »nette Mädchen« soll darauf achten, gesehen, aber nicht gehört zu werden; Frauen sollen attraktiv und verfügbar sein, aber nicht offensiv hervortreten. Die Magersüchtige wird zu einem Schatten ihrer selbst, während sie der Illusion der perfekten weiblichen Gestalt nachlebt. Das ist ihre Lösung des Problems, gleichzeitig kindlich und weiblich zu sein. Aber ein Mensch kann nicht gleichzeitig sein und nicht sein; Tausende von magersüchtigen Mädchen, die an dem Versuch, das kindlich-weibliche Schönheitsideal zu verwirklichen, zugrunde gehen, erkennen diese Wahrheit nicht.

Anorexiekranke leiden oft an einer illusionär verzerrten Wahrnehmung ihres Körpers. Sie nehmen einen Phantomkörper um sich wahr, wie ein Amputierter, der das verlorene Bein immer noch spürt. Selbst wenn sie nur noch achtzig Pfund wiegen, werden sie behaupten, daß sie zu dick aussehen. Karen Carpenters Ehemann sagte: »Ich versuchte, ihr zu helfen, aber sie wollte nicht wahrhaben, daß sie eine Eßstörung hatte.« Es kommt zu einer Spaltung zwischen dem Realitätsgefühl und den Wahrnehmungen der Phantasie — ein extremes Beispiel für die Geist-Körper-Spaltung, die durch das Streben nach idealisierter Schönheit hervorgerufen wird. Die Magersüchtige distanziert sich seelisch von ihrem Körper, der verzerrt gesehen und dann durch eine Wahrnehmungstäuschung neu modelliert wird. Wenn Körper und Geist voneinander abgespalten sind, werden die Hungeranfälle erträglicher, denn der Schmerz scheint außerhalb des Selbst zu liegen. Karen Carpenter ist das typische Beispiel einer Anorexiekranken — ein Bilderbuchmädchen, lieb, gehorsam und fleißig wie eine Märchenheldin. »Nette Mädchen« wie sie haben nie gelernt, autonom zu handeln und ihre eigenen Interessen durchzusetzen. Sie reagieren statt dessen auf die Wünsche und Ansprüche der anderen. »Ich dachte, ich wäre glücklich, wenn ich alle anderen glücklich mache«, sagte ein magersüchtiges Mädchen. Der Wunsch nach Unabhängigkeit, der sich in der Adoleszenz besonders stark äußert, führt bei »netten Mädchen«, die nie ein Gefühl für selbstbestimmtes Handeln entwickelt haben, zu heftigen Konflikten. Jungen haben sich im allgemeinen schon in der frühen Kindheit vollständiger von ihren Eltern getrennt. Daher fällt ihnen die Ablösung vom Elternhaus in der Adoleszenz leichter, und sie benutzen selten Eßstörungen, um ihre Unabhängigkeit zu demonstrieren.[23]

Karen waren talentiert, ehrgeizig und erfolgreich, und dennoch war sie nie mit sich zufrieden. Anorexiekranke sind in ihrer Kindheit meistens leistungsorientiert und perfektionistisch. Bei einem Mädchen verschiebt sich in der Adoleszenz das Bestätigungssystem jedoch von der Leistungsebene auf die soziale Ebene. Sie wird nun ebensosehr dafür gelobt, wie sie aussieht und mit wem sie sich trifft, wie für das, was sie tut. Die Bestätigungsebene wechselt gerade zu dem Zeitpunkt, wo ihr Körper außer Kontrolle zu geraten scheint.

Der Anorexiespezialist Steven Levenkron vertritt die Ansicht, daß die Erkrankung gewöhnlich nicht durch den Wunsch nach Aufmerksamkeit oder durch die Ablehnung der eigenen Sexualität ausgelöst wird, sondern durch das Bedürfnis, Höchstleistungen zu erbringen.[24] Magersüchtige Mädchen haben bei ihrer Nahrungsverweigerung dasselbe Gefühl von Leistung wie Jungen auf dem Fußballfeld. Wie bei vielen Schönheitsritualen entwickeln sich auch bei der Anorexie obsessive und suchtartige Strukturen. Das Ziel verschiebt sich vom Erreichen eines bestimmten Körpergewichts auf das Abnehmen an sich:

»Du hast eine große Angst, nämlich die, mittelmäßig, durchschnittlich, nichts Besonderes zu sein – einfach nicht gut genug. Du willst beweisen, daß du über Selbstkontrolle verfügst, daß du es kannst. Das Wesentliche daran ist das Gefühl: Ich kann etwas erreichen ... ich bin besser als die Leute, die schlampig und gefräßig sind und keine Selbstdisziplin haben.«[25]

Erinnern wir uns, daß das Streben nach Schönheit für Mädchen und Frauen, die Angst vor Erfolg haben, ein ungefährliches Leistungsideal darstellt. Statt das Risiko sozialer

Ablehnung einzugehen, wenn sie sich konkurrierend verhalten, konzentrieren sie sich auf die Perfektionierung ihrer Erscheinung. Selbstverleugnung und Fleiß, die in der Kindheit Bestätigung einbrachten, werden nun auf die Kontrolle des Gewichts übertragen. Die Magersüchtige hält in ihrer Krankheit fest, weil sie der Bereich ist, in dem sie Leistungen erzielt, erklärt Levenkron.

Anorexiekranke kommen häufig aus leistungsorientierten Familien, in denen die Mütter zwanghaft Diät hielten und die Väter perfektes Aussehen verlangten. Eine Frau kann enorme Energien in das Diäthalten investieren, ohne ihre Weiblichkeit zu gefährden. Die Eltern sind oft stolz auf die hübsche, schlanke Tochter und ermutigen sie anfänglich zum Abnehmen, denn ihr Aussehen stellt eine Erweiterung der elterlichen Erfolge dar. Eine Studie zeigte, daß die Hälfte der Freunde und Verwandten von Anorexiekranken tatsächlich Bewunderung für ihr Aussehen äußerte und ihre Selbstdisziplin beneidete.[26] Außerdem wurde die Störung von den Medien glorifiziert und zur Sensation gemacht, was zu einer Art »sozialer Ansteckung« führte. Anorexie machte Schlagzeilen als »Golden Girl Disease« (Goldmädchen-Krankheit) und erschien dadurch als ein beneidenswerter Zustand, der für Oberschichtmädchen, Prinzessinnen oder Filmstars charakteristisch ist. Karen Carpenter erschien nicht einmal, sondern mehrfach auf der Titelseite der Zeitschrift »People« als berühmte Anorexiepatientin.

Andere Eßstörungen weisen eine ähnliche Dynamik auf wie die Anorexia nervosa. Bulimiekranke werden ebenfalls als leistungsorientiert und perfektionistisch beschrieben, besessen von dem Bedürfnis nach Erfolg und dem Wunsch nach Attraktivität. Als Bulimie bezeichnet man die Gewohnheit, willentlich zu erbrechen und regelmäßig Abführmittel zu gebrauchen, um die Folgen übermäßigen, heißhungrigen Essens zu bremsen − eine alte Sitte, die in jüngster Zeit von zwanzig bis dreißig Prozent der College-Studentinnen wiederentdeckt wurde.[27] Eine Bulimiekranke, die heißhungrig Nahrung in sich hineinschlingt, nimmt bei einer einzigen Mahlzeit vielleicht mehrere tausend Kalorien zu sich, empfindet dann aber schwere Schuldgefühle. Willentlich herbeigeführtes Erbrechen und der Gebrauch von Abführmitteln werden zu ihrer Methode, Selbstkontrolle wiederzuerlangen und Selbsthaß zu überwinden. Bulimie gibt ihr die Macht, das zu tun, was andere nicht können: unmäßig zu essen und dennoch nicht zuzunehmen. Ebenso wie Magersüchtige wollen Bulimiekranke oft nicht wahrhaben oder zugeben, daß sie an einer Eßstörung leiden. Die Entleerung durch Erbrechen und Abführmittel findet hinter geschlossenen Türen statt (wie viele andere Schönheitsrituale auch), und Bulimie wird oft jahrelang nicht bemerkt. Niemand ahnt, welchen Preis die betroffene Frau für ihre »natürliche« Schlankheit zahlt. Bulimiekranke und Magersüchtige sind in einer quälenden Suche nach weiblicher Identität gefangen, die paradoxerweise in psychische Kastration einmündet. Sie führen einen endlosen Kampf gegen ihren eigenen Körper. Aber das Erbrechen kann das Erwachsenwerden nicht ersetzen, ebensowenig wie die Identifikation mit einem Schönheitsideal die eigene Persönlichkeitsentwicklung ersetzen kann.

Levenkron sagt:

»Magersüchtige Mädchen sind hungrig. Sie hungern sich zu Tode. Sie wollen essen, aber ihre Angst vor dem Essen ist größer als ihre Angst vor dem Sterben. Viele Leute neigen dazu, sie selbst für ihr Schicksal verantwortlich zu machen, aber sie sind alle Opfer . . . darum sterben sie.«[28]

Sie sind die Opfer einer Gesellschaft, die es heranwachsenden Mädchen äußerst schwer macht, sowohl Frauen als auch normale Persönlichkeiten zu werden.

Die ehrgeizige, leistungsorientierte junge Frau hat heute mit einer neuen Definition von Schönheit zu kämpfen, die mit dem Schlankheitskult auch noch einen Fitneßkult verbindet. Abnehmen ist nur der erste Schritt auf dem Weg zur perfekten weiblichen Form.

Maße und Gewichte

Sechzig Jahre nach der Wahl Margaret Gormans zur ersten
»Miss America« wurde Raquel McLish beim ersten professionellen Bodybuilding-Wettbewerb für Frauen zur »Miss
Olympia« gekürt. Die Zuschauer strömten herbei, um einer
Schar durchtrainierter Schönheiten zuzusehen, wie sie ihre
Delta- und Pectoralismuskeln spielen ließen. Kritiker frag-
ten, ob es sich bei solchen Darbietungen um Sportereignisse
oder Schönheitswettbewerbe handele. Während der da-
menhaften fünfziger Jahre wären solche Wettbewerbe un-
denkbar gewesen. Erst gegen Ende der liberalen siebziger
Jahre, als die bereits gefestigte feministische Bewegung mit
einer weltweiten Fitneß-Manie zusammentraf, konnte die
neue Verbindung zwischen Schönheit und Bodybuilding
zustande kommen. Lisa Lyons, eine der ersten Verfechterin-
nen des Muskeltrainings für Frauen, die auch im »Playboy«
abgebildet wurde, beschreibt Bodybuilding folgenderma-
ßen:

> »Es ist eine natürliche Weiterentwicklung des Weiblichkeits-
> konzepts. Muskulöse Körper haben etwas sehr Animalisches,
> aber das steht keineswegs im Widerspruch zu Weiblichkeit.
> Warum sollen Muskeln männlich sein? Es geht darum, die ge-
> samte Vorstellung von Weiblichkeit neu zu definieren. Du
> mußt nicht weich und sanft oder schwach sein. Du kannst stark
> und muskulös sein – du kannst das an deinem Körper demon-
> strieren und gleichzeitig weiblich sein.«[29]

Bis vor kurzem fand Lisa Lyons' Einstellung nur bei wenigen Leuten Anklang. Muskulöse Frauen wurden nach traditionellen Normen als häßlich und maskulin betrachtet.
Heranwachsende, die in den sechziger Jahren in einem Test
Bilder des schlanken, des muskulösen und des untersetzten
Körpertypus bewerteten, wählten den muskulösen Typus
als ideal für Jungen und den schlanken Typus als ideal für
Mädchen aus.[30] Während das Selbstwertgefühl bei Jungen
mit Kraft und Fitneß verbunden war, bedeutete Attraktivität für Mädchen mehr als gute körperliche Kondition.

Ein athletischer Körper bringt Jungen Sozialprestige ein und beweist, daß sie »hart« sind, während Muskeln für Mädchen im allgemeinen keinen sozialen Vorteil darstellen.

Sportlichkeit bei Frauen wurde lange mit Jungenhaftigkeit assoziiert. College-Studentinnen berichteten oft, sie hätten ihr ursprünglich jungenhaftes Verhalten aufgegeben, weil sie Sportlichkeit und Weiblichkeit als Widerspruch empfanden. »Mir wurde allmählich bewußt, daß ich meine Weiblichkeit einbüßte, wenn ich versuchte, meine sportlichen Fähigkeiten unter Beweis zu stellen«, erklärte eine Studentin. »Jetzt bin ich immer noch aktiv, aber nicht mehr so wettbewerbsorientiert.«

Gegen Ende der Pubertät haben junge Frauen nicht nur mehr Fettgewebe, sondern auch weniger Muskelmasse entwickelt als junge Männer. Zusätzliches Fett ist kein Vorteil im sportlichen Bereich, außer bei Sportarten, die mehr auf Ausdauer als auf Kraft beruhen und bei denen Fett als Energiereserve verbrannt werden kann. Anorexia nervosa und Bulimie treten gehäuft bei Turnerinnen, Eisläuferinnen und Tänzerinnen auf, die auch durch die ästhetische Dimension der Schlankheit Wettbewerbsvorteile haben. Bei jungen Ballettänzerinnen fand man, daß ihr Gewicht im Durchschnitt dreizehn Prozent unter dem Normalgewicht lag und daß mehr als ein Drittel der Mädchen unter schwerwiegenden Eßstörungen litt.[31] Frauen mit vollem Busen lassen sich heute manchmal das weiche Brustgewebe chirurgisch entfernen, weil es ihre Rückhand behindert oder beim Laufen störend ist. Sie sind in gewisser Weise die neuen Amazonen, die ihre Brüste opfern, um besser kämpfen zu können.

Geschlechtsunterschiede in Körpergröße, Körperkraft und Muskelmasse sind nicht nur biologisch, sondern auch sozial determiniert. Die Sozialisation des Körpers beginnt in der frühen Kindheit; männliche Säuglinge werden weniger vorsichtig behandelt als weibliche Säuglinge. Das setzt sich in der Sporterziehung der Schulen fort, wenn Mädchen zu »weicheren«, Jungen zu »härteren« Sportarten angehalten werden. Durch Handeln kann man die Form der Dinge verändern. Frauen, die Bodybuilding betreiben, demonstrieren mit ihren kleinen Brüsten, sehnigen Schenkeln und straffen Bauchmuskeln die Formbarkeit des weiblichen Körpers. Ein Körper, der für den athletischen Wettkampf trainiert ist, nimmt ein bestimmtes Aussehen an, das je nach Einstellung als ästhetisch schön oder unschön betrachtet werden kann. Wenn Frauen die Grenzen ihrer Körperlichkeit neu definieren, verändern sie auch die Grenzen des Schönheitsmythos.

Die Zeiten verändern sich, und mit ihnen verändern sich die Körper. Das hyperschlanke Schönheitsideal ist nun von einem athletischen Ideal überlagert, das neben der Schlankheitsdiät auch noch diszipliniertes Körpertraining erfordert. Auf den Bestsellerlisten sind die Fitneß-Handbücher an die Stelle der Diätbücher getreten. Die Zeitschrift »Time« informiert ihre Leserinnen und Leser in regelmäßigen Abständen über den neuesten Stand der Schönheitsnormen. 1958 erschien ein Leitartikel mit dem Titel »The Pink Jungle« (Der rosarote Dschungel), der sich mit Gelee Royal befaßte, dem neuesten (und überaus teuren) Mittel, das die gigantische Kosmetikindustrie propagierte, um der amerikanischen Frau bei der Männerjagd zu helfen. Der Artikel endete mit einem kurzen Hinweis darauf, daß Körpertraining eine gesunde Alternative zur Abhängigkeit von Kosmetika darstellen könne.[32]

Fast ein Vierteljahrhundert später, im August 1982, erschien auf der Titelseite von »Time« eine durchtrainierte Schönheit im engen Gymnastiktrikot. Das neue Schönheitsideal, erfahren wir, ist ein straffer, geschmeidiger, muskulöser Körper. Es genügt nicht mehr, nur schlank und grazil zu sein. Das Schönheitsideal der Gegenwart ist ein »lebendiger, pulsierender Körper«, eine Frau mit »den kraftvollen Schultern einer Schwimmerin, den sehnigen Schenkeln einer Marathonläuferin und den muskulösen Armen einer Tennisspielerin«.[33]

Die Leiterin einer New Yorker Fotomodellagentur berichtet, daß jetzt Mädchen (sic) zu ihr kommen, die Beine haben wie Muhammed Ali. »Das gehört zum Look der achtziger Jahre – ein fester Körper und ein Ausdruck heiterer Entschlossenheit in den Augen.«

Schönheit und athletische Kraft wurden seit den Tagen des alten Sparta abwechselnd miteinander verbunden und voneinander getrennt. Unter den wechselnden Schönheitsvorstellungen der Geschichte erscheint immer wieder eine archetypische Frauengestalt, deren Schönheit durch Kraft verkörpert ist. Zwei Beispiele aus der hellenistischen Epoche Griechenlands, die Medici-Venus und die Venus von Milo, stellen breitschultrige, muskulöse Frauengestalten dar; sizilianische Mosaiken aus dem dritten Jahrhundert zeigen erstaunlich modern wirkende, hantelschwingende Athletinnen in knappen Bikinis. Heute verkörpert sich dieser Archetypus auf der Leinwand in den Superfrauen, die mit James Bond durch Bett- und Action-Szenen tollen. Germaine Greer beschreibt das Bild der modernen Amazonen in den Comics »mit ihren wirbelnden Haarwolken und ihrem geschmeidigen Gang ... Die Muskulatur ihrer Schultern und Schenkel ist unglaublich; ihre Brüste sind wie Granaten, Stahlgürtel umschließen ihre Taillen«.[34]

Das Modependel schwingt hin und her, zwischen Zeiten, in denen Muskeln als ästhetisches Element gefordert werden, und Zeiten, in denen man sie als »unnatürlich« ablehnt. Im frühen neunzehnten Jahrhundert wurde in Amerika der weiche, sanft gerundete Frauenkörper als Inbegriff weiblicher Schönheit verehrt; muskulöse Frauenkörper galten als abscheulich. Die einflußreiche Frauenvereinigung »Women's Christian Temperance Union« warnte Frauen davor, Sportarten zu betreiben, durch die sie ihre weibliche Erscheinung gefährden könnten. Frauenrechtlerinnen erklommen als Antwort darauf demonstrativ ihre Fahrräder und zeigten sich auf den Straßen, um zu beweisen, daß Frauen sportlich sein und dennoch attraktiv bleiben konnten. Die Gesundheitsreformer des neunzehnten Jahrhunderts betonten, daß Aktivität und nicht Kosmetik der natürliche Weg zur Schönheit sei. »Lebe gesund, ernähre dich richtig, und die Schönheit kommt von selbst!« versprachen sie. Das heutige Fitneßstreben ist ebensosehr durch das Be-

dürfnis nach Gesundheit motiviert wie durch das Bedürfnis nach Schönheit. Tatsächlich wurden diese beiden Ziele häufig miteinander in Verbindung gebracht. Ein in Amerika altbekanntes Pflanzenpräparat, »Lydia Pinkham's Vegetable Compound«, wurde ursprünglich als Mittel gegen »Frauenschmerzen« eingeführt, später aber als kosmetisches Mittel verkauft. Die New York Times veröffentlicht jetzt regelmäßig eine kombinierte Schönheits- und Gesundheitskolumne, die beide Bedürfnisse anspricht.

Susan B. Anthony vertritt die Ansicht, daß Frauen für ihren Kampf um die Gleichberechtigung nicht nur einen wachen Geist, sondern auch einen kräftigen Körper brauchen. Ein kraftvoller Körper widerlegt das Stereotyp der passiven, schlafenden Prinzessin, das immer noch in unserem Schönheitsideal enthalten ist. Körpertraining verstärkt das Gefühl von Durchsetzungsfähigkeit. Sportliche Erfolge können psychologisch außerordentlich wichtig sein, weil sie beweisen, daß Schwäche überwunden werden kann. Sie sind Beweise für Handlungsfähigkeit und Erfolg. Sportlerinnen betrachten ihren Körper nicht als dekoratives Objekt, sondern als Quelle von Leistung und Vergnügen.[35]

Körpertraining wurde erfolgreich in Therapieprogramme für Frauen integriert, in deren Zentrum die Stärkung des weiblichen Selbstwertgefühls stand. Ein Dreißig-Minuten-Lauf war Bestandteil der Gruppensitzungen, die sich um Fragen des Körperbewußtseins drehten: Wie fühlt es sich an, verschwitzt, aufgelöst, »unweiblich« im traditionellen Sinn zu sein? Wie gehen dicke Frauen mit ihren Hemmungen um, wenn sie im Freien trainieren? Wie beeinflußt die Kleidung das Handeln? In dem Maß, in dem die Teilnehmerinnen Trainingserfolge erzielten und sich ihrer Körper stärker bewußt wurden, veränderte sich ihr Selbstbild und auch ihre Einstellung zu Schönheit und Weiblichkeit.[36]

Frauen, die Körpertraining betreiben, übertragen ihr neuerworbenes Kraftgefühl auch auf ihr erotisches Leben. Da sie bewußter mit dem eigenen Körper umgehen, verändert sich auch ihr Verhältnis zur eigenen Sexualität. Eine

Frau, die gut mit ihrem Körper umgehen kann, drückt sich auch in ihrer Sexualität mit mehr Sicherheit aus. Sie kann, auch wenn sie älter wird, das Gefühl genießen, sexuell begehrenswert zu sein, weil ihr Körper fest, flexibel und lebendig ist.

Frauen profitieren sicherlich davon, wenn die Schönheitsnormen mit vernünftigen Forderungen an seelische und körperliche Gesundheit übereinstimmen. Die Auswirkungen der neuen Fitneßwelle sind jedoch nicht ausschließlich positiv. Dem neuen Schönheitsideal entsprechend, wurden die alten Schlankheitsinstitute zu exotischen Fitneßtempeln umgestylt – denn die Unsicherheit der Frauen über ihr Aussehen wirft immer noch fette Profite ab.

Erinnern wir uns, daß Schönheitsstandards sich dauernd verschieben und daß sie allmählich von der Oberschicht in die unteren Schichten absinken. Früher waren aristokratische Frauen fett und wohlgenährt, dann waren sie dünn und grazil, jetzt sind sie fit und durchtrainiert. Es sind immer noch die Frauen der oberen Mittelschicht, die das Geld und die Zeit haben, den »Fitneß-Look« zu kultivieren. Ebenso wie Fett heute als unanständig und als Zeichen von Unterschichtszugehörigkeit gilt, hat auch Fitneß moralische Dimensionen angenommen: Diejenigen, die darüber verfügen, sehen auf die anderen, die Untrainierten, herab. In ihrem millionenfach verkauften Körperübungsbuch beklagt sich Jane Fonda ausgiebig über die Übel der »männlich definierten« Schönheitsstandards, besteht jedoch ebenso hartnäckig wie jeder männliche Modedesigner darauf, daß ein schlanker, muskulöser Körper das Ziel sei, das jede Frau anstreben müsse, auch wenn das mehrere Stunden harter Arbeit am Tag bedeute. Was noch schlimmer ist: Fonda setzt körperliche Fitneß mit einer moralisch und politisch einwandfreien Haltung gleich.[37]

Es gibt eine Flut neuer Fitneßmagazine für Frauen, die eine Art aufgeklärten Narzißmus predigen, der auf Gesundheit basiert. Aber ihre Seiten sind auch mit Modetips und Selbstzeugnissen über Gewichtsverlust angefüllt, und sie betonen Eitelkeit und Selbstaufopferung. Alles in allem unterscheiden sich ihre Botschaften nur unwesentlich von denen der traditionellen Modezeitschriften. Es sind die vertrauten Appelle an masochistische Selbstzüchtigung im Namen der Schönheit, diesmal unter dem Deckmantel »gesunder« Sportlichkeit.

Therapeuten berichten über eine wachsende Anzahl von Frauen, die obsessiv Körpertraining betreiben. Diese Patientinnen leiden unter schweren Ängsten, die Kontrolle über ihren Körper zu verlieren. Sie fühlen sich sofort scheußlich und wabbelig, wenn sie ein Pfund zunehmen oder eine einzige Trainingsrunde verpassen. Dieses phobische Symptom steht in unmittelbarer Verbindung mit dem veränderten Schönheitsideal. In Elaines Fall führte die Kombination von obsessiver Gewichtskontrolle und Fitneßzwang zu erhöhtem Streß und zum Wiederauftreten psychosomatischer Symptome. Elaine wurde von einem Arzt, dem es nicht gelungen war, ihre Spannungskopfschmerzen zu heilen, in Therapie überwiesen. Sie hatte sich seit ihrer High-School-Zeit von Übergewicht bedroht gefühlt und hielt permanent Schlankheitsdiäten ein. Mit achtundzwanzig Jahren, nach der Geburt ihres Sohnes, fühlte sie sich besonders häßlich und schloß sich einer Fitneßgruppe für Frauen nach der Entbindung an.

»Zum erstenmal in meinem erwachsenen Leben nahm ich wirklich ab und konnte mein neues Gewicht auch halten. Meine Freunde sagten mir, ich sähe toll aus. Mein Mann war begeistert und kaufte mir eine komplette neue Garderobe. Ich genoß es, aus dem Haus zu kommen, und die Gruppe war ein Ansporn für mich. Dank dieser Gruppe konnte ich mich selbst besser annehmen als je zuvor. Mehrere Monate lang verschwanden meine Kopfschmerzen völlig. Das war wunderbar, aber es hielt nicht lange vor.«

Elaine schloß sich dann einem lokalen Sportclub an und verbrachte bald mehrere Stunden am Tag mit Laufen, Gymnastik und Aerobic-Übungen. Als sie die tägliche Dauer ihrer Übungen bis zu diesem Punkt gesteigert hatte, kehrten ihre Kopfschmerzen zurück, verbunden mit gelegentlichen Anfällen von Panik.

»Obwohl ich jetzt schlank und hübsch bin, fühle ich mich immer noch so unsicher. Ich habe Angst, daß ich aufgehe wie ein Hefekloß, wenn ich aufhöre zu trainieren, und sei es nur für ein paar Tage. Ich kann tatsächlich dabei zusehen, wie ich dick werde, wenn ich mein Training vernachlässige. Körpertraining ist das einzige Mittel, das mir zu anständigem Aussehen verhilft. Ich fühle mich jetzt in meiner Angst vor dem Zunehmen gefangen; ich strenge mich immer mehr an, um fit zu bleiben, aber meine Kopfschmerzen werden immer schlimmer.«

Während Elaine früher die Waage als Maßstab ihres Selbstwerts benutzte, mißt sie sich nun daran, ob sie die Beine noch höher schwingen oder ihrem Trainingslauf noch eine Meile hinzufügen kann. Sie hat das zwanghafte Bedürfnis, einen Körper zu beherrschen, der außer Kontrolle zu geraten droht, und sie leidet unter Ängsten und Depressionen, wenn sie ihr selbstgesetztes Übungspensum einmal nicht erreicht. Wie bei anderen Formen von Sucht kann die Droge – in diesem Fall das Körpertraining – dazu verwendet werden, der Konfrontation mit dem wichtigeren Problem, dem Annehmen der eigenen Persönlichkeit, aus dem Weg zu gehen. Körpertraining ist, wie Diät, anfangs oft eine Defensivstrategie gegen Ängste, kann sich aber zu einer zwanghaften Störung entwickeln. Zwanghaftes Körpertraining und chronisches Diäthalten werden manchmal als »Doppelobsession« bezeichnet. Tatsächlich ist Hyperaktivität ein verbreitetes Sympton bei Anorexia nervosa. Anorexiekranke und »Suchtläufer« haben ähnliche Persönlichkeitsmerkmale. Beide Typen zeichnen sich durch Zielstrebigkeit und Perfektionismus aus; bei beiden dient das zwanghafte Verhalten dem Gewinn von Selbstachtung. Beide müssen sich wieder und wieder ihre Leistungsfähigkeit beweisen, weil sie nicht über ein stabiles Selbstwertgefühl verfügen. An der Oberfläche sind beide stolz auf ihre Leistungen, aber unbewußt leiden sie unter gehemmten Aggressionen und quälender Unsicherheit.

Die Epidemien des Diäthaltens, des unkontrollierten Essens und erzwungenen Erbrechens und des zwanghaften Körpertrainings, die gegenwärtig zu beobachten sind, verbreiteten sich im Klima der feministischen Reformen. Vielleicht hat der Feminismus ungewollt zu diesen Störungen beigetragen. Heute wächst ein junges Mädchen mit dem Rollenmodell von Frauen auf, die selbstbewußt Macht anstreben und aktiv um ihre Rechte kämpfen. Sie wird zu der Überzeugung erzogen, daß sie ihr Leben in der Hand haben kann und soll. Dennoch erhält sie auch ambivalente Doppelbotschaften über den weiblichen Körper und die Stellung der Frau in der Gesellschaft, in einer Kultur, die in den Geburtswehen einer neuen Geschlechterordnung liegt. Sie ist zwischen traditionellen Rollenerwartungen und Freiheitsversprechen hin- und hergerissen. Eine geheilte Magersüchtige beschreibt das Dilemma:

> *Ich glaube, daß meine Krankheit das Resultat der Probleme war, die heute alle Frauen beschäftigen, der Konflikte mit dem Frausein in dieser Gesellschaft. Es ist ein unheimlicher Widerspruch, daß einerseits soviel Wert auf Durchsetzungsfähigkeit, Körperkraft und Willensstärke gelegt wird und daß andererseits das dünne, zarte, grazile und jugendliche Aussehen überbetont wird. Wie paradox, daß der Feminismus Seite an Seite mit einer Denkweise existiert, die uns in jeder wachen Minute mit visuellen und geistigen Bildern von Schwäche, Verweigerung und Bedeutungslosigkeit verfolgt.*[38]

Eßstörungen können in einer Hinsicht als eine Form von Rebellion interpretiert werden. Die Weigerung, zu essen, ist eine kindliche Form des Protests. Die Magersüchtige stellt durch ihre Wahl, lieber zu verhungern als sich anzupassen, ihre Rolle als »nettes Mädchen«, das anderen gefallen muß, in Frage. (Magersüchtige und Feministinnen bedienen sich ähnlicher Protestgesten; feministische Demonstrantinnen entledigten sich zum Zeichen ihrer Befreiung ihrer Büstenhalter – Magersüchtige entledigen sich buchstäblich ihrer

Brüste.) In anderer Hinsicht befolgt die Magersüchtige gehorsam die kulturelle Vorschrift, daß Frauen andere durch die Transformation ihres Körpers beeinflussen sollten. Selbstaushungerung stimmt mit der Erwartung überein, daß Frauen ihre Probleme über ihr Aussehen lösen sollen. Eßstörungen stellen den unbewußten Versuch dar, aus den Zwängen der Geschlechterrollen auszubrechen; das Bestreben, durch die Transformation des Körpers mit der alten Geschlechterordnung zu brechen, bleibt jedoch eine konventionelle Form weiblichen Protests. Es ist dieselbe Form der Einflußnahme, die Frauen immer wieder angeboten wurde: Mach dich hübsch, diszipliniere deinen Körper und stell ihn zur Schau, wenn du bedürftig oder wütend bist!

In Eßstörungen und zwanghaftem Fitneßtraining äußert sich dieselbe Form von fehlgeleiteter Energie wie in anderen Schönheitsritualen; sie verursachen dieselbe Verzerrung der Wahrnehmung, dieselbe Verleugnung der Gefühle. Letzten Endes dienen sie nur wieder der Bestätigung der Minderwertigkeit der Frau. Die Magersüchtige preßt ihre Lippen zusammen wie ein trotziger Säugling, die Bulimiekranke würgt an ihren Schuldgefühlen, die Eßsüchtige erstickt ihre Wutschreie mit Nahrung. Sie wollen der Welt sagen, was sie von ihr halten, aber sie sagen es nicht mit Worten, sondern mit ihrem Körper.

Viele Frauen empfinden berechtigte Wut, weil ihre Arbeit unterbewertet wird, weil ihre Versuche, autonom zu handeln, durchkreuzt werden, weil ihr Aussehen permanent beurteilt und kritisiert wird. Aber die offene Äußerung von Aggressionen ist Frauen – und anderen unterdrückten Gruppen – nicht gestattet. Brave Mädchen lernen, wie Aschenputtel zu handeln, ihr Los zu akzeptieren, nichts zu verlangen, zu weinen statt zu kämpfen, zu lächeln, wenn sie wütend sind, und gut auszusehen, wenn sie sich schlecht fühlen. Folglich wird ihre Wut nicht wahrgenommen – nicht einmal von ihnen selbst. Wenn doch einmal unkontrollierte Wut hervorbricht, macht sie Frauen unattraktiv. Ein wütendes Gesicht ist weder hübsch noch liebenswert. Daher versuchen Frauen, ihre Aggressionen zu unterdrücken und zu verbergen. »Viele Frauen sind so lange hübsch, bis sie den Mund aufmachen«, lautet ein altbekanntes misogynes Männervorurteil. Bescheidenheit und Schweigen erhält die Attraktivität und schützt Frauen davor, als Emanzen oder frustrierte Zicken etikettiert zu werden. Essen kann eine ungefährliche Abfuhr von Aggressionen sein. Der Mund attackiert, beißt, zerreißt und zerstört die Nahrung. Unbewußte Wut kann sich in beiden Formen – in unkontrolliertem Essen und in Nahrungsverweigerung – äußern.

Eßstörungen zeigen, wie destruktive Macht über den Körper eingesetzt werden kann, um ein Gefühl illusionärer persönlicher Macht zu gewinnen. Anorexie verleiht scheinbar die Macht, die Natur zu transzendieren und ohne Nahrung zu überleben. Bulimie versetzt einen scheinbar in die Lage, unmäßig zu essen und dennoch dünn zu bleiben. Eine Frau erklärte, daß sie begonnen habe, Diät zu halten, weil sie sich wertlos und zu nichts nütze fühlte. Als sie Gewicht verlor, hatte sie zum ersten Mal das Gefühl, für sich selbst verantwortlich zu sein.

»Die Anorexie vermittelte mir die Illusion, alles unter Kontrolle zu haben, nicht nur meinen eigenen Körper und meinen Status in der Gemeinschaft, sondern auch die Gemeinschaft selbst. Ich war von meiner eigenen Omnipotenz überzeugt.« [39]

Herrschaft über den eigenen Körper kann so mit dem Beherrschen des Lebens verwechselt werden.

Nur wenige Frauen gehen das Risiko ein, mit der herrschenden Kultur in offenen Konflikt zu geraten. Viele wählen statt dessen die schweigende Rebellion einer Eßstörung, um ihre Wut, ihre Sorgen und ihre Frustrationen auszudrücken. Diese individuellen Proteste werden in der Regel nicht als Symptome sozialer Probleme erkannt. Man tut sie als individuelle Neurosen ab und übersieht ihre gesamtgesellschaftlichen Dimensionen. Der Magersüchtigen stellt man die Diagnose, sie sei von phobischen Ängsten vor einer oralen Schwängerung beherrscht. Sie ist es, die als neurotisch bezeichnet wird, nicht die Kultur, die ein hyperschlankes Schönheitsideal anbetet. Ihre private Rebellion isoliert sie noch mehr von ihrer Umwelt.

Eßstörungen entwickeln sich nicht in einem Vakuum. Persönliche Erfahrungen finden innerhalb eines politischen Kontexts statt, wie Feministinnen immer wieder hervorgehoben haben. Nur wenn eine große Zahl »geistiger Karteisysteme« simultan umgeschrieben wird, können stereotype Vorstellungen erfolgreich verändert werden. Gesellschaftliche Klischees sind nur durch kollektive Anstrengungen zu überwinden.

Wie kann die einschränkende Gleichsetzung von Schönheit und Hyperschlankheit aufgelöst werden? Erstens, indem wir uns verweigern – nicht dem Essen, sondern der unaufhörlichen Diskussion über Gewichtskontrolle. Wir können aufhören, anderen zu Gewichtsverlusten zu gratulieren, die neuesten Abmagerungskuren weiterzuempfehlen, die verringerte Zahl unserer Pfunde als bemerkenswerte persönliche Leistung zu feiern. Schlanksein und Schönsein wurde nicht immer gleichgesetzt. Zweitens sollten wir den Mund aufmachen – wir sollten zugeben, daß wir unter Eßanfällen, Abhängigkeit von Abführmitteln, Hungerqualen, obsessiver Beschäftigung mit dem Essen, Ekelgefühlen über dicke Schenkel, der zwanghaften täglichen Gewichtskontrolle leiden. Als endlich über Inzest, Vergewaltigung und Gewalt in der Ehe gesprochen wurde, verwandelten sich die Phänomene von privaten Fragen in öffentliche Probleme. Eßstörungen können aus der Verschwiegenheit der eigenen Küche in die Öffentlichkeit hinausgetragen werden. Theatergruppen, die an Universitäten auftraten, gaben dafür ein konstruktives Beispiel; sie zeigten, daß solche Erkrankungen allgemein verbreitete Probleme sind. »Eine Mystifikation ist nie so stark, daß sie ihre eigene Akzeptanz erzwingt«, schrieb Betty Friedan. Der Körper kann für sich selbst sprechen, wenn man ihm die Freiheit läßt, seine eigenen Proportionen zu finden. Wenn Frauen sich von statischen Schönheitsidealen abwenden und sich auf ihre eigenen Körperempfindungen einstimmen, werden sie Hunger und Sättigung deutlicher wahrnehmen. Neuere Untersuchungen deuten darauf hin, daß man das eigene Gewicht nicht unbegrenzt manipulieren kann. Es sind offenbar vor allem konstitutionelle Faktoren, die das Körpergewicht bestimmen. Eine neue Sollwert-Theorie geht davon aus, daß jeder Körper ein genetisch determiniertes Stoffwechselgleichgewicht hat, das er – unabhängig von der Nahrungszufuhr – aufrechtzuerhalten sucht. Menschen, die oft Schlankheitskuren machen, haben diese Tatsache schon lange vermutet. Wenn es sich wirklich so verhält, daß die meisten Menschen nur begrenzten Einfluß auf ihr Körpergewicht haben, wird der tyrannische Aspekt des hyperschlanken Schönheitsideals nur um so deutlicher.

Wenn wir die Formel schön = schlank = glücklich in Frage stellen, sehen wir die überschlanken oder muskulösen Frauenbilder in den Medien mit anderen Augen; sie erscheinen uns dann weniger beneidenswert. Wenn Frauen die Dinge aus einer anderen Perspektive betrachten, werden sie fähig sein, flexiblere Schönheitsvorstellungen zu entwickeln, Vorstellungen, die auch Frauen umfassen, deren Körperformen durch natürliches Fett oder durch ihre mütterlichen Funktionen gerundet sind.

Ebenso wie die Gesundheit und sogar das Leben einer Magersüchtigen durch ihre gestörte Selbstwahrnehmung gefährdet sind, ist die seelische Gesundheit aller Frauen durch einen geschlechtsbezogenen Mythos gefährdet, der das Bild der Frau verzerrt – ob die Verzerrung nun in Richtung Schönheit oder in Richtung Minderwertigkeit geht. Die Behandlung von Magersüchtigen beinhaltet immer eine Korrektur ihrer falschen Körperwahrnehmung. Sie müssen neu lernen, ihren abgemagerten Körper, hervorstehende Knochen und eingesunkene Augen so zu sehen, wie sie wirklich sind. In ähnlicher Weise erfordert die gesunde Persönlichkeitsentwicklung aller Frauen eine realistische Schönheitsvorstellung. Solange Frauen stereotyp als minderwertige Menschen und gleichzeitig als mythische Schönheiten betrachtet werden, müssen sie an seelischer Aushungerung leiden. Ihre psychischen Energien werden von dem Bemühen aufgezehrt, ihr Aussehen zu normalisie-

ren – Energien, die eigentlich in ihr inneres Wachstum ein-
fließen sollten. Erinnern wir uns der fülligen »Venusfigürchen« aus dem Paläolithikum: Ob sie als Muttergöttinnen
oder als erotische Symbole verehrt wurden, sie erfreuten
sich sicherlich hoher Wertschätzung. Sie haben ihre faszinierende Wirkung über die Jahrtausende nicht eingebüßt,
weil Kraft von ihnen ausgeht. Schönheit kann viele Formen
annehmen: Manchen Frauen wurden von der Natur wun-
dervoll geschwungene Formen mitgegeben, manche sind
hochgewachsen und stark, andere sind schmal und grazil.
Dennoch können sich alle Frauen gleichermaßen weiblich
fühlen, wenn sie sich in ihrer unverwechselbaren Form annehmen.

SEXUELLE SIGNALE

Die kollektive Geschichte der Menschheit hat unserem Körper ihren Stempel aufgedrückt. Die großen Dürreperioden, die Gletscher des Pleistozän, die sexuellen Arrangements unserer hominiden Vorfahren sind als Erinnerung im Körper jedes »Playboy«-Modells gespeichert. Die Beziehungen zwischen Schönheit, Körper und Verhalten sind nicht nur von unseren individuellen Einstellungen geprägt, sie gehen auf die Kindheit der Gattung Mensch zurück. Virginia Woolf sagte: »Wir verkörpern alle teilweise unsere Ahnen; wir sind teils Mann, teils Frau.« Nach dem genetischen Ansatz gehen die Unterschiede im Aussehen der Geschlechter auf die Naturgesetze zurück. Anziehung und Selektion sind grundlegende Elemente des Paarungsverhaltens. Visuelle Signale lösen die sexuelle Vereinigung aus, die das Weiterbestehen der Spezies garantiert. Wurden Frauen mit einer zusätzlichen Dosis Attraktivität ausgestattet, um den sexuellen Appetit der Männer anzuregen, die ihrerseits darauf programmiert sind, sie als begehrenswert wahrzunehmen? Hat die Natur Frauen für den sexuellen Wettbewerb vorgesehen, und ist die Schönheit daher das biologische Schicksal der Frauen? Wie werden die komplexen genetischen Botschaften, die im menschlichen Körper gespeichert sind, durch die Kultur überlagert und verfälscht?

Nehmen wir den Fall von Ann, die trotz ihrer ausgezeichneten genetischen Ausstattung und ihres hübschen Gesichts unverheiratet und unglücklich ist. Um einen Partner zu finden, gab sie in einem Single-Magazin eine Kleinanzeige auf:

»W., 31, attraktiv, gute Figur, grüne Augen, langes blondes Haar, sensibel, intelligent, warmherzig und zärtlich, sportlich,

musik- und naturliebend, sucht reifen, erfolgreichen, liebevol-
len und ehrlichen Mann unter 45, der an einer ernsthaften
Bindung interessiert ist.«

Ann ist Physiotherapeutin und lebt im amerikanischen
Mittelwesten. Da sie sich Kinder wünscht und meint, ihr
Leben endlich regeln zu müssen, ist sie über ihren Single-
Status zunehmend besorgt. Eine ernsthafte Beziehung, die
sie mit Mitte Zwanzig hatte, ging auseinander, weil ihr
Freund Angst hatte, sich auf eine feste Bindung einzulassen.
Bis vor kurzem war sie mit einem geschiedenen Mann zu-
sammen, der schon Kinder hat und keine weiteren will. Ann
hat das Gefühl von »Torschlußpanik«, sie hört die biologi-
sche Uhr ticken:

»Mein dreißigster Geburtstag war wirklich ein Schlag für
mich! Als ich Mitte Zwanzig war, fand ich es okay, allein zu
leben. Ich genoß die Freiheit, hatte meinen Spaß, ging oft aus
und war glücklich, so unabhängig zu sein. Dann kam der Drei-
ßiger-Schock. Wie mir ein Freund einmal sagte: Danach geht
alles bergab. Ich habe nicht mal den Anfang gemacht mit dem
Zuhause und der Familie, die ich immer wollte. Von den Män-
nern, die ich kennenlerne, sind viele schon geschieden und müs-
sen neben ihrem eigenen Haushalt eine Frau und Kinder un-
terhalten. Oder sie treffen sich lieber mit Mädchen um
zwanzig, die mehr Zeit zum Herumspielen haben. Ich mache
mir seit einiger Zeit Sorgen um mein Aussehen. Ich hatte immer
ein paar Pfund Übergewicht, aber jetzt bin ich wegen jeder
kleinen Veränderung, die ich sehe, beunruhigt. Ich weiß, daß
ich eine gute Mutter wäre und einem Mann viel geben könnte.
Darum habe ich die Anzeige aufgegeben.«

Anns Motiv, Werbung für sich selbst zu machen, ist nicht
einfach Interesse an männlicher Gesellschaft, sondern an
verbindlicher Partnerschaft und Familiengründung. Obwohl sie sexuell attraktiv und aktiv ist, fühlt sie sich unaus-
gefüllt in ihrer reproduktiven Energie. In einer Welt, in der
Kulturentwicklung und Verhütungsmittel die genetisch an-
gelegten Mechanismen verändert haben, ist Sexualität kein

Lockmittel und keine Garantie mehr für einen loyalen, engagierten Partner. Zu irgendeinem Zeitpunkt in der menschlichen Evolution trat der Menstruationszyklus an die Stelle der Brunstzeiten. Wir sind die einzigen Primaten, bei denen keine festen Paarungsperioden mehr auftreten. Diese Veränderung stellt einen markanten Einschnitt in der Entwicklung der Gattung Mensch dar. Bei den meisten Primaten ist das weibliche Tier nur während einer kurzen Brunstperiode sexuell empfänglich und fruchtbar; diese Phase ist durch drei spezielle Charakteristika gekennzeichnet. Erstens: Attraktivität – das weibliche Tier wird auffälliger und für männliche Tiere interessant; zweitens: Prozeptivität – das weibliche Tier wirbt aktiv um die Aufmerksamkeit der männlichen Tiere; drittens: Rezeptivität – das weibliche Tier kooperiert und nimmt eine Körperhaltung ein, die den Geschlechtsverkehr erlaubt.[1]

Als die Menschen im Lauf ihrer Evolution die Brunstperioden hinter sich ließen, wurde der Zyklus von Attraktivität, Prozeptivität und Rezeptivität wirkungslos. Die Sexualität hing nicht mehr ausschließlich von hormonellen Zyklen ab und war nicht mehr auf eine kurze jahreszeitliche Periode begrenzt. Die menschliche Sexualität löste sich von der ausschließlichen Bindung an die reproduktive Funktion, wurde weniger instinktabhängig, expressiver und stärker der persönlichen und kulturellen Kontrolle unterworfen. Wie ein Autor sagte, ist die Brunstzeit für das tierische Verhalten, was ein guter Wein für eine Dinnerparty ist: Beide lassen die Säfte steigen und bringen das Blut in Wallung. Ohne die Brunstzeiten braucht das menschliche Sexualverhalten andere berauschende Stimulantien.

Der Wegfall der Brunstperioden erlaubte Frauen und Männern einen komplexeren Umgang mit der Sexualität. Sie konnte über die Fortpflanzungsfunktion hinaus für andere Zwecke eingesetzt werden: Man konnte sie im Austausch für Status oder Loyalität geben, sie verweigern, anbieten, kaufen und verkaufen. Der Frau stand es nun frei, montags ja und dienstags nein zu sagen, einen Mann zu akzeptieren und den anderen abzulehnen.

Der Wegfall der Brunstperioden veränderte die Signale sexueller Attraktivität. Die Frau kann sich nicht darauf verlassen, daß ihre Hormone periodisch für eine Schar eifriger Bewerber sorgen. Ohne Brunstzyklen kann die Sexualität ebenso stark sozial wie biologisch wirken. Phantasievolle neue Attraktivitätssignale können erfunden werden; bestimmte Körperstellen oder Körpermerkmale können durch allgemeinen Konsensus als sexuelle Reizpunkte definiert werden, neue Reizpunkte durch kosmetische Beeinflussung geschaffen werden. Bei weiblichen Säugetieren wird in der Brunstzeit die Vulva zum stärksten sexuellen Signal. Sie schwillt an, sondert Gerüche ab, stellt eine unwiderstehliche Lockung dar. Als unsere hominiden Vorfahren aufrecht zu gehen begannen, verloren die nunmehr zwischen den Beinen verborgenen geschwollenen Labien und die durchdringenden Gerüche an Wirkung. Augenkontakt und Sprache traten an die Stelle der ursprünglichen olfaktorischen Kommunikation. Männer beobachten vorübergehende Mädchen, Prostituierte lernen, ihren Körper in besonderer Weise zur Schau zu stellen. Attraktivität wurde im Lauf der menschlichen Geschichte mehr und mehr zum Gegenstand bewußter Kontrolle. Eine Frau kann mit Worten ein Bild ihrer selbst entwerfen, das die Phantasie ebenso anregt wie die sexuellen Instinkte.

Warum trat im Lauf der Evolution der weibliche Menstruationszyklus an die Stelle der Brunstperiode? Einige Theoretiker meinen, die starke Determiniertheit durch Sexualinstinkte sei für die Entwicklung der Gattung Mensch, insbesondere für das wichtige Geschäft der Zivilisation, hinderlich geworden. Andere argumentieren, die häufige und lange Abwesenheit der Männer in den Jäger- und Sammlergemeinschaften habe die permanente Rezeptivität der Frauen notwendig gemacht. Eine dritte Theorie betont, das Überleben der Nachkommen sei besser gesichert, wenn auch die Väter sich für den Nachwuchs verantwortlich fühlen; die mit den Brunstzyklen verbundene wahllose Paarung ließ keine genaue Bestimmung der Vaterschaft zu. Durch den Wegfall der Brunstzeiten wurde kontinuierliche

Rezeptivität und monogame Sexualität möglich – der Kitt, der Paare zusammenhält und den Mann an die Mutter-Kind-Einheit bindet. Der Verlust der Brunstperiode wird also als spezifisch menschliche Anpassungsform erklärt, die Paarbindungen stärkte, väterliches Engagement förderte, Frauen mit ihren Kindern an einen festen Ort band und die Gruppenbeziehungen festigte.[2]

Sarah Blaffer Hrdy, eine Wissenschaftlerin, die das Verhalten von Primaten erforschte, weist diese Erklärungen als unzutreffend zurück. Sie argumentiert, daß Anthropologen die Unabhängigkeit von den Brunstzyklen fälschlich mit einem verminderten sexuellen Antrieb bei Frauen gleichgesetzt haben. Es sei falsch, die nicht mehr an periodische Sexualinstinkte gebundene Frau als »für einen bestimmten Mann permanent sexuell rezeptiv« zu beschreiben. Tatsächlich blieb die Frau potentiell für viele Männer empfänglich und war fähig, darüber zu bestimmen, ob und wann sie ihre Sexualität leben wollte, erklärt Hrdy. Die Freiheit von Brunstperioden band die Frau nicht an einen einzigen Mann und machte sie nicht permanent sexuell rezeptiv, sondern erweiterte ihre sexuellen Möglichkeiten und machte sie flexibler. Obwohl Männer es sich vielleicht wünschen, wurde Eva nicht ausschließlich für Adams Vergnügen erschaffen, und Eva ist auch nicht permanent in sexueller Bereitschaft. Ein Ethnologe bemerkte dazu: »Jemand, der glaubt, daß Frauen permanent sexuell rezeptiv sind, muß entweder ein sehr alter Mann mit einem schwachen Gedächtnis sein oder ein sehr junger Mann, dem eine bittere Enttäuschung bevorsteht.«[3]

Eine der am meisten verbreiteten sexuellen Phantasien von Männern ist die von der Frau, die »allzeit bereit« ist, die ständig lockt, attraktiv, prozeptiv und rezeptiv, mit einem Wort: dauernd verfügbar ist. Der Mythos der weiblichen Schönheit heizt die Phantasie an, daß Frauen in ständiger sexueller Bereitschaft sein könnten wie eine Batterie, die nur angeschlossen werden muß. Kulturelle Schönheitsvorstellungen sorgen dafür, daß Frauen aussehen, riechen und sich anfühlen, als seien sie permanent erotisch ansprechbar.

Während Brunstsignale nur periodisch und kurzfristig auftreten, kann die »Schönheit aus der Tube« endlos wiederholt und vorgeführt werden. Durch die Magie der Kosmetik kann die Frau sexuelle Signale setzen. Ihr mit glänzendem Lippenstift bedeckter Mund imitiert die angeschwollene Vulva eines Schimpansenweibchens oder das feuchte Kußmündchen eines Säuglings. Ihre Hüften und Brüste schwingen, wenn sie in hochhackigen Schuhen geht (wie »Zwillingswasserfälle« in der Poesie von Jacques Brel). Ihre gebleichten Locken umgeben ihr Gesicht mit einer engelhaften Aura von Sanftheit. Einige Schönheitssignale ahmen tatsächlich die natürlichen Lockzeichen der Brunst nach. Sie haben jedoch keinen genetischen Ursprung, sondern sind kulturell erworben.

Kontinuierliche sexuelle Signale führen zu Störungen in der Kommunikation und zu Verwirrung. Wenn eine Frau Attraktivität zeigt, werden Prozeptivität und Rezeptivität als Folge erwartet. (Tatsächlich ist eins der stereotypen Vorurteile über hübsche Frauen, daß sie häufiger sexuelle Kontakte haben und Sex mehr genießen als weniger attraktive Frauen.)[4] Anders als Tiere in der Brunstzeit senden Frauen jedoch oft ambivalente Botschaften aus. Sie flirten und geben sich verführerisch, sie signalisieren Attraktivität, verweigern aber Rezeptivität. Viele Männer mißdeuten solche Schönheitssignale als Einladung zu sexuellen Kontakten. Viele Leute sind bis heute davon überzeugt, daß eine vergewaltigte Frau »es so wollte«, weil sie einen Minirock trug, Make-up aufgelegt hatte oder ähnliche »weibliche Signale« zeigte. Frauen werden belohnt, wenn sie sexy aussehen, aber für ihr »verführerisches Verhalten« bestraft, wenn sie sexuell attackiert werden.

Die Freiheit von der instinktgebundenen Sexualität hat offensichtlich neue sexuelle Probleme hervorgebracht. Ohne die Bindung an Brunstzyklen können Frauen ihre natürlichen sexuellen Reize verstärken und ihre Verfügbarkeit an ihrem Körper demonstrieren oder in Kleinanzeigen kundtun. Vielleicht lösten sich die Menschen ursprünglich aus der Bindung an Brunstzyklen, weil sie durch die Freiheit der sexuellen Partnerwahl in reproduktiver Hinsicht erfolgreicher waren. Aber die von der ausschließlichen Bindung an die Instinkte befreite Sexualität ist kulturellen Zwängen unterworfen. Es kommt zu Störungen, wenn die Kultur rigide Regeln für »richtiges« Sexualverhalten festlegt: Die Jungfräulichkeit vor der Ehe muß bewahrt bleiben, der Mann muß oben liegen, der Orgasmus soll vaginal sein, die Ehen sollen monogam sein. Männer entwickeln Ängste vor sexuellem Versagen und Impotenz, Frauen leiden unter sexueller Einschüchterung und Unterdrückung. Eben weil die Freiheit von instinktgebundener Sexualität Frauen die Freiheit der Wahl und einen starken Sexualtrieb gab, haben Gesellschaften zu allen erdenklichen Mitteln gegriffen, um das weibliche Sexualverhalten zu kontrollieren. Sarah Blaffer Hrdy schloß aus ihren Vergleichen des Sozialverhaltens vieler unterschiedlicher Primaten, daß keine andere Spezies das weibliche Sexualverhalten so stark unterdrückt, wie die Menschen es tun. Der Mythos der weiblichen Schönheit trägt zu dieser Unterdrückung bei; Frauen lernen in ihrer Sozialisation, permanent Signale von Attraktivität zu kultivieren, die nicht genetisch bestimmt, sondern von der Kultur diktiert sind. Nicht ihre genetische Ausstattung, sondern die gesellschaftliche Geschlechterordnung bringt Frauen dazu, ihr Aussehen in einer Weise zu nutzen, die von der Natur nie beabsichtigt war.

Leider werden Ehen nicht im Himmel geschlossen, sondern aus höchst irdischen Gründen arrangiert. Mit den Brunstsignalen, die potentielle Geschlechtspartner anzogen, ist es schon lange vorbei. Auch die weisen Alten, die Bündnisse zwischen Familien von gleichem Sozialstatus arrangierten, existieren nicht mehr, ebensowenig wie die Heiratsvermittler früherer Zeiten, die perfekte Paare zusammenstellten. Ein Kult der Liebe und der freien Partnerwahl dominiert nun in den Heiratssitten der westlichen Welt. Wenn die romantische Liebe sakrale Verehrung genießt, wird die weibliche Schönheit heilig. Forschungsergebnisse belegen die Tatsache, daß Attraktivität bei der Wahl von Ehepartnern eine wichtigere Rolle spielt, wenn die Ehen selbstarrangiert sind.[5] Schönheit wird zu einer Grundvoraussetzung bei der Partnerwahl in Zeiten und in Gesellschaften mit hoher sozialer Mobilität, die flüchtige, auf ersten Eindrücken basierende Sexualbeziehungen tolerieren.

Ann muß nun auf dem freien Markt offen konkurrieren, um einen Partner zu finden. Die Chancen stehen nicht gut für sie. Geeignete Männer sind knapp, aufgrund der geringeren männlichen Lebenserwartung, aufgrund höherer Raten von geistiger Retardierung, Drogenabhängigkeit, Haftstrafen und Homosexualität bei Männern. Margaret Mead führt aus, daß die Kombination von Monogamie und Männermangel unter Frauen Konkurrenzverhalten auslöst, was ihr Bedürfnis nach Attraktivität erhöht.[6] Da die weibliche Fruchtbarkeit in der Lebensmitte endet, übt der gegenwärtige Trend zur vorgezogenen Berufsentwicklung und zur späten Ehe einen enormen Druck auf Frauen aus, die wirklich im Wettlauf mit der Zeit leben. In polygamen Kulturen ist es einfacher, einen Ehepartner zu finden. Aber vermutlich betrachtet Ann den Harem nicht als angemessene Lösung für ihr Problem (obwohl von älteren Frauen zunehmend berichtet wird, daß sie sich »einen Mann teilen«).

Verhaltensforscher beginnen heute, weibliche Primaten als kluge Strateginnen zu erkennen, deren Rivalitätskämpfe um begrenzte Ressourcen ein zentrales Element in der Sozialordnung der Primatengruppe darstellen. Während männliche Schimpansen offen und aggressiv miteinander konkurrieren, wetteifern Schimpansenweibchen in subtilerer Weise um Sexualität und Status. Weibliche Menschen machen da offenbar keine Ausnahme.

Verstärkter Wettbewerb um potentielle Ehepartner führt zu einem Syndrom, das der »kosmetischen Rivalität« ähnelt. Seit die Frauen die Küche verlassen haben, ihre Fortpflanzungsfähigkeit kontrollieren können und über größere Autonomie verfügen, sind sie in der Lage, intensiver zu konkurrieren, nicht nur *mit* Männern im Beruf, sondern auch *um* Männer im sozialen Leben. Auf den Single-

Partys schicker Vororte wimmelt es von attraktiven Frauen, die aktiv auf Männerjagd sind. Ann berichtet:

> *»Es sind immer doppelt so viele Frauen wie Männer da, und alle warten darauf, bemerkt und auserwählt zu werden. Der Aufwand, sich für solche Partys zurechtzumachen, lohnt sich im allgemeinen nicht, aber ich glaube, ich habe keine andere Wahl, wenn ich Kontakt mit Leuten haben will.«*

Bei den meisten Tierarten ist es das umworbene Geschlecht, das mehr zur Erhaltung der Art beiträgt. Bei Gattungen, wo die weiblichen Tiere den Nachwuchs gebären, nähren und aufziehen, stattet die Natur im allgemeinen die männlichen Tiere dekorativer aus für den Wettbewerb um die weiblichen Reproduktionsressourcen. In den seltenen Fällen, wo die männlichen Tiere bei der Aufzucht die wichtigere Rolle spielen, ist die Situation ins Gegenteil verkehrt: Die weiblichen Tiere sind dann das konkurrierende und dekorative Geschlecht, das auffällige Körpermerkmale zur Schau stellt und um männliche Partner wetteifert wie um andere begrenzte Ressourcen.[7] Diese weiblichen Tiere kämpfen nicht darum, geschwängert zu werden – denn das kostet die männlichen Tiere nicht viel –, sondern sie wetteifern um väterliches Engagement für ihre Nachkommen.

Die »Basisfamilie« der Primaten besteht im allgemeinen aus der Mutter und ihren Jungen. Menschliche Väter sind gewissermaßen ein Anhängsel dieser Basiseinheit. Man hat die Vaterschaft als ein erworbenes Verhalten bezeichnet, das den Männern von der Kultur auferlegt wurde. Frauen wetteifern um passende Väter für ihre Kinder, die an Geburtsvorbereitungskursen teilnehmen, Väter, die Nasen und Popos abwischen, die Schecks unterzeichnen, mit denen Zahnklammern und Ballettstunden bezahlt werden, die emotionale Sicherheit und Liebe geben. In einer Zeit, in der die Scheidungsraten steigen, der Unterschied in der Entlohnung männlicher und weiblicher Arbeit jedoch weiterbesteht, müssen Frauen nicht nur einmal, sondern wieder und wieder um potentielle Väter kämpfen, um Stiefväter, »Zweitväter«, sogar um Großväter für ihre Nachkommen.

Die Analyse von Hunderten von Heiratsannoncen zeigt, daß Frauen dazu tendieren, physische Attraktivität anzubieten, während Männer finanzielle Sicherheit offerieren. Umgekehrt suchen Männer in ihren Annoncen schöne Frauen, während Frauen, wie es auch das Beispiel von Ann zeigt, nach soliden, erfolgreichen Männern Ausschau halten.[8]

Frauen leisten immer noch den größen Beitrag zur Erhaltung der Gattung Mensch. Logischerweise sollten also die Männer um die beste Mutter für ihren Nachwuchs wetteifern. Erinnern wir uns jedoch der Männerknappheit, die zur Zeit auf den Druck der Monogamie zurückzuführen ist, und der sozialen Faktoren, die Frauen in ökonomischer und in psychischer Hinsicht in der untergeordneten Position festhalten. Die Soziologin Jessie Bernard kommt zu dem Schluß, daß Frauen tatsächlich die Werbenden geworden sind, trotz ihrer größeren Bedeutung für die Fortpflanzung, die bei jeder anderen Spezies die Situation umkehren würde:

»*Männer brauchen nicht besonders heftig zu konkurrieren, wenn die ökonomische Abhängigkeit der Frauen dazu führt, daß ihr Überleben von der Ehe abhängt. Es ist sicher, daß weibliche Schönheit außerordentlich bedeutsam wurde, als die Frau außerhalb ihres eigenen Haushalts kaum noch einen gesellschaftlichen Ort und wenig Möglichkeiten des ökonomischen Überlebens fand; sie mußte auf einen höheren Lebensstandard verzichten, es sei denn, ein Ehemann sorgte dafür . . . Schönheit ist tatsächlich ein wichtiger Faktor. Es könnte jedoch sein, daß der Konkurrenzkampf der Frauen um Ehemänner – historisch betrachtet – eine vorübergehende Verirrung darstellt, eine Abweichung vom Darwinschen Modell. Wenn das Versorgtwerden durch Männer und durch die Ehe für Frauen immer unwichtiger wird, verliert die Schönheit in ihrem Wertsystem vielleicht an Bedeutung. Sie werden zunehmend in eine Position kommen, in der sie wählen, statt gewählt zu werden.*«[9]

Wer ist der Jäger und wer der Gejagte? Wer läßt seinen Charme spielen, und wer läßt sich bezaubern? »Was ist mit dem modernen Mann geschehen? Sind die Männer wirklich zum umworbenen Geschlecht geworden, zu dem Geschlecht, das gefragt ist und sich leisten kann, wählerisch zu sein?« fragt ein Biologe.[10] Welches Geschlecht stellt sich zur Schau, und welches selektiert? Und was wird im Austausch geboten?

Nach Darwins erster Darstellung des tierischen Paarungsverhaltens »siegte der Stärkste«, entweder durch Rangord-
nungskämpfe, bei denen das Alpha-Männchen rivalisie-
rende Tiere verdrängte (intrasexuelle Selektion), oder durch
Balz- oder Imponierverhalten, das weibliche Tiere anlockte
(intersexuelle Selektion). Als Resultat der intrasexuellen Selektion entwickelten männliche Tiere besondere Kampfor-
gane wie Hörner, um Rivalen einzuschüchtern. Als Folge
der intersexuellen Selektion entwickelten sich bei Männchen besondere Imponierorgane wie bizarre farbige Federn
oder Schwanzflossen, um weibliche Tiere anzulocken.
Durch diese beiden evolutionären Tendenzen waren also in
Darwins Sicht männliche Tiere dazu ausersehen, Werbende
und Verfolger zu sein.

Später modifizierte Darwin seine Theorie im Hinblick
auf das menschliche Sexualverhalten. In »The Descent of
Man« (Die Abstammung des Menschen) erklärte er, daß
sich bei Menschen ein umgekehrtes Muster entwickelt
habe. Frauen seien zu den Werbenden, Männer zu den Umworbenen geworden. Er behauptete weiterhin, die sexuelle
Selektion habe bei Frauen ein höheres Maß an Schönheit
hervorgebracht:

*»Da Frauen seit langer Zeit ihrer Schönheit wegen ausge-
wählt wurden, erstaunt es nicht, daß einige ihrer Varianten
ausschließlich an dasselbe Geschlecht weitergegeben werden
sollten, daß sie folglich Schönheit in gewissem Maß mehr ihren
weiblichen als ihren männlichen Nachkommen vererbten und
also nach allgemeinem Konsensus schöner geworden sind als
Männer. Überall sind Frauen sich des Werts ihrer eigenen
Schönheit bewußt, und wenn sie Mittel haben, erfreuen sie sich
mehr als die Männer daran, sich mit allen Arten von Zierat zu
schmücken. Sie borgen sich das Gefieder männlicher Vögel, mit
dem die Natur dieses Geschlecht geschmückt hat, um die weiblichen Tiere zu bezaubern.«*[11]

Obwohl man sie als die Schöneren verehrte, wurden

Frauen auch als minderwertig beschrieben. Darwin, der von der natürlichen Überlegenheit des Mannes überzeugt war, betrachtete es als vorteilhaft, daß Männer ihre genetischen Merkmale an ihre gesamte Nachkommenschaft weitergaben, sonst wäre »der Mann in seiner geistigen Ausstattung der Frau so überlegen wie der Pfau in seinem ornamentalen Federschmuck der Pfauenhenne«. Wie alle Wissenschaftler war Darwin vom Geist seiner Zeit geprägt und beeinflußte seinerseits das Denken der Zeitgenossen. Die Evolutionstheorie wurde bald benutzt, um die existierende Sozialordnung als »natürlich, unausweichlich und progressiv« zu erklären. Die Darwinisten kamen zu dem »logischen« Schluß, Männer hätten eine höhere Evolutionsstufe erreicht als Frauen, die als eine Art unvollendete Version des Homo sapiens betrachtet wurden. Frauen wurden mit den »unzivilisierten Rassen« verglichen und wie diese als Beispiel evolutionärer Retardierung angesehen. Außerdem wurde ein höheres Maß an Geschlechtsrollendifferenzierung als Beweis evolutionärer Höherentwicklung interpretiert. (Ein halbes Jahrhundert später erklärten auch die Rassentheoretiker der Nazis, die Geschlechtsunterschiede seien bei den »Ariern« höher entwickelt als bei den »negroiden und asiatischen Völkern«.)[12] Die Darwinisten vertraten die Ansicht, die muskulösen Frauen der »Eingeborenen« hätten die kleinen Füße, die schmalen Taillen und die feinen Züge (oder die vornehme Zurückhaltung) der viktorianischen Damen der Oberschicht »noch nicht entwickelt«.[13] Der Grad der Zivilisiertheit einer Gesellschaft wurde an der dekorativen Erscheinung ihrer Frauen gemessen; britische Damen wurden dazu angehalten, zu Hause zu bleiben und Vornehmheit zu kultivieren, um so zu einer wahrhaft »progressiven« Nation beizutragen.

Herbert Spencer schrieb in seinem 1873 erschienenen Buch »Psychology of the Sexes« (Psychologie der Geschlechter), daß Frauen, obwohl sie ein Beispiel gehemmter Entwicklung seien, zumindest eine hochentwickelte Qualität erworben haben müßten, nämlich die Fähigkeit, Männer anzuziehen und ihnen zu gefallen. Spencer argumentierte, daß die frühmenschlichen Frauen in einer wilden, primitiven Umwelt nur dadurch überleben konnten, daß sie für die feindseligen Männer ihrer Umgebung »anziehend« wurden.[14] Wie der loyale Haushund war die Frau, um ihr Überleben zu sichern, vom Wohlwollen ihres Herrn abhängig und mußte daher anziehende Eigenschaften entwickeln, schrieb Spencer. Sie zähmte den primitiven Mann, indem sie ihn mit ihrem schönen Körper lockte, und erhöhte so ihre Überlebenschancen. Die untergeordnete Stellung der Frauen wurde, zugleich mit ihrer Schönheit, als die natürliche Ordnung der Dinge erklärt.

Elaine Morgan stellte ein Jahrhundert später in ihrem Buch »The Descent of Woman« (Die Abstammung der Frau) sarkastisch fest:

»*Dem Mann fällt es ebenso schwer, die Denkgewohnheit aufzugeben, er sei das Zentrum der Spezies, wie es ihm schwerfiel, die Denkgewohnheit zu unterbrechen, er sei das Zentrum des Universums. Er sieht sich – ziemlich unbewußt – als die Hauptlinie der Evolution an, mit einem weiblichen Satelliten, der sich um ihn dreht, wie der Mond die Erde umkreist . . . Jede Veränderung in der Morphologie der Frau wird als Imitation der Evolution des Jägers aufgefaßt oder als Zug, der ausschließlich zu seinem Vergnügen bestimmt ist.*«[15]

Geschlechtsbezogene Mythen, die sich auf sogenannte wissenschaftliche Tatsachen stützen, tendieren dazu, in zeitangepaßten Formen wiederzukehren. Heute behauptet die Wissenschaft nicht mehr, daß der weibliche Körper primitiv und unterentwickelt sei oder daß starke Geschlechterdimorphismen eine höhere Stufe der Evolution spiegelten. Darwins Erben bestehen jedoch immer noch darauf, daß Frauen »von Natur aus« mit besonderer Schönheit ausgestattet seien – erstens, weil Männer durch visuelle Stimuli leichter erregt würden als Frauen, und zweitens, weil Männer »Abwechslung« brauchten, um ihre stärkeren sexuellen Gelüste zu befriedigen. Sehen wir uns diese neue Kombination unter dem Gesichtspunkt der sozialen Ordnung an.

Donald Symons, ein Anthropologe, erklärt in seinem

1979 erschienenen Buch »The Evolution of Human Sexuality« (Die Evolution der menschlichen Sexualität), daß Männer von der Natur mit einem besonders sensiblen visuellen Erregungssystem ausgestattet seien, das sie schnell in Feuer geraten lasse, wenn sie ein hübsches Gesicht sehen[16]: »Beim Mann entwickelten sich die Kriterien zur Einschätzung der sexuellen Attraktivität vermutlich in stärker instinkthafter Weise als bei der Frau«, schreibt Symons. Mit anderen Worten: Bei Männern ist es natürlich, wenn sie Frauen mit Blicken taxieren; sie sind dadurch, wie beim Schaufensterbummel, der Verführung durch spontane Kaufimpulse ausgesetzt. Symons erklärt, Männer seien durch ihre besondere Empfänglichkeit für visuelle Stimuli in bezug auf die Fortpflanzung im Vorteil: Ein Mann kann viele Nachkommen zeugen; eine Frau kann nur relativ wenige gebären, und für sie ist jedes Kind mit einer hohen physischen Belastung verbunden. Männer können ihr reproduktives Potential dadurch maximieren, daß sie für jede attraktive Frau sofort empfänglich sind und eine Vielzahl von Sexualpartnerinnen haben. Im Gegensatz dazu ist es für Frauen die effektivere reproduktive Strategie, zurückhaltend und visuell weniger erregbar zu sein.[17]

Wenn nun Männer »von Natur aus« für visuelle Reize empfänglicher sind und stärker darauf ansprechen, sind Frauen dann aus diesem Grund mit einem dekorativen Körper ausgestattet? Symons beantwortet diese Frage mit nein. »Es gibt keine überzeugenden Beweise dafür, daß anatomische Merkmale von Frauen die Funktion haben, Männer visuell zu stimulieren.« Die große Vielfalt der jeweiligen kulturellen Schönheitsmerkmale sagt wenig über angeborene Attraktivität aus. Symons widerspricht den Auffassungen von Theoretikern wie Desmond Morris, der behauptet, Brüste und Hinterteil hätten sich bei Frauen im Lauf der Evolution als sexuelle Köder für den Mann entwickelt. Der einzige Teil des weiblichen Körpers, über den Männer übereinstimmend und universell berichten, daß er sie errege, ist das Genitale; es käme jedoch niemand auf die Idee, zu behaupten, daß die weiblichen Genitalien sich als visuelles Stimulans für Männer entwickelt hätten.[18]

Symons ist der Ansicht, daß nicht die Evolution des weiblichen Körpers, sondern die Evolution des männlichen Gehirns dafür verantwortlich ist, daß die Anatomie der Frau auf Männer visuell erregend wirkt. Frauen sind nicht aufgrund ihrer Biologie attraktiver, sondern Männer sind darauf konditioniert, sie so wahrzunehmen. Mit anderen Worten: Nach Symons existiert die Schönheit nicht im Körper der Betrachteten, sondern im Gehirn des Betrachters.

Mit welchen »Tatsachen« wird belegt, daß Männer auf visuelle Reize besonders sensibel reagieren? Erstens zeigen einige Studien, daß Frauen den Liebesakt lieber im Dunkeln vollziehen, während Männer sehen wollen, was sie tun und mit wem sie es tun.[19]

Bedeutet das nun, daß Frauen »von Natur aus« weniger am Anblick männlicher Körper interessiert sind, oder bedeutet es, daß sie sich scheuen, ihren eigenen Körper zu zeigen? Obwohl Frauen darauf konditioniert werden, sich als Schönheitsobjekte zur Schau zu stellen, lernen sie in ihrer Sozialisation auch, Scheu und Hemmungen zu empfinden. (Manche Frauen haben starke Hemmungen, ihre eigenen Genitalien zu betrachten.) Vielleicht ziehen viele Frauen es vor, im Dunkeln mit einem Mann zu schlafen, weil sie sich vor dem Taxiertwerden schützen wollen. Die Dunkelheit verhüllt das, was sie an sich selbst als Makel wahrnehmen: die Krampfadern an ihren Beinen, die Geweberisse auf ihren Bäuchen, ihre in der Leidenschaft verzerrten Gesichter. (Ben Franklin gab jungen Männern den Rat, eine ältere Geliebte zu wählen, weil diese weniger anspruchsvoll sei und weil ohnehin »in der Nacht alle Katzen grau« seien.)

Eine weitere Tatsache, die angeblich die höhere männliche Empfänglichkeit für visuelle Reize »beweist«, sind die lebhaften Masturbationsphantasien, von denen viele Männer, aber nur wenige Frauen berichten.[20] Sagt das etwas über das männliche Gehirn aus – oder spiegelt sich darin der permanente Einfluß erotischer Frauenbilder in den Medien? Die Auswirkungen der Erfahrung auf die visuellen

Phantasien von Menschen sind gut dokumentiert. Die Verwendung der aktiven Imagination in Therapien mit orgasmusunfähigen Frauen zeigte, daß Frauen ohne weiteres lernen können, in der sexuellen Erregung erotische Phantasien zu produzieren, sobald die Selbstzensur überwunden ist. Schließlich wird der Geschlechterunterschied in der Reaktion auf Pornographie als dritter »Beweis« dafür herangezogen, daß Männer visuell leichter stimulierbar seien als Frauen. Im Vergleich mit den Millionen, die die Männer für Pornographie ausgeben, existiert praktisch kein weiblicher Markt für Pornographie. Die Mehrzahl der Männer findet Faltblatt-Pin-ups sehr erregend, während nur wenige Frauen von ähnlichen Reaktionen auf männliche Nacktfotos berichten.[21] Außerdem konzentrieren sich Frauen, wenn sie Fotos nackter Männer betrachten, nicht auf die Genitalien, sondern sehen sich die gesamte Gestalt und vor allem das Gesicht an, als wollten sie etwas über die Person erfahren. Im Gegensatz dazu »halten Männer sich nicht damit auf, höher als bis zum Hals zu sehen«.[22]

Frauen, die sich Männerstriptease ansehen, berichten, daß sie die Show genießen, aber relativ wenig Erregung spüren. Judith Brackley sagt dazu:

> *»Es scheint einen fundamentalen Unterschied zu geben zwischen der Art, wie Männer Stripperinnen betrachten, und der Art, wie Frauen männliche Stripper sehen. Vielleicht hat der Unterschied etwas mit Macht zu tun. Frauen scheinen sich in der Rolle von Voyeurinnen unbehaglich zu fühlen. Wir waren nicht ständig von aufreizenden Bildern nackter Männer umgeben, als wir heranwuchsen. Wir wurden nicht zum Verfolgen, Erobern und Punktesammeln ermutigt.«*[23]

Um zu erklären, warum Frauen sich von Pornographie weniger angezogen fühlen, braucht man nicht die Gene zu bemühen. Pornographische Bilder werden in der Regel von Männern für Männer geschaffen. Pornographie betont bewußt die unverbindliche, gewalttätige, demütigende Sexualität. Nahaufnahmen von Genitalien regen nicht zu Phantasien über zärtliche, liebevolle Beziehungen an – diese sind es aber, denen Frauen aufgrund ihrer Erziehung den höchsten Wert beimessen. Pornographie hat wie Vergewaltigung weniger mit sexueller Erregung als mit Macht und Unterwerfung zu tun. Wenn die gewalttätigen Elemente aus der Pornographie entfernt werden, kann man von Erotika sprechen, und es gibt viele Formen erotischer Darstellungen, die von Frauen als erregend empfunden werden.

Die wissenschaftlichen Tatsachen, die vorgeblich die besondere visuelle Sensibilität der Männer beweisen, können nicht überzeugen. Wie es bei den meisten menschlichen Eigenschaften der Fall ist, sind Männer und Frauen vermutlich gleich, was die visuelle Erregbarkeit angeht. Frauen sind mit Sicherheit empfänglich für erotische Darstellungen und können sich an gutaussehenden Männern erfreuen. Wenn in den Reaktionen auf physische Schönheit ein Geschlechterunterschied existiert, ist das zweifellos ebensosehr auf Erfahrungen und Erwartungen zurückzuführen wie auf genetische Disposition. Das männliche Gehirn ist ebensosehr durch die soziale Wahrnehmung konditioniert wie durch die natürliche Selektion. Tatsächlich ist es durch Studien belegt, daß nicht Männer, sondern Frauen genauer hinschauen, menschliche Gesichter aufmerksamer betrachten und genauer erinnern, daß Frauen Emotionen besser erkennen und auf nonverbale Reize sensibler reagieren als Männer.[24]

Eine zweite »genetische Konstituente« soll den männlichen Appetit auf ein abwechslungsreiches Angebot von Sexualität erklären. Wenn eine männliche Ratte zusammen mit einer sexuell rezeptiven weiblichen Ratte in einen Käfig gesperrt wird, besteigt das männliche Tier das weibliche zunächst wiederholt und mit Genuß, verliert dann allmählich das Interesse und ignoriert seine Partnerin schließlich ganz. Wenn dem Männchen ein anderes Weibchen zugesellt wird, ist sein sexuelles Interesse jedoch sofort wieder geweckt. Männer, die mehrere Frauen haben, berichten über ähnliche Langeweile nach mehreren aufeinanderfolgenden Nächten mit Ehefrau eins und über die Wiederkehr der Lust bei Ehefrau zwei. Solche Fakten werden benutzt, um zu beweisen, daß Männer »von Natur aus« mehr Abwechslung brauchen als Frauen, daß sie ein größeres Bedürfnis nach neuen Partnerinnen haben, weil ihnen ein stärkerer Sexualtrieb »angeboren« ist. Der herzhafte Appetit der Männer erfordert, wie wir erfahren, ein ständig wechselndes Menü, wieder, weil die Promiskuität angeblich für Männer, nicht aber für Frauen ein reproduktiver Vorteil sei.

Nach dieser Theorie wirkt jede neue Frau attraktiv, einfach deshalb, weil Männer bewußt oder unbewußt immer auf eine neue Partnerin aus sind. Symons erklärt, daß »ein neues Gesicht auf die Liste der den Männern angeborenen Kriterien für die Attraktivität von Frauen gesetzt werden sollte ... aber ein neues Gesicht ist gewöhnlich für Frauen kein Kriterium, um männliche Attraktivität zu bewerten«.[25] Er fügt hinzu, daß Männer durch ihr stärkeres Bedürfnis nach Abwechslung zu einem »Leben in ständiger Sehnsucht« verdammt seien oder dazu getrieben würden, moralische oder religiöse Gesetze zu übertreten, was oft mit großen Risiken verbunden ist.

Frauen und Männer sehnen sich im täglichen Leben sowohl nach dem Neuen als auch nach dem Vertrauten. Wir alle reagieren mit Übersättigung, wenn wir Tag für Tag dasselbe aufgetischt bekommen, aber unser Appetit wird wiederbelebt, wenn das alte Gericht in einer neuen Sauce serviert wird. Die sexuelle Begegnung kann zur langweiligen Gewohnheit oder zum Zwang werden, ohne die Periodizität des Brunstzyklus – oder ohne den emotionalen Lebensfunken, den wir Liebe nennen.

Nacktheit läßt das Begehren wiederaufflammen, wenn sie als Rarität geboten wird. Aus diesem Grund kann der Hals oder der Fußknöchel, wenn er für gewöhnlich verhüllt ist, zum erotischen Reiz werden. Das Feigenblatt produziert eine erogene Zone, indem es verhüllt. Wie Elaine Morgan bemerkt, kann man jedoch »nicht nackter als nackt« werden, und »wenn vollständige frontale Nacktheit als öffentliches Spektakel zu einem weiteren Déjà-vu geworden ist, kann man nicht mehr weiter gehen, es sei denn in den alptraumhaften Bereich einer Karikatur, in der die Stripteasetänzerin graziös ihre Eingeweide herauszieht, um die Begierden der Zuschauer anzustacheln«.[26]

Was kann eine Ehefrau tun, wenn ihr Mann von einem unersättlichen Bedürfnis nach »Sex à la carte« oder leckeren Nebengerichten getrieben ist? Als Gegengift gegen sexuelle Langeweile ist die Kosmetik gleich bei der Hand. Der zukünftigen »totalen Frau« wird folgendes geraten:

»Eins der wirklich fundamentalen Bedürfnisse Ihres Mannes ist es, Sie als physisch attraktiv zu erleben. Er wird sich bei Ihnen zu Hause lebendiger fühlen, wenn Sie ihm mit Ihrer ganzen Haltung vermitteln:

›Berühr mich, ich gehöre dir!‹ . . . Sie können für ihn viele verschiedene Frauen sein. Durch Ihre Kleidung können Sie ihm Abwechslung bieten, ohne daß er je das Haus verlassen muß. Lassen Sie ihn nie wissen, was ihn erwartet, wenn er die Haustür öffnet; machen Sie es so, daß es wie das Öffnen eines Überraschungspäckchens ist . . . Seien Sie ein Vamp oder eine frische amerikanische Schönheit, eine Fee oder eine Piratin, ein Cowgirl oder ein Showgirl. Überraschen Sie ihn! Begrüßen Sie ihn an der Tür im rosa Babydoll-Pyjama und mit weißen Stiefeln.«[27]

Exotische Aufmachungen, elegante Frisuren, teure Düfte erzeugen die Illusion des Neuen. Durch kosmetische Magie kann eine Ehefrau »die Andere« oder »die Jüngere« verkörpern oder einen ganzen Harem. Sie kann das erlahmende Interesse ihres Mannes wieder aufflammen lassen, indem sie (ohne die Grenzen des Anstands zu verletzen) das Interesse anderer Männer erweckt; durch die Augen des Rivalen wird er sie in einem neuen Licht sehen.

Ist die Sehnsucht nach dem Neuen wirklich »natürlicher« bei Männern? Ist das der Grund, warum Frauen so eifrig darauf erpicht sind, sich zu verschönern? Ist die Promiskuität für Männer wirklich soviel günstiger als für Frauen? Von Bienen wird erwartet, daß sie aus vielen Blütenkelchen Honig sammeln; Blumen sollen dagegen an ihrem Standort verwurzelt sein. Aber welches Geschlecht ist die Biene, und welches stellt den Nektar zur Verfügung? Mit ein wenig Logik ist leicht zu ermitteln, daß der heterosexuelle Liebesakt, an dem neue Partner beteiligt sind, einen Mann und eine Frau erfordert. Also bleibt die Anzahl der neuen Partner für beide Geschlechter gleich. Frauen genießen die Abwechslung vermutlich ebensosehr wie Männer. Erinnern wir uns, daß die »brünstige« frühmenschliche Frau nach der Ansicht mancher Wissenschaftler das Werk der Zivilisation störte. Bei anderen Primaten ist die Sexualität von den Brunstzyklen bestimmt. Ganz unabhängig davon, wie hartnäckig, dominant oder geil ein männlicher Schimpanse sein mag, der Koitus findet nur statt, wenn die Hormone des weiblichen Tieres zustimmen. Ein brünstiges Schimpansenweibchen, das männliche Tiere aktiv anlockt und eifrig ein Männchen nach dem anderen empfängt, ist entschieden promiskuös. Die menschliche Sexualität entstammt dieser Struktur. In ihrem Buch »The Nature and Evolution of Female Sexuality« (Die Natur und die Evolution der weiblichen Sexualität) bezeichnet Mary Jane Sherfey den Sexualtrieb der Frau als »unersättlich«. Nach der Auffassung der Autorin ist es eine biologische Absurdität, anzunehmen, Frauen hätten eine im Vergleich zu Männern geringere Libido oder sie seien von Natur aus weniger der Promiskuität zugeneigt.[28] Viele Frauen können hintereinander Dutzende von Orgasmen haben und wollen immer noch mehr. Das ähnelt zweifellos dem Verhalten des sexuell rezeptiven Schimpansenweibchens, das aktiv eine große Schar von Bewerbern anlockt und mit allen koitiert.

Außerdem widerlegen die Mechanismen des Sexualakts selbst die Vorstellung, die Suche nach neuen Partnern sei für Männer »natürlicher« als für Frauen. Männer sind nach dem Orgasmus vorübergehend impotent. Frauen können dagegen kontinuierlich sexuellen Kontakt und vielfache Orgasmen genießen, was logischerweise zur Promiskuität führen müßte. Die Tatsache, daß manche Frauen erst nach langen Stimulierungsphasen den Orgasmus erreichen, könnte man als einen Weg der Natur interpretieren, Frauen zu vielfältigen Partnerschaften zu ermutigen.[29]

Hrdy erklärt, daß die Promiskuität für das weibliche Geschlecht durchaus reproduktive Vorteile beinhaltet. Wenn das weibliche Tier viele männliche Tiere anlockt und den Wettkampf unter ihnen auslöst, kann es die wirklich Starken besser von den vorgeblich Starken unterscheiden und so seine Chancen verbessern, den stärksten Partner auszuwählen. Promiskuöse Partnerschaften vergrößern die Anzahl der Männchen, die mit der Schimpansenmutter »in gutem Einvernehmen« sind. Diese Bewerber sind ihren Jungen gegenüber weniger feindselig (was sehr bedeutsam ist, denn die Aggression der männlichen Tiere ist eine der Haupttodesursachen bei Primatenjungen).[30]

Wir werden zu dem Glauben erzogen, daß die Monogamie für Frauen »natürlich« und ein anstrebenswertes Ideal sei. Dennoch sind unsere nächsten Verwandten, die Menschenaffen, keineswegs monogam, und nur wenige der vielen Primatenarten kennen permanente Bindungen. Nur zwanzig Prozent aller menschlichen Gesellschaften können als strikt monogam bezeichnet werden.

Dieser Exkurs in die Promiskuität sollte demonstrieren, daß der Wunsch nach sexueller Abwechslung bei Frauen ebenso natürlich, ebenso stark und ebenso nützlich ist wie bei Männern. Ein Vergleich des Kinsey-Reports von 1948 mit der Cosmopolitan-Studie von 1980 zeigte einen enormen Anstieg der Anzahl von Frauen, die in Promiskuität leben. Die Anzahl der Ehefrauen, die im Alter von fünfunddreißig Jahren außereheliche Beziehungen gehabt hatten, hatte sich gegenüber der Studie von 1948 verdoppelt; insgesamt machten sie nahezu fünfzig Prozent der Befragten aus.[31] Asymmetrie in den Schönheitsvorstellungen kann nicht als Teil der natürlichen Ordnung erklärt werden, wenn Frauen ebensosehr wie Männer den Wunsch nach neuen Partnern haben. Die Evolution hat die Frauen nicht mit besonderer Schönheit ausgestattet, weil Männer zur Promiskuität neigen. Beide Geschlechter wissen offenbar eine abwechslungsreiche Kost zu schätzen.

Maßgeschneiderte Gene

Die griechische Mythologie erzählt, daß der Seher Tiresias für sieben Jahre in eine Frau verwandelt wurde und die Liebe eines Mannes erfuhr. Als Zeus und Hera einmal darüber stritten, ob das männliche oder das weibliche Geschlecht beim Liebesakt den größeren Genuß empfinde, riefen sie den Seher, um die Frage zu entscheiden. Tiresias antwortete, daß die Frau eindeutig das größere erotische Vergnügen habe. Weil er diese Wahrheit ausgesprochen hatte, wurde Tiresias geblendet. Diejenigen, die Geschlechterklischees in Frage stellen, werden oft als blinde Narren oder als Verräter betrachtet. Die Kultur schreibt ihre alten Karteikarten nur widerwillig um. Wie Galilei entdeckte, besteht Wissenschaft ebensosehr aus kulturellen Vereinbarungen und Mythen wie aus Tatsachen.

In unserer genetischen Struktur und in der Struktur unserer sozialen Beziehungen sind Kultur und Natur miteinander verwoben. Wie andere menschliche Grundbedürfnisse, die Bedürfnisse nach Nahrung und Schlaf zum Beispiel, entwickelte auch die Sexualität eine komplexere Bedeutung, die über ihren ursprünglichen Zweck hinausgeht. Das überwältigende Verlangen nach neuen Partnern, nach großen Brüsten, kleinen Füßen, langem blondem Haar hat mehr soziale als natürliche Ursprünge. Die genetische Struktur ist zweifellos bedeutsam für das menschliche Verhalten, aber die Theorien, die sich auf genetische Anlagen berufen, haben stets die Tendenz, den Interessen der Frauen zuwiderzulaufen. Der genetische Determinismus hat die Frauen immer wieder als »von Natur aus« weniger intelligent, weniger entwickelt, weniger sexuell erregbar, aber attraktiver als Männer definiert. Wissenschaftler beriefen sich auf die »neutrale« Evolutionstheorie, als sie behaupteten, die weiblichen Brüste hätten sich vor allem als weithin sichtbares sexuelles Signal für Männer entwickelt, der Brunstzyklus sei durchbrochen worden, damit Frauen die sexuellen Bedürfnisse ihrer Partner kontinuierlich befriedigen könnten, das Hymen habe sich herausgebildet, damit der Mann sich der Jungfräulichkeit der Frau sicher sein könne. Diese »logischen Erklärungen« erschienen, zumindest eine Zeitlang, universell gültig und unwiderlegbar.

Die Wissenschaft ist zu allen Zeiten mit der sozialen Doktrin vermählt; sie wird benutzt, um den Status quo aufrechtzuerhalten. Die »Tatsachen«, die belegen sollen, daß die Evolution Frauen attraktiver gemacht habe, weil Männer sich nach sexueller Abwechslung sehnten und weil das männliche Gehirn auf visuelle Reize konditioniert sei, sind weniger aus der Natur abgeleitet als aus den Rollennormen, die sie stützen sollen. Da physische Merkmale, die Schönheit eingeschlossen, als naturgegeben betrachtet werden, genießen die genetischen Erklärungen der Geschlechterunterschiede großes Ansehen. Biologische »Wahrheiten« nehmen leicht moralische Obertöne an; Geschlechterunterschiede werden mit der göttlichen Ordnung verwechselt. Die Bibel wird zitiert, um Männern einzuschärfen, daß sie kein langes Haar und keine weibliche Kleidung tragen sollen, weil das sündig und »unnatürlich« wäre. Genetische Erklärungen für die Schönheitsasymmetrie zwischen den Geschlechtern sind bequeme Lösungen; sie nehmen uns die Verantwortung für die Ungleichheit der Geschlechter ab. Die Wissenschaft sieht die weibliche Sexualität aus androzentrischer Perspektive. Wenn Biologen die Hormone, die bei beiden Geschlechtern das sexuelle Begehren stimulieren, »Androgene« und generell »männliche Hormone« nennen, wird der weibliche Sexualtrieb damit den »männlichen« Komponenten der Frau zugeschrieben. In der wissenschaftlichen Literatur ist das »Eroberungsvokabular« allgemein verbreitet. Männliche Affen »nehmen« und »besitzen« die weiblichen Tiere, obwohl es die Hormone und die Körperhaltung der weiblichen Tiere sind, die den Verlauf der sexuellen Kontakte bestimmen. Oder wir werden belehrt, das männliche Spermium müsse mit Millionen von Rivalen konkurrieren, das Rennen gewinnen und »in die weibliche Eizelle eindringen oder sterben«. Dasselbe Eroberungsvokabular beherrscht die Umgangssprache männlicher Jugendlicher, die über sexuelle Erfahrungen schwadronieren: »Bist du bei ihr gelandet? Hast du sie flachgelegt?« Sprache ist prägend. Es macht einen Unterschied, ob jemand sich in der werbenden oder der umworbenen Rolle erlebt, ob er/sie sich als aktiv verfolgend oder passiv wartend betrachtet.

Symons geht davon aus, daß Frauen in der monogamen Ehe Sexualität im Austausch für Liebe *geben*, während Männer, um Liebe zu erhalten, ihre Promiskuität *aufgeben*. Sexualität ist aber eine Form von Kommunikation, die außer sexuellen auch noch emotionale, reproduktive und ökonomische Bindungen schafft. Die Bedeutung, die der Sexualakt annimmt, ist von den Gefühlen und Bedürfnissen der Partner bestimmt. Solange Frauen relativ abhängiger sind als Männer, bleibt das »Geben« von Sexualität und/oder Zuneigung ein signifikanter Aspekt der weiblichen Beziehungsstruktur.

Frauen reagieren vermutlich ebenso stark wie Männer auf visuelle Reize, aber ihre untergeordnete soziale Stellung zwang sie, andere Qualitäten wahrzunehmen. Wie wir am Beispiel von Ann sahen, bietet Attraktivität oder auch Liebe allein für Frauen keine ausreichende Basis, um in der Partnerwahl soviel Freiheit zu haben wie Männer. Manche Theoretiker sagen voraus, daß Frauen, wenn sie ein höheres Maß an Autonomie erreicht haben, ihre Partner vor allem nach dem Aussehen auswählen werden; Männer werden sich »auf dem Fleischmarkt wiederfinden, sie werden sich genauso zur Schau stellen und herausstaffieren, wie es Frauen immer getan haben«.[32]

Diese Voraussage ist natürlich wieder androzentrisch; sie geht davon aus, daß das männliche Muster das »natürliche« sei und daß Frauen, wenn sie mehr Autonomie erwerben, beginnen werden, sich »normal«, das heißt wie voyeuristische Männer zu verhalten. Frauen übernehmen tatsächlich oft männliche Verhaltensmuster, aber nicht, weil diese »natürlicher« wären, sondern weil alle Menschen dazu neigen, ein Verhalten zu imitieren, das als normgebend gilt. Es ist aber auch denkbar, daß größere soziale und ökonomische Unabhängigkeit Frauen von dem Zwang befreien wird, durch übertriebene Schönheitssignale für sich zu werben. Wenn Ann zum Beispiel genügend finanzielle Sicherheit bieten könnte, um eine Familie zu ernähren, würde sie vermutlich leicht einen Partner finden, der sich glücklich schätzen würde, Vater ihrer Kinder zu sein.

Zweifellos werden Frauen auch weiterhin mit Sexualität anders umgehen als Männer; sie werden sie einsetzen, um Beziehungen zu festigen und Intimität herzustellen – und nicht, um zu testen, wie weit ihre Macht über andere geht. In einer Umfrage über Sexualität sagte eine Frau zu einem Interviewer: »Frauen wollen nicht die Freiheit, das männliche Modell von Sexualität zu übernehmen. Sie wollen die Freiheit, ihr eigenes Modell zu entwickeln.«[33]

Die Natur löste die Menschen aus der Bindung an die Brunstzyklen und gab ihnen die Freiheit der sexuellen Wahl. Die größere Freiheit erhöhte aber auch die Last der sexuellen Verantwortung. Ann erhielt auf ihre Heiratsanzeige nur wenige Antworten (Männer, die Heiratsannoncen aufgeben, erhalten im allgemeinen wesentlich mehr Antworten als Frauen). Sie steht kurz vor ihrem zweiunddreißigsten Geburtstag und investiert immer mehr Zeit, Geld und Energie in ihr Aussehen, um stärkere Signale von Attraktivität auszusenden. Guthrie kommt in seiner Arbeit über »Body Hot Spots« zu dem Schluß, daß die Erhaltung der sexuellen Anziehungskraft als Mittel sozialen Statusgewinns im Lauf des letzten Jahrhunderts zu unverhältnismäßig großer Bedeutung gelangt ist. Selbst in monogamen Kulturen wird die verführerische Aufmachung nach der Heirat beibehalten, weil die erotisch-sexuellen Signale zunehmend zu Statuszeichen geworden sind und weil die Art der Körperdekoration Klassenidentität vermittelt. Die Folgen davon sind die übertriebene Bedeutung der äußeren Erscheinung, der Verlust der Intimität zwischen Liebespartnern und der Zusammenbruch der traditionellen Ehebindung.[34]

Das komplexe menschliche Verhalten läßt sich nicht säuberlich in einfache und überschaubare Kategorien einordnen. Wenn wir versuchen, die Menschen in Werbende und

Umworbene, Verfolger und Verfolgte einzuteilen, verfallen wir verzerrenden Vereinfachungen. Die öffentliche Zurschaustellung eines verführerischen Körpers oder eines schönen Gesichts, die Annonce auf dem Heiratsmarkt, in der sich eine blonde, attraktive, fortpflanzungsbereite Frau Interessenten anbietet, sind nur eine Seite der Medaille. Zum Tangotanzen gehören zwei, und die Signale der Werbenden sind ohne die Reaktionen der Umworbenen bedeutungslos. Außerdem wird das sexuelle Duett nie auf einer leeren Bühne aufgeführt. Biologische Themen sind von individuellen Variationen überlagert, die wiederum mit den sozialen Obertönen harmonieren müssen – die kulturellen Klischees eingeschlossen, die mit ihren beherrschenden Klängen die Melodien unserer Gene auslöschen können.

DIE ANGST VOR DEM ALTER
UND DER KULT
DER JUGENDLICHKEIT

Weibliche Körper wirken kindlicher als männliche Körper – sie sind glatter, weicher, kleiner. In unseren Vorstellungen von »femininer« Schönheit wird der kindliche Aspekt stark betont, was bei Frauen, wenn sie reifer werden, zu Konflikten führt. Wenn das Älterwerden die kindlichen Züge auslöscht, ist die Schönheitskrise des mittleren Lebensalters vorprogrammiert.

Guthrie unterscheidet in seiner Analyse der »Biologie der Schönheit« zwei Kategorien natürlicher Attraktivität: Beim ersten Typus handelt es sich um jugendliche Qualitäten, die mit unserer Liebe zu Kindern zusammenhängen. Von einem winzigen, niedlichen, weichen, hilflosen Wesen fühlen wir uns instinktiv angezogen, denn das »Kindchenschema« löst Fürsorge- und Pflegeimpulse in uns aus. Schauspielerinnen wie Mia Farrow und Goldie Hawn verkörpern diesen Typus ästhetischer Anziehung. Sie fallen ins Auge, weil sie wie entzückende verlassene Waisenkinder aussehen. Den Gegentypus stellen Schauspielerinnen wie Raquel Welsh oder Sophia Loren dar, hochgewachsene, dunkle Frauen mit vollentwickelten Körpern. Ihre gerundeten Hüften und vollen Brüste beeindrucken den Betrachter, weil sie sowohl Erotik als auch mütterliche Sicherheit signalisieren.

Der Schlüssel zur Maximierung von Attraktivität ist, wie Guthrie erklärt, die Verbindung beider Typen natürlicher Anziehung, die ausgewogene Mischung von zurückhaltender Reinheit und offener Sexualität. Das kindliche Lächeln und die zwitschernde Stimme von Marilyn Monroe vermittelten den Eindruck von Unschuld, auch wenn sie gleichzeitig ihre breiten Hüften schwenkte.

Wenn jugendliche Charakteristika im reifen Alter aufrechterhalten bleiben, spricht man von »neotenischen« Zügen (von griechisch neos = »jung, neu« und tenein = »sich ausdehnen«). Das bedeutet im Wortsinn die Ausdehnung des kindlichen Aussehens bis ins Erwachsenenalter hinein. Die Evolution förderte neotenische Züge, indem sie zum Beispiel den stark behaarten Affenkörper in den kindlich unbehaarten Körper verwandelte. Die Kultur förderte neotenische Züge durch eine Vielzahl kosmetischer Rituale, die die Sprache der Natur imitieren. Kleidung und Körperpflege werden benutzt, um die beiden Aspekte natürlicher Anziehung zu akzentuieren. In einer Mode-Ära wickeln die Frauen ihre Brüste fest ein, um kindlich-flach auszusehen, in der nächsten Ära tragen sie Büstenhalter mit Schaumstoffeinlagen, um sinnlicher zu wirken. Bei Männern gibt es ähnliche Trends: Sie rasieren ihre Gesichter, um jungenhafter auszusehen, oder tragen martialische Schnurrbärte, um bedrohlich stark zu wirken. Männliche Attraktivität wird meistens durch Dominanzmerkmale verstärkt, während weibliche Attraktivität eher durch neotenische Züge gesteigert wird. Die Prinzen sind hochgewachsen und dunkel, während die lieblichen Jungfrauen, die auf sie warten, zart, blond und hellhäutig sind. Der durch Bandagieren verkleinerte Fuß und die Wespentaille sind extreme Beispiele für kulturelle Schönheitssignale, die sich am Kindlichen orientieren.

Der Jugendlichkeitskult

Wir leben nur einmal – und die Kosmetikfirmen laden uns ein, dieses Leben als Blondine zu verbringen. Millionen Frauen akzeptieren diese Einladung in der Hoffnung, mit dem Blondton im Haar Glück in ihr Leben einzufärben. Warum heißt blond sein hübscher sein? Weil in der Sprache der Biologie blond sein jünger sein bedeutet. Eine von vier amerikanischen Frauen ist in ihrer Kindheit blond, aber nach der Pubertät wird das Haar meistens dunkler, und nur fünf Prozent der Frauen bleiben »natürliche Blondinen«. Blondiertes Haar bietet in unserer Kultur eine Möglichkeit, länger jugendlich auszusehen. (Außerdem signalisiert blond in einer rassistischen Kultur wie der unseren auch den Status der dominanten ethnischen Gruppe.) Bei den »Miss America«-Wahlen ist etwa jede dritte Wettbewerbsteilnehmerin blond.

Vor 1930 war es nicht üblich, daß Frauen sich die Haare färbten; gefärbtes Haar galt als vulgär. Um 1950 hatte die Kosmetikindustrie es geschafft, uns zu überzeugen, daß auch »nette Mädchen« sich dieser kosmetischen Veränderung bedienen dürfen. Die Werbung konzentrierte sich darauf, die Frau an das kleine Mädchen zu erinnern, das sie einmal war. In den Texten dominierten die Vokabeln »Jugend«, »Spaß« und »Frische«. Mit einer Haarwäsche konnte die Frau nach dem Versprechen der Werbung die sorglosen Tage ihrer Kindheit zurückholen.

Auch Männer sehen jünger aus, wenn sie blond sind; sie erscheinen jungenhafter und weniger als Macho. Bei erwachsenen Männern ist es jedoch selten, daß sie sich das Haar künstlich bleichen, denn blond sein signalisiert Jugend und somit eine mindere Stellung in der Männerhierarchie. In Filmen und Werbespots werden blonde Männer selten mit dunkelhaarigen Frauen zusammen gezeigt; bei solchen Paaren scheint die Machtverteilung nicht zu stimmen. Der dunkle Othello erobert und beherrscht die bleiche Desdemona, das Symbol einer »helleren und höheren Kaste«. Blondes Haar wird mit Weichheit und Reinheit assoziiert, mit einem sonnigen Tag, einer Prinzessin, einem Engel mit Heiligenschein. Mit dunklem Haar bringt man dagegen das Mysteriöse, auch das Finstere und Düstere in Verbindung, die bedrohlichen Schatten der Nacht, die dunklen Roben der Zauberer und Hexen. Im antiken griechischen Theater trugen die Helden blonde, die Schurken dunkle Perücken. Puppen für Kinder sind gewöhnlich blond und blauäugig, wie auch die meisten Märchenprinzessinnen.

Die mit dem Blondsein verbundenen Stereotypen treten in komplementären Paaren auf, ein Gesetz, das den meisten kulturellen Klischees zugrunde liegt: Die sprichwörtliche unkomplizierte Blondine ist schön, aber blöd – was zählt, ist der Glanz in ihrem Haar, nicht in ihrem Geist. Eine energische, intelligente Frau kann blondes Haar als dekorative und entwaffnende Tarnung tragen. Die mildernde goldene Aura um ihren Kopf erlaubt es ihr, scharfsinnig zu sein, ohne »zickig« zu wirken. Natürliche Blondinen berichten, daß ihr helles Haar andere dazu bringt, sie als Symbole oder Objekte und nicht als Menschen zu sehen. Sie haben das Gefühl, daß von ihnen ein bestimmtes Verhalten erwartet wird, und sie müssen bewußt daran arbeiten, das mit dem Blondsein verbundene Stereotyp abzuschütteln.

In ihrem Buch über den Blondinenkult[1] kommt Lois Wyse zu dem Schluß, daß blond nicht einfach eine Haarfarbe ist, sondern ein Lebensgefühl, die Verkörperung romantischer Träume. Das Mittel, mit dem das Haar blondiert wird, scheint bis ins Gehirn hinein zu wirken. Untersuchungen zeigten, daß viele Frauen, die ihr Haar blondieren, damit eine bestimmte Vorstellung von Weiblichkeit verbinden. Eine »selbstgemachte« Blondine sieht sich oft selbst als eine Mischung von Naivität und Sinnlichkeit und wird auch von anderen so gesehen.

Blondsein reicht jedoch nicht aus. Eine Frau muß auch samtige, glatte Haut haben, um den Reiz kindlicher Schönheit auszustrahlen. Vor fast zweitausend Jahren warnte der römische Dichter Ovid die Frauen davor, »haarige Ziegenböcke« den Weg in ihre Arme finden zu lassen, und empfahl ihnen auch, ihren eigenen Körper von stachligem Haarwuchs zu befreien. Amerikanische Frauen von heute entfernen mehr Körperhaar als Frauen in anderen westlichen Kulturen. Nur wenige wagen es, an Stränden oder in Schlafzimmern die Hüllen fallen zu lassen, ohne sich vorher von dem als häßlich, peinlich, ja ekelhaft empfundenen Körperhaar befreit zu haben. Die heftige Abneigung gegen »überflüssige« Körperbehaarung, die Härchen auf der Oberlippe einer Frau, am Kinn, an den Unterarmen, um die Brustwarzen, ober- und unterhalb der »Bikini-Linie« und an den Beinen zeigt deutlich, wie sehr sowohl Frauen als auch Männer darauf konditioniert sind, der natürlichen Körperlichkeit der Frau zu mißtrauen. Körperbehaarung signalisiert sexuelle Reife und Dominanz. Starke Behaarung beschwört das Bild wilder Tiere oder primitiver Affenmenschen herauf. Bei Kampfbereitschaft sträubt sich das tierische Fell; das optisch größere Körpervolumen soll den Gegner einschüchtern. Wir sprechen davon, daß uns in furchterregenden Situationen »die Haare zu Berge stehen«.

Guthrie erklärt, der »nackte Affe«, der Mensch, sei im Lauf der Evolution unter anderem deshalb immer nackter geworden, weil weniger Behaarung weniger Bedrohung signalisiert. Glatte Haut ist eine bessere Grundlage für soziale Bindungen. Wenn wir uns enthaaren, führen wir anderen einen harmlos-freundlichen Körper vor. Der haarlose Körper signalisiert Kindlichkeit und kann daher auf Männer und Frauen als Beschwichtigungssignal wirken. Im alten Ägypten waren Bärte als Symbol der Macht ausschließlich den Herrschern vorbehalten. Die ägyptische Königin Hatschepsut trug einen falschen Bart, um ihren herrscherlichen Status anzuzeigen. Heute genügen einige Borsten am Kinn einer Dame oder ein Schatten auf ihrer Oberlippe, um alle anderen Aspekte ihres weiblichen Charmes auszulöschen.

Verfrühtes Alter

In seiner Vorlesung über »die Weiblichkeit« sagte Freud:

»Ein Mann um die Dreißig erscheint uns als ein jugendliches, eher unfertiges Individuum, von dem wir erwarten, daß es die Möglichkeiten der Entwicklung, die ihm die Analyse eröffnet, kräftig ausnützen wird. Eine Frau um die gleiche Lebenszeit aber erschreckt uns häufig durch ihre psychische Starrheit und Unveränderlichkeit. Ihre Libido hat endgültige Positionen eingenommen und scheint unfähig, sie gegen andere zu verlassen. Wege zu weiterer Entwicklung ergeben sich nicht; es ist, als wäre der ganze Prozeß bereits abgelaufen, bleibe von nun an unbeeinflußbar, ja, als hätte die schwierige Entwick-

lung zur Weiblichkeit die Möglichkeiten der Person erschöpft.« [2]

Das Leben von Frauen ist durch einen jähen Absturz ihres sozialen Werts im mittleren Lebensalter markiert. Sie finden sich plötzlich in einem Niemandsland wieder und werden als alt betrachtet, weil sie nicht mehr wie junge Mädchen aussehen. Der Prozeß des Älterwerdens ist nicht nur durch biologische, sondern auch durch soziale Faktoren bestimmt. Beide Geschlechter beobachten, wie sich der Körper mit den Lebensjahren verändert; in weiblichen Gesichtern scheint die Zeit jedoch tiefere Spuren zu hinterlassen, nicht etwa, weil sie früher altern als Männer, sondern weil sie mit dem Altern sozial entwertet werden. Die Lebenserwartung von Frauen überschreitet die von Männern heute im Durchschnitt um etwa neun Jahre. Frauen im mittleren Lebensalter werden jedoch als relativ älter betrachtet als Männer in der Lebensmitte. Susan Sontag bezeichnete diese Vorurteilshaltung als »Doppelmoral des Älterwerdens«. Die voneinander abweichenden Attraktivitätsstandards für Männer und Frauen machen in ihrer Sicht den Hauptteil des Problems aus; erstens, weil die weibliche Schönheit stärker als die männliche mit Jugendlichkeit gleichgesetzt wird, und zweitens, weil Attraktivitätsnormen generell strenger auf Frauen angewandt werden. In Studien bestätigten sich die massiven Geschlechtsrollenvorurteile, die der Bewertung des Älterwerdens zugrunde liegen. Beide Geschlechter werden mit zunehmendem Alter als weniger attraktiv bewertet; bei Frauen nimmt man jedoch an, daß sie ihre Attraktivität schneller einbüßen als Männer. Versuchspersonen, die Fotos derselben Menschen in der Jugend, in der Lebensmitte und im Alter bewerteten, kamen in der Mehrzahl zu der Ansicht, die Attraktivität der Frauen habe mit dem Älterwerden stärker abgenommen als die Attraktivität der Männer. Außerdem blieb die Bewertung der Virilität der Männer über ihre gesamte Lebensspanne ziemlich konstant, während die Weiblichkeit der Frauen zwischen der Jugend und der Lebensmitte als rapide abnehmend wahrgenommen wurde. [3]

Männlichkeit wird an Energie und Kraft gemessen, daher haben alternde Männer die meiste Angst vor dem Verlust ihrer Aktionsfähigkeit in den unterschiedlichen Lebensbereichen. Weiblichkeit wird dagegen an Attraktivität gemessen; deshalb sind Frauen, wenn sie älter werden, so sehr um den Verlust ihres guten Aussehens besorgt. Viele Frauen berichten, daß der Verlust des tragenden Elements ihrer Geschlechtsidentität mit dem Gefühl des Versagens verbunden ist.

Mit dem Verlust der mädchenhaften Schönheit ist auch der Verlust eines Selbstbildes verbunden, das Frauen von Kindheit an vermittelt wurde. Obwohl auch reifen Frauen noch ein gewisser Reiz zugestanden wird, kündigt diese kurze Phase nur das Herannahen des Alt- und Vergessenseins an. Die Vorwegnahme des Höllensturzes kann so qualvoll sein wie der Fall selbst.

Hübsche Frauen haben am meisten zu verlieren. Eine Frau, die durch ihr gutes Aussehen immer unmittelbare Bestätigung erhielt, erlebt ihr welkendes Gesicht als überwältigenden Angriff auf ihr Selbstgefühl. Wie wir anhand der schon früher zitierten Studien sahen, fällt Frauen, die im College-Alter besonders hübsch waren, der Übergang ins mittlere Lebensalter wesentlich schwerer als ihren früher weniger attraktiven Altersgenossinnen. Bei Männern dagegen hängt der Umgang mit dem Älterwerden nicht mit dem Grad ihrer früheren Attraktivität zusammen.[4]

Grace Kelly erklärte an ihrem vierzigsten Geburtstag, daß vierzig zwar ein wunderbares Alter für einen Mann sei, für eine Frau jedoch eine Tortur, denn es sei der »Anfang vom Ende«. Wenn das Ende in der Lebensmitte beginnt, sind Frauen damit ihres Rechts, reife Persönlichkeiten zu werden, beraubt. Elissa Melamed schildert die tiefen Ängste, mit denen sie den »Anfang vom Ende« erlebte:

»Als Psychotherapeutin wußte ich, daß ich es offenbar mit Dingen zu tun hatte, die tiefer gingen als ein paar Fältchen oder graue Haare. Ich fühlte mich gespalten, ein Teil von mir stand einem anderen Teil entgegen: eine unveränderliche Per-

sönlichkeit in einem sich verändernden Körper; ein ausgewoge-
nes Ich im Widerstreit mit einem bedürftigen Ich; eine ehrliche
Persönlichkeit voller Scham über den Ich-Anteil, der immer
noch das Jugendlichkeitsspiel spielen wollte. Eine Stimme hallte
in meinem Kopf wider: Du bist nicht mehr die Schönste im
ganzen Land ... Als ich jung war – weil ich jung war –, er-
lebte ich die Bestätigung, die meiner Jugend und meiner Schön-
heit galt, ganz naiv als Bestätigung meiner Persönlichkeit. Ich
hatte mich tatsächlich mit dem eingefrorenen Bild dieser jun-
gen Persönlichkeit identifiziert. Wie Dornröschen war ich im
Alter von etwa fünfzehn Jahren in Trance gefallen, aus der ich
nun gerade zu erwachen begann.«[5]

Frauen, die in der Lebensmitte stehen, sozial aber ins Alter hineingestoßen werden, leiden unter einem Gefühl von
Asynchronizität. Sie sind nicht mehr im Einklang mit sich
selbst. Die Forderungen des kulturellen Schönheitsideals
verzerren den natürlichen Reifungsprozeß und verursachen
immer wieder asynchrone Entwicklungen. Außer in der
kurzen Zeitspanne der späten Adoleszenz und des frühen
Erwachsenenalters werden Frauen immer wieder in Entwicklungen hineingetrieben, die ihrem tatsächlichen Lebensalter nicht adäquat sind. Daß eine Frau von einem gewissen Zeitpunkt an nicht mehr ihr wahres Alter nennt, ist
ein universell verbreiteter Witz geworden. Der Mythos der
weiblichen Schönheit drängt Mädchen erst zu einer ver-
frühten Zurschaustellung ihrer erotischen Reize, dann hindert er junge Frauen an ihrer natürlichen Entwicklung zur
Weiblichkeit, und schließlich macht er es ihnen unmöglich,
reife Persönlichkeiten zu werden. Am Horizont des weiblichen Lebenszyklus erscheint das mittlere Lebensalter wie
eine Flutwelle, die den jugendlichen Reiz erfaßt und fort-
spült und die Frauen auf einen trockenen und ziemlich öden
Strand wirft.

Schon ehe sie das »gewisse Alter« erreichen, wird den meisten Frauen bewußt, daß sich die Art von Aufmerksamkeit, die ihnen entgegengebracht wird, allmählich verändert. Wenn Frauen übersehen, ignoriert, nicht mehr beachtet werden, steigert das ihre Verlustängste. »Wir werden durch die Augen der Umwelt in eine andere Kategorie eingeordnet«, schreibt Melamed. »Diese Augen vermitteln uns, daß sie uns nicht mehr spiegeln werden. Diese Augen nehmen keinen Kontakt auf. Sie schauen kurz hin und wenden sich ab, als hätten sie ein lebloses Objekt erblickt.«[6]

Die Stille, die uns umgibt, wenn wir unsichtbar werden, kann vernichtend sein, nachdem wir ein Leben lang den anerkennenden Blick gesucht haben, der uns bestätigt, daß wir gefallen. Manche Frauen beginnen sogar, die Pfiffe und Belästigungen auf der Straße zu vermissen, die früher zumindest den Beweis erbrachten, daß sie wahrgenommen wurden. »Eine ganze Woche in Rom – und ich wurde nicht ein einziges Mal gekniffen!« beklagte sich eine Freundin. Wenn sie für andere unsichtbar werden, verlieren Frauen sich selbst aus den Augen. Ihre Ängste verstärken sich, wenn sie erleben, wie sie aus der Wahrnehmung der Männer ausgefiltert werden. Gleichzeitig tragen sie zu ihrer eigenen Auslöschung bei. Wie Schausteller, die den Trick der »verschwindenden Dame« einüben, perfektionieren Frauen in der Lebensmitte die Kunst der Unsichtbarkeit und verbergen diese Tatsache unbewußt vor sich selbst. Die Angst vor dem Verlust der Attraktivität wird in peinliches Schweigen gehüllt oder tief im eigenen Inneren verborgen. Jede Frau meint, daß sie die einzige sei, die darunter leidet. Wie klingen die Stimmen der Verlustangst im mittleren Lebensalter, wenn sie einmal vernehmbar werden?

Ann: »Ich bin wütend und frustriert darüber, daß mein gutes Aussehen gerade jetzt verschwindet, wo ich anfange, mich als vollständige Persönlichkeit zu erleben.«

Emily: »Ich versuche, Spiegeln aus dem Weg zu gehen. Sie machen mich nur befangen. Älterwerden ist gar nicht schlecht, aber älter aussehen ist wirklich grauenhaft.«

Margaret: »In letzter Zeit sehe ich in meinem Gesicht das alternde Gesicht meiner Mutter. Ich habe Angst, daß ich eines Tages aufwache und genauso alt aussehe wie sie.«

Hilda: »Ich habe keine Angst vor dem Tod, aber an den Gedanken, noch vierzig Jahre lang gräßlich auszusehen, kann ich mich nicht gewöhnen.«

Zoe: »Stell dir mal vor, was es heißt, noch dein halbes Leben vor dir zu haben und zu erfahren, daß du nicht mehr zählst . . . daß du keine Frau bist, sondern ein Witz! Ich bin jetzt dreiundvierzig, dick, sehe genauso alt aus, wie ich bin. Sieh mich an: Bin ich nicht genauso lebendig wie andere auch? Glaubst du etwa, ich leide nicht darunter, in diese Kategorie gepreßt zu werden?«[7]

Carol: »Ich bin mit einer schönen Mutter aufgewachsen; sie war eine selbstbewußte berufstätige Frau, und dennoch saß sie stundenlang vor dem Spiegel, als ihr Haar zu ergrauen begann, und zupfte sich die einzelnen weißen Haare aus. Da ich ihren demoralisierenden Kampf gegen das Älterwerden miterlebt habe, ließ ich mein eigenes Haar weiß werden, aber die Angst vor dem Alt-und-runzlig-Werden ist trotzdem eine Realität in meinem Leben. Als eine klügere Freundin mich einmal auf meine Ängste ansprach, wurde mir klar, daß der Versuch, attraktiv (das heißt jugendlich) zu bleiben, Bestandteil eines alten Wertsystems ist, das aus der Adoleszenz stammt und das sehr schwer aufzugeben ist.«[8]

Der doppelte Maßstab in bezug auf das Älterwerden ist mehr als ein Komplex von Vorurteilshaltungen, die das Selbstwertgefühl von Frauen untergraben. Er schlägt sich auch in harten statistischen Fakten nieder, die die Lebenswirklichkeit älterer Frauen beschreiben, in höheren Raten von Arbeitslosigkeit, Krankenhausaufenthalten, Alleinleben. Mit dem Verlust des guten Aussehens geht bei älteren Frauen oft auch ein Verlust ihrer Position im sozialen Leben einher. Wenn sie die Funktion des Schönheitsobjekts nicht mehr erfüllen, werden sie allzuoft auch aus ihren Funktionen im Beruf und im Privatleben hinausgedrängt.

Ältere Frauen sind die am schnellsten anwachsende Armutsgruppe in diesem Land. Unter den wirtschaftlich notleidenden Alten machen die Frauen nahezu drei Viertel aus, und ihre Armut ist in der Regel mit ihrem unverheirateten Status verbunden. In der Altersgruppe der über Fünfzigjährigen übersteigt die Anzahl der alleinlebenden Frauen die der alleinlebenden Männer um das Dreifache. Vier von fünf älteren Frauen leben allein. Bei einem Drittel der zweiten Eheschließungen ist die Frau mehr als zehn Jahre jünger als der Mann, und sie kann damit rechnen, daß sie die letzten zehn Jahre ihres Lebens als Witwe und vielleicht auch in Armut verbringen wird.[9] Viele Männer, die hohes gesellschaftliches Ansehen genießen, heiraten Frauen, die nur halb so alt sind wie sie. Der seltene Fall, daß eine ältere Frau mit einem wesentlich jüngeren Mann zusammenlebt, stellt immer noch die Verletzung eines Tabus dar. Ihr Partner wird entweder als Gigolo verspottet, der auf ihr Geld aus ist, oder als Neurotiker, der auf eine Mutterfigur fixiert ist.

Schon bevor sie ins mittlere Lebensalter eintreten, erleben Frauen, daß sie durch den Verlust ihrer Jugendlichkeit zum Neutrum gemacht und sexuell disqualifiziert werden. Männer können mit den Jahren faltig und zerfurcht werden, ohne derartige sexuelle Bestrafungen zu erfahren. Männliche Schauspieler wachsen mit dem Älterwerden in distinguierte Charakterrollen hinein, während Schauspielerinnen feststellen müssen, daß sie nicht mehr beschäftigt werden, wenn sie als sexuelle Appetithäppchen unglaubwürdig geworden sind.

Bei Frauen endet die Fortpflanzungsfähigkeit früher und abrupter als bei Männern. Die sexuelle Energie der Frau bleibt jedoch auch in der Lebensmitte unverändert erhalten und kann sich nach der Menopause sogar noch steigern. In einer Umfrage berichteten drei Viertel der Frauen über siebzig, daß sie durchaus noch erotische Bedürfnisse hätten. Das größte sexuelle Problem für ältere Frauen ist nicht etwa ihr eigenes Desinteresse oder ihre geringere Empfänglichkeit für erotische Reize, sondern der Mangel an Partnern. Die längere Lebenserwartung der Frauen ist nur teilweise für diese Schwierigkeit verantwortlich; sie ist auch durch die Entscheidung vieler Männer für jüngere Frauen mitbegründet und durch den doppelten Maßstab, der ältere Frauen als unattraktiv und daher nicht begehrenswert brandmarkt.

(Jane Goodall berichtet, daß ältere Schimpansenweibchen sich einer höheren Wertschätzung erfreuen. »Ugly Old Flo« war das älteste weibliche Tier einer Schimpansengruppe, das »trotz seiner zerrupften Erscheinung mehr männliche Bewerber hatte als alle anderen Weibchen«.)

Menschen brauchen auf jeder Lebensstufe Identifikationsmodelle. Die Medien erfüllen heute die Funktion, solche Modelle zu liefern. Leider sind in der typischen Medienszenerie kaum Frauen im mittleren Lebensalter anzutreffen. Sie sind auf Reklametafeln, in der Zeitschriftenwerbung, in Fernsehshows und Nachrichtensendungen ebensowenig vertreten wie ethnische Minoritätengruppen, die früher aus der populären Kultur fast vollständig verbannt waren. Die Werbung kann Frauen im mittleren Lebensalter nicht gebrauchen, weil sie »negative Werte« repräsentieren, wie ein Experte bemerkt. Eine Analyse der Zeitschriftenwerbung der letzten dreißig Jahre ergab, daß drei von vier dargestellten Frauen dem Aussehen nach unter dreißig Jahre alt waren und nur fünf Prozent so aussahen, als seien sie über vierzig.[10]

Marilyn Monroe beging im Alter von sechsunddreißig Jahren Selbstmord. Vielleicht hätte sie in einer Welt, die ältere Frauen nicht diffamiert und in der auch älteren Schauspielerinnen Rollen angeboten werden, den Mut aufgebracht, auch die zweite Hälfte ihres Lebens zu leben. Gloria Steinem beobachtete, daß eine Frau, die mit dem Stereotyp der unkomplizierten, niedlichen Blondine identifiziert wird, sich selbst und anderen eine Last werden kann, wenn sie zu altern beginnt. »Da ich eine Arbeit habe, an der mir liegt«, fügt Steinem hinzu, »wird es vielleicht weniger schwierig, mit mir zurechtzukommen, wenn mein Doppelkinn zu wachsen beginnt.«[11]

Als Steinem fünfzig wurde, schmückte ihr Lächeln die Titelseiten der Zeitschriften, eben weil sie so außergewöhnlich attraktiv geblieben ist. Im Unterschied zu Gloria Steinem wird Betty Friedan nicht als wundervolles Beispiel für attraktives Älterwerden gefeiert. Frauen, die äußerlich langsamer oder, besser noch, gar nicht altern, werden als eine Art überlegene Rasse bewundert.

Einigen Frauen gelingt es, mit dem Älterwerden Kräfte zu entwickeln und zu bewahren, die über die Grenzen der Schönheit hinausgehen und jenseits des Einflußbereichs anderer liegen. Im Lauf der Geschichte wurden diese Frauen immer als Unruhestifterinnen gebrandmarkt, weil sie die Vorstellung von der weiblichen Unterlegenheit in Frage stellten. Die Gestalt der bösen alten Hexe ist ein Produkt der Phantasie, daß Frauen im Alter abstoßend, bösartig und häßlich werden. Ohne den Reiz der jugendlichen Weiblichkeit wird die Frau als Hexe gefürchtet, als alte Vettel verspottet oder als böse Schwiegermutter karikiert. Tief in ihrem Inneren haben die meisten Frauen Angst, sie könnten sich im Alter in die häßliche alte Hexe verwandeln, die sie aus den Märchen ihrer Kindheit kennen. Also schlucken sie eifrig »Zaubertränke« und professionelle Ratschläge, um die nächsten zwanzig Jahre lang wie dreißig auszusehen.

Hexenjagd, Hexenphobie und Hexenverbrennungen sind in unseren westlichen Kulturen aber keine Fiktion, sondern schreckliche Realität gewesen. Der Hexenwahn führte zu einem Holocaust an Frauen, der Hunderttausende als Opfer forderte. Unsere Kultur steht dem alternden weiblichen Körper bis heute mit einem Ausmaß von Abscheu, Ekel und Schrecken gegenüber, der für Frauen nicht nur äußerst verletzend ist, sondern auch auf eine viel tiefer gehende Angst hinweist: auf die Furcht vor dem machtvollen Weiblichen, das sich vor allem in der alten Frau verkörpert.

Können wir die doppelten Maßstäbe und die Geschlechtermythen, die Frauen und Männer in unangemessene Rol-
lenschablonen pressen, revidieren? Können wir ein Bild des
Alterns rekonstruieren, das uns erlaubt, die Spuren der Ver-
witterung, die die Zeit in unserem Gesicht hinterläßt, mit
mehr Sympathie zu betrachten? Können wir den Lebensli-
nien und den Zeichen der Erfahrung mit Vergnügen statt
mit Furcht nachgehen und akzeptieren, daß unser Körper
die Wahrheit über unser Leben ausdrückt?

Gibt es weibliche Vorbilder, die dem neotenischen
Schönheitsideal erfolgreich widerstehen, Frauen, die ohne
Scham und Befangenheit von der Kindheit in die Adoleszenz überwechseln, die voller innerer Sicherheit zum Frausein heranreifen und schließlich mit Würde altern? Gibt es
Frauen, die ihr Spiegelbild ohne Zögern annehmen und
ihren alternden Körper ohne Ängste akzeptieren können?
Solche Frauen existieren tatsächlich. Sie sind Meisterinnen
in der Kunst des gesunden Narzißmus. Laurie Lisle schrieb
die Biographie der Malerin Georgia O'Keefe, einer Frau, die
als Künstlerin und als Persönlichkeit gleichermaßen über-
zeugend ist.[12] Die nahezu ein Jahrhundert umfassenden Le-
benseindrücke, die Lisle schildert, bestätigen, daß Schönheit kontinuierlich von innen wachsen kann, außerhalb der
Begrenzungen der kulturellen Norm.

Georgia O'Keefe schien von Anfang an entschlossen,
nicht nur ihr eigenes, unverwechselbares Leben zu führen,
sondern auch unverwechselbar auszusehen. »Schon als kleines Mädchen«, erinnert sich die Malerin, »flocht ich mein
Haar nicht zu Zöpfen, wenn meine Schwestern ihr Haar in
Zöpfen trugen. Wenn sie sich Schleifen ins Haar banden,
trug ich keine. Ich fand auch, daß meine Schwestern ohne
die Schleifen besser aussahen.«

Da es ihr überhaupt nichts ausmachte, unkonventionell
auszusehen, wurde ihr andersartiger Stil toleriert. Eine
Klassenkameradin aus der High-School erinnert sich: »Das
Ungewöhnlichste an Georgia war die absolute Schlichtheit

ihrer Erscheinung. . . . Sie trug ihr Haar glatt aus der hohen Stirn zurückgekämmt, und sie hatte keine weichen Linien . . . Ihr Gesicht war nicht ausgesprochen hübsch, aber auch nicht häßlich; ihre Züge waren ausgeprägt und ungewöhnlich. Sie hätte einen sehr gutaussehenden Jungen abgegeben.«[13]

Georgia O'Keefe konzentrierte sich schon früh auf die Malerei und ließ sich nicht durch Äußerlichkeiten von ihren künstlerischen Zielen ablenken. In ihrem High-School-Jahrbuch wird sie als eine Heranwachsende geschildert, die sich »in ihren Gewohnheiten, ihrem Stil und ihrer Kleidung von anderen unterschied und die nicht im mindesten an Männern interessiert war . . .« Lisle kommt zu dem Schluß, daß Georgia O'Keefe ihr Leben lang stolz darauf war, eine Frau zu sein; sie wies die untergeordnete Rolle zurück, die ihrem Geschlecht zugeschrieben wird.

Als sie dreißig Jahre alt war, lernte O'Keefe den berühmten Fotografen Alfred Stieglitz kennen, den sie schließlich auch heiratete. Stieglitz war von ihrer Erscheinung ebenso fasziniert wie von ihrem Geist und porträtierte sie im Lauf ihrer langen Ehe immer wieder mit großer Intensität. Durch die fotografische Wahrnehmung ihres Mannes sah Georgia O'Keefe sich selbst mit anderen Augen. Als sie mit über neunzig Jahren schließlich einen Bildband mit diesen Fotos veröffentlichte, schrieb sie:

»Ich wurde mit einer Art von hitziger Erregung fotografiert, und ich fragte mich, was das zu bedeuten hatte. . . . Ich wußte nie, wie ich aussah, und machte mir auch keine Gedanken darüber. Ich war überrascht, daß mein Gesicht schmal und strukturiert aussah. Ich hatte immer gedacht, es wäre rund . . . Ich sah mich selbst, und das hat mir geholfen, in meinen Bildern mit Farben das auszudrücken, was ich sagen wollte.«[14]

Die Fotos von Alfred Stieglitz zeigen die Künstlerin im Alter von dreißig bis Mitte Vierzig; sie wirkt immer etwas älter, als es ihren Lebensjahren entspricht. Ihr Gesichtsausdruck ist ernst; der Kontrast zwischen ihrem weichen Körper und ihrem abweisenden Gesicht ist auffällig. Ein Rezensent kommentierte:

»Ihr Ausdruck ist nicht aufgesetzt, sie posiert nicht; sie wirkt, als sei sie ganz in sich selbst versunken. Vielleicht zeigt auch sie dem Betrachter Masken, aber diese Masken kommen von innen, es sind ihre eigenen.«[15]

Die Kamera erfaßte jedes Detail. Laurie Lisle schrieb dazu:

»Sie trug kein Make-up und entfernte keine Haare von ihrem Körper. Die Kamera verzeichnete liebevoll den Flaum auf ihrer Oberlippe und auf ihrem Bauch und die feinen Haarbüschel in ihren Achselhöhlen. Ihre Mundwinkel sind oft zu einem düsteren Ausdruck herabgezogen, ihre schweren dunklen Augenbrauen fragend erhoben ... Ihr klares, gemeißeltes Profil fesselt den Blick. Sie sah aus wie ein Geistwesen, durch ihre Weiblichkeit an die Erde gebunden, aber jeden Augenblick bereit, davonzufliegen.«[16]

Auf der Weltausstellung von 1939 wurde Georgia O'Keefe als eine der zwölf berühmtesten Frauen der Epoche geehrt und erhielt anschließend die Freiheitsmedaille des Präsidenten der Vereinigten Staaten. Nach dem Tod ihres Mannes arbeitete sie zwanzig Jahre lang in relativer Abgeschiedenheit und kultivierte in ihrem Leben und in ihrem Aussehen weiterhin ihren eigenen Stil. Im Alter von neunzig Jahren durchbrach sie noch einmal die gesellschaftlichen Regeln, indem sie eine intime Verbindung mit Juan Hamilton einging, einem Mann, der fast sechzig Jahre jünger war als sie. »Ihre Beziehung hatte viele Aspekte – Mann und Frau, Mutter und Kind, Künstlerin und Künstler – und alle diese Rollen beruhten auf ehrlichem gegenseitigem Respekt und aufrichtiger Zuneigung«, schrieb Lisle. Auf Hamiltons Drängen begann Georgia O'Keefe, die sich seit ihrem frühen Erwachsenenalter nur in Schwarz und Weiß gekleidet hatte, Farben zu tragen. Seine Liebe und Ermutigung brachten sie wieder zum Malen. Als sie gefragt wurde, was die glücklichste Zeit ihres Lebens gewesen sei, sagte sie: »Es gibt keine glücklichste Zeit – es gibt nur glückliche Augenblicke.« Im Alter von neunzig Jahren wird sie als anziehender und weiblicher beschrieben als je zuvor in ihrem Leben.

Georgia O'Keefe schuf faszinierende und weltberühmte Gemälde; ihre eigene Schönheit bedurfte keiner formalen Komposition. In ihr finden wir eine Frau, die offenbar von der Angst um die Attraktivität ihr Leben lang völlig frei war. Wie gelang es ihr, ihr Leben mit so viel Kraft und Würde zu leben und so unbeeinträchtigt als Persönlichkeit zu reifen? Liegt es daran, daß sie sich aus ihrer eigenen Perspektive heraus sah, daß sie dem gesellschaftlichen Druck widerstand, eine ihrer Persönlichkeit unangemessene Fassade zu entwickeln? Liegt es daran, daß sie sich das Recht nahm, alt auszusehen, lange bevor sie alt wurde? Natürlich können nicht alle Frauen geniale Künstlerinnen sein wie Georgia O'Keefe. Unsere Biographien werden in der Regel nicht so einmalig sein wie die ihre. Aber vielleicht können wir von ihr und von ähnlichen Frauen lernen, mehr Mut aufzubringen, unsere eigenen Konzeptionen von Attraktivität zu verwirklichen und uns selbst und anderen ehrlicher gegenüberzutreten.

Frauen leben im allgemeinen sehr lange, aber sie entfalten im Prozeß des Älterwerdens nicht soviel Kraft, wie es ihnen eigentlich möglich wäre. Wie würden wir uns fühlen und wie würden wir aussehen, wenn wir in einer Welt lebten, die Frauen während ihrer gesamten Lebenszeit einen gleichberechtigten Platz in der Gesellschaft zugesteht? Wir alle haben das Recht, unsere Reife auch in unserem Äußeren zu zeigen. Wie Susan Sontag betont, geht es für uns darum, als vollwertige Menschen – nicht nur als Frauen – betrachtet zu werden. »Statt Mädchen zu sein, so lange wie irgend möglich Mädchen zu bleiben, die sich dann plötzlich in demütiger Weise als Frauen in den mittleren Jahren und schließlich als abstoßende alte Weiber wiederfinden, können wir viel früher zu Frauen werden und aktive erwachsene Menschen bleiben, die das langandauernde erotische Leben, zu dem Frauen fähig sind, auch im Älterwerden genießen.«[17]

Es mag schwierig sein, die Sichtweisen anderer zu verändern, aber wir können bei uns selbst den Anfang machen, wenn wir unser Gesicht mit verständnisvolleren Augen betrachten, wenn wir die Fixierung an die Jugendlichkeit aufgeben, wenn wir die idealisierten Normen zurückweisen, die auf Männer schließlich auch nicht angewandt werden. Es ist möglich, eine andere Wahl zu treffen. Erwachsenwerden bedeutet, das Kindliche hinter sich zu lassen. Wenn wir mit Würde älter werden, sehen wir so reif aus, wie wir wirklich sind, und können uns immer noch als erotische Wesen begreifen.

JENSEITS DER IDEALE:
INDIVIDUELLE SCHÖNHEIT UND EIN
POSITIVES SELBSTBILD

Beim Restaurieren von alten Gemälden fand man manchmal eine oder mehrere frühere Konzeptionen, die übermalt worden waren. Wenn wir die Inhalte und Auswirkungen von Schönheit neu beurteilen wollen, müssen wir ein paar Schritte von unseren Spiegeln zurücktreten, um einen besseren Überblick zu haben. Wenn wir Schönheit als soziales Konstrukt auffassen, können wir klarer wahrnehmen, was übermalt wurde, was vom Staub der Jahrhunderte gereinigt werden muß und wo wir neu ansetzen sollten. Es ist nicht nur der physische Körper selbst, um den es geht; es ist wichtig, zu erkennen, wie dieser Körper durch die kulturellen Mythen in unserer Wahrnehmung reflektiert wird.

Laurie, ein magersüchtiges Mädchen, sagt: »Ja, ich sehe mich wirklich genau an. Mein Haar ist hübsch, und ich mag meine Augen, aber meine Hüften sind immer noch viel zu dick. Wenn ich da noch etwas abnehmen würde, wäre ich genau richtig.«

Laurie, die nur noch achtzig Pfund wog, stand vor dem Spiegel, als sie ihrer Therapeutin diese Antwort gab. Die Körper der Magersüchtigen senden Signale des Leidens aus, die nicht gehört werden. Hunger wird nicht gefühlt, Auszehrung nicht wahrgenommen. Körper und Geist sind voneinander abgespalten, denn Laurie hat gelernt, ihre Wahrnehmungen auszublenden, indem sie ihre Gefühle abschaltet und ihren Schmerz verleugnet. Um von der Magersucht geheilt zu werden, muß sie neu lernen, natürliche Empfindungen zuzulassen und ihren Körper so zu erfahren, wie er wirklich ist.

Durch ihr Streben nach Schönheit sind Frauen an ihren Körper fixiert und gleichzeitig gezwungen, ihre Körperempfindungen zu verleugnen. Wenn diese Gefühle verdrängt werden, kann das gespaltene Selbst eine Eroberungshaltung »Geist gegen Körper« entwickeln. Das physische Selbst wird zum Hindernis, das überwunden werden muß. Körper und Geist wurden aber nicht als Feinde, sondern als natürliche Verbündete geschaffen. Auf der Suche nach neuen Lebenshoffnungen kann die Anatomie nicht einfach beiseite geschoben werden. Eine Frau kann ihre Körperlichkeit auch nicht genießen, wenn sie ihre Empfindungen ständig abblockt.

Ein erster wichtiger Schritt zur Befreiung aus den Fesseln des Schönheitsmythos ist das Wahrnehmen dieser unterdrückten Körperempfindungen; wir müssen uns in die Signale des Körpers einfühlen und sie bewußt studieren. Wir können lernen, uns Gefühle von Hunger, Sättigung, Lethargie, Angst, Erschöpfung einzugestehen, Hyperaktivität und Schlaflosigkeit als Resultate extremer Schlankheitskuren zu erkennen, Fehlhaltungen und den Verlust des inneren Gleichgewichts zu beobachten, zwanghafte Rituale wie Zum-Spiegel-Rennen und Auf-die-Waage-Steigen als solche zu erkennen. Wir können lernen, den Sinn und den Zeitaufwand der täglichen Schönheitsriten in Frage zu stellen und den Schmerz zu spüren, der oft mit der täglichen kosmetischen Routine verbunden ist.

Laurie wurden im Rahmen ihrer Therapie bestimmte Übungen empfohlen, die es ihr ermöglichen sollten, ihre Körperwahrnehmung zu korrigieren. Wenn sie längere Zeit mit ausgestreckten Armen dastand, wurde sie sich ihrer Schmerzen stärker bewußt. Sie zeichnete an der Wand den Umriß ihres eigenen Körpers nach und konnte so ihre wirklichen Proportionen mit dem verzerrten Bild vergleichen, das sie auf ihren Körper projiziert hatte. Sie konnte die Unterschiede zwischen dem imaginären und dem realen Bild sehen, messen und berühren.

Durch solche einfachen Übungen können Frauen ihren eigenen Körper neu erfahren und ein stärkeres Bewußtsein für die Belastungen entwickeln, die der Schönheitswahn ihnen auferlegt. Sie können zum Beispiel eine Woche lang alles essen, was ihnen schmeckt, oder einen Tag lang fasten; sie können Spiegel boykottieren, Rasierapparate verbannen, auf Make-up verzichten.

Therapeuten setzten erfolgreich die Technik der aktiven Imagination ein, um Frauen mit Gewichtsobsession zu helfen, ihre Körperlichkeit präziser wahrzunehmen. Die Frauen werden angeleitet, sich in der Phantasie ein Bild ihres Körpers vor Augen zu rufen und dieses Bild dann experimentell zu verändern – sich dicker oder dünner zu machen, sich aus verschiedenen Blickwinkeln zu betrachten, das Körperbild in die Vergangenheit oder in die Zukunft zu projizieren. Dieses Experimentieren in der Phantasie kann eine flexiblere und realistischere Selbstwahrnehmung wirksam fördern.[1]

Wenn wir aufmerksam auf die natürlichen Signale unseres Körpers hören, wird unser Körper selbst uns lehren, sein empfindliches Gleichgewicht zu respektieren und dafür sorgen, daß wir uns in unserer Haut wohler fühlen. Körper haben ihre eigenen ästhetischen Gesetzmäßigkeiten. Frauen haben tatsächlich mehr Fettgewebe als Männer; es gibt die unterschiedlichsten Formen von Brüsten und Hüften – nicht alle Frauen sind als Größe Sechsunddreißig angelegt. Statt ihn zum Sündenbock zu machen, sollten wir den Körper als Kraftquelle erkennen. Er spricht in authentischer Weise für sich selbst. Viele Bulimiekranke stellen fest, daß sie ihr Normalgewicht ohne Mühe aufrechterhalten können, wenn sie die Abführmittel und das Erbrechen aufgeben und auf ihre natürlichen Hungersignale achten. Wenn wir unsere Körpersignale wahrnehmen und respektieren, lernen wir schließlich auch, den Wall des Schweigens zu durchbrechen, der die weibliche Welt umgibt.

Ein Problem, das man nicht benennt, ist wie eine undiagnostizierte Krankheit. Alle Frauen werden dadurch, daß sie die Konflikte des Daseins als Angehörige des »schönen Geschlechts« geheimhalten, zu Verbreiterinnen des Schönheitswahns. Solange Frauen sich weigern zu reden, wird die Wahrheit über die Erfahrung des Frauseins nie ans Licht kommen.

Das Schweigen ist ein Verbündeter der Unterdrückung: Wenn wir unsere Rolle stillschweigend hinnehmen, bestätigen wir sie damit auch. Wir können das Schweigen brechen und die Masken herunterreißen. Durch Benennen, Aussprechen, Erzählen können wir beginnen, die Rollenzwänge aufzubrechen. Manchmal kann ein einziger lauter Ruf einen Aufruhr auslösen. Wenn wir das Schweigen brechen, heben wir die Quarantäne für die Kranken hinter den geschlossenen Türen auf, für die Bulimiekranken, die mit Schuldgefühlen essen und heimlich erbrechen, die Eßsüchtigen, die sich heimlich vollstopfen, die Kosmetik-Junkies, die in ständiger Angst leben, Jugendlichkeit vortäuschen und die Wahrheit fürchten.

Das Schweigen beenden heißt, das Unaussprechliche auszusprechen, die Existenz von Geweberissen, Pigmentflecken, Krampfadern, flachen Brüsten und was da noch an »Mängeln« ist, öffentlich zu proklamieren. Fett ist eine lebendige Tatsache. Das Schweigen beenden heißt, die neuen Tabus zu erkennen, die sich herausgebildet haben, »während wir noch auf den alten herumreiten, denn ihre Unaussprechlichkeit wächst immer wieder nach«.[2] Das Schweigen brechen heißt auch, die Illusion feenhafter Lieblichkeit aufzugeben; wir müssen uns von der Rolle der Märchenprinzessin trennen und die Verantwortung für unsere eigene Verzweiflung übernehmen.

Wenn wir unsere Gefühle und Gedanken aussprechen, können wir das Vergnügen teilen, schmerzhafte Schönheitsrituale hinter uns zu lassen und unsere Authentizität zu entwickeln.

Brenda: »Jetzt, mit fünfzig, gehe ich entspannter mit meinem Aussehen um. Ich habe mich daran gewöhnt, ein Minimum an Zeit und Energie auf mein Äußeres zu verwenden. Wenig Aufwand ist wichtig für mich. Ich trage einen Haarschnitt, der außer Waschen keine weitere Mühe erfordert, und wenn ich Kleidung einkaufe, achte ich vor allem auf schöne Farben und auf Bequemlichkeit.«

Corinne: »Ich war ein dickes Baby, ein übergewichtiges Kind und ein fetter Teenager. Schon bevor ich zur Schule ging, wurde ich auf Diät gesetzt. Ich habe jede vorstellbare Diät ausprobiert, war in Kliniken, habe gefastet und Hypnose ausprobiert. Jedesmal wenn ich abgenommen hatte und dann wieder zunahm, haßte ich mich selbst. Schließlich reichte es mir. Ich gab das Diäthalten völlig auf. Mein Aussehen hat sich kaum verändert, aber ich habe aufgehört, gegen mich selbst zu kämpfen, und ich bin zum ersten Mal seit langer Zeit wieder mit mir zufrieden.«

Offen sprechen heißt, neue Wege zu finden, über uns und unsere Körperlichkeit zu diskutieren – ohne Mißbilligung und ohne negative Wertung. Ein Arzt beschrieb eine meiner Patientinnen als »zur Fettleibigkeit neigend«. Diese Frau war knapp 1,70 Meter groß und hatte mit ihren hundertdreißig Pfund maximal zehn Pfund Übergewicht. Fettleibigkeit bedeutet aber exzessives Übergewicht; in diesem Fall war die Formulierung des Arztes also eine grobe Übertreibung. Wenn Begriffe wie »Fettleibigkeit« gedankenlos angewendet werden, drücken sie einem normalen Körper den Stempel des Pathologischen auf. Wie sollten wir eine Frau beschreiben, die zehn Pfund Übergewicht hat? Zeitschriften für die »emanzipierten Dicken« erfinden jetzt ein neues Vokabular; sie sprechen von »gutentwickelten«, »kräftigen« Frauen, von »Queen-Size-Frauen« und »Big Mamas«. Die amüsanteren neuen Bezeichnungen füllen eine linguistische Lücke und machen es leichter, über die Realität weiblicher Körper zu sprechen.

Bestätigung kann ein wirkungsvolles Mittel zur positiveren Formung des Körperbildes sein. »Du siehst heute fett und frisch aus«, lautet ein anerkennendes Grußwort aus dem indischen Punjab. Wir können uns in Offenheit üben, wenn wir unseren Freundinnen und Freunden – und auch uns selbst – gesündere Komplimente machen: Du siehst zufrieden aus, selbstbewußt. – Dein Körper sieht entspannt aus, ausgewogen, beweglich. – Dein Gesicht ist heiter, lebendig, angeregt. – Das graue Haar steht dir gut, es sieht vornehm aus. – Es ist wunderbar, dich mit solchem Vergnügen essen zu sehen. – Ohne Make-up sieht dein Gesicht weicher, gelassener aus; du wirkst natürlicher, du bist mehr du selbst.

Das Schweigen beenden und offen sprechen kann auch bedeuten, daß wir verständnisvollere Fragen stellen: Was stört dich so sehr an deiner Nase? Wirst du sie nicht vermissen, wenn du sie operieren läßt? Kannst du sie nicht doch so annehmen, wie sie ist? Wie denkt dein Mann (deine Mutter, dein Freund) darüber? Durch solche Fragen können wir andere ermutigen, offen über Attraktivitätsprobleme zu sprechen und Freunde um Rat und Unterstützung zu bitten.

Offen über Schönheit sprechen bedeutet, nicht nur Frauen, sondern auch Männer anders anzusprechen. Auch Männer leiden unter der Angst, unattraktiv zu sein. Sie kämpfen mit kahl werdenden Köpfen und fett werdenden Bäuchen. Kleine Männer kennen das Gefühl, wie Untergeordnete auszusehen und behandelt zu werden, nur allzu gut. Auch Männer lassen sich das Gesicht liften, und sie benutzen von Jahr zu Jahr mehr Kosmetika. Sportstars, die in Werbespots auftreten, legitimieren den Gebrauch von Haargel, Eau de Cologne und Bräunungsmitteln und überzeugen viele Männer, daß Eitelkeit keine strikt weibliche Angelegenheit ist. (Die Verpackung, die Präsentation und die Markennamen der Kosmetika für Männer orientieren sich allerdings immer noch am Macho-Image.)

Vielleicht wäre es nützlich, wenn Männer einmal experimentell einige Übungen in »weiblicher Schönheit« absolvierten, wenn sie zum Beispiel versuchten, in hochhackigen Schuhen eine Treppe hinabzusteigen und dabei ein Tablett mit Gläsern zu tragen oder sich im Minirock in einem Sessel niederzulassen, während prüfende Blicke auf ihre Beine gerichtet sind. Durch solche Erfahrungen sensibilisiert, würden sie weibliche Attraktivität vielleicht mit anderen Augen betrachten.

Carol Gilligan erklärt in ihrem Buch »In a Different Voice« *(Die andere Stimme)*, daß die Identität von Frauen viel stärker als die von Männern durch Beziehungen geprägt ist; das Selbstbild von Frauen ist nicht von Beziehungsstrukturen unabhängig, sondern damit vermischt. Daher reagieren die meisten Frauen mit starken Ängsten auf Zurückweisung, denn mit dem Liebesverlust geht auch der teilweise Verlust des Selbstbildes einher. Frauen vermeiden Konflikte in der Hoffnung, dadurch Beziehungen zu erhalten, und nehmen fälschlich an, daß durch stillschweigendes Hinnehmen Harmonie erreicht werden könnte. Unausgesprochene Probleme wirken im Unbewußten jedoch als Konfliktpotential weiter. Zweifellos werden Frauen, die ihre Rolle als Schönheitsobjekt offen in Frage stellen und ihr Recht auf eine Rollendefinition behaupten, mit Gegenschlägen rechnen müssen. Da unsere Kultur so sehr an Frauen mit ständig lächelnden Gesichtern und sanften, beherrschten Stimmen gewöhnt ist, sind offen ausgetragene Konflikte besonders bedrohlich. Da Frauen Repressalien fürchten, wenn sie ihre Aggressionen offen äußern, neigen sie dazu, ihre Wut zu unterdrücken und sie gegen sich selbst zu richten. Es sind die unterdrückten und nach innen gewandten Aggressionen, die Depressionen hervorrufen, die Magersüchtige zum Verleugnen ihres Hungers und Schönheitsidole in den Selbstmord treiben.

Gilligan rät Frauen eindringlich, ihre hochentwickelten Fähigkeiten der Einfühlung und der Sensibilität auf sich selbst und ihre eigenen Bedürfnisse zu richten. Sie betont, daß wir auf unsere innere Stimme und unsere Körpersignale hören müssen und den dominanten Stimmen der männlichen Kultur nicht erlauben dürfen, diese anderen Stimmen zu übertönen. Nur wenn wir »die andere Stimme« der Frauen vernehmbar und laut werden lassen, können wir ihr Gehör verschaffen.

Wenn eine unterdrückte Gruppe die Stimme erhebt, reagiert die dominante Gruppe zunächst mit Überraschung und Verwirrung und dann mit Wut. Wenn eine Seite die Regeln des Zusammenspiels der Geschlechter bricht, kann das Spiel nicht mehr nach dem alten Muster weitergehen, und beide Seiten geraten in Verwirrung. Die meisten Männer wollen die Initiatoren sein und Frauen etwas geben – Geschenke, Komplimente, Schmeicheleien, Juwelen, eine Identität und die Erlaubnis, etwas zu tun. Sie fühlen sich von Frauen bedroht, die nicht abwarten, was ein Mann von sich aus geben will, sondern offen aussprechen, was sie wollen, und es sich auch nehmen. Eine Frau, die offen erklärt, was sie will, und die konventionellen weiblichen Verhaltensmuster und Requisiten zurückweist, wird vielleicht damit konfrontiert, daß man sich über sie lustig macht, sie ignoriert, daß sie einen Job, eine Aufstiegsmöglichkeit, einen Geliebten verliert. Ein Dermatologieprofessor, der einen Kongreß über Kosmetik und Psychologie leitete, gab die folgende Erklärung ab:

>*Ich will mit Frauen, die kein Make-up benutzen, nichts zu tun haben ... Zuallererst ist das eine soziale Aussage, die bedeutet: Ich passe mich nicht an. ... Ich vermute, daß manche Frauen, die gegen Make-up sind, hohe Positionen erreichen und für die Gesellschaft wertvoll sein können, aber ich mag sie einfach nicht!*«[3]

In seiner Sicht setzt eine Frau, die sich weigert, sich »feminin« zurechtzumachen, ein lautes Signal abweichenden Verhaltens. Sie zeigt, daß sie anderen nicht primär durch ihre Erscheinung gefallen will. Wenn wir uns weigern, Schönheitsvorstellungen zu entsprechen, die uns in den Augen der anderen liebenswert erscheinen lassen, hören sie vielleicht auf, uns zu lieben.

»Also dann, laßt uns authentisch sein, und diejenigen, die sich von uns abgestoßen fühlen, können zum Teufel gehen«, erklärt eine Autorin.[4] Aber leider sind die Dinge nicht so einfach, und die Egos der meisten Frauen sind auch nicht so stark. Vielleicht trauern wir sogar den Schönheitsexperten, die uns ungeschminkt ablehnen, noch nach. Was noch schlimmer ist: Vielleicht entdecken wir den Kritiker in uns selbst. Oft stellt es sich heraus, daß wir selbst am meisten von den Tränensäcken unter unseren Augen und dem Fett an unseren Schenkeln abgestoßen sind. Es ist schwer genug zu ertragen, wenn uns diejenigen, die wir brauchen und lieben, nicht akzeptieren. Noch schwerer ist es, wenn wir uns selbst nicht annehmen können.

Wenn wir »die andere Stimme« laut werden lassen, wird das zu den unterschiedlichsten Konflikten führen – zu Konflikten mit anderen, mit unserer eigenen Geschichte, mit unserer Selbstwahrnehmung und mit den neuen Moden und Schönheitstrends, die unsere Kultur permanent hervorbringt. Es ist ein notwendiger Schritt zu einem neuen Frauenbild, daß wir uns den offenen Ausdruck von Aggressionen und Konflikten als legitime Form von Weiblichkeit wieder aneignen.

Piaget zeigte, daß Menschen mehr Erfahrung und Klugheit erwerben, wenn sie der Welt als Handelnde entgegentreten. Vielleicht können wir Frauen ein viel höheres Maß an Konflikten und Gegenschlägen verkraften, als wir gemeinhin annehmen. Wir werden auf die konservativen Kritiker, die uns unattraktiv finden, vermutlich verzichten können und uns mit toleranteren Männern wohler fühlen, mit großzügigen, mitfühlenden Männern, die uns ermutigen und die genügend innere Freiheit haben, uns für dieselben Qualitäten zu lieben, die wir an ihnen lieben.

Feministisches Denken und Schönheitsklischees

Die feministische Bewegung hat im Lauf der Jahre die allgemeine Vorstellung von Schönheit und die individuellen Entscheidungen im Hinblick auf Schönheit stark beeinflußt. Das feministische Denken ruft uns dazu auf, die Türen zu öffnen, die »männliche« und »weibliche« Lebensbereiche voneinander trennen, uns aus dem weiblichen Anderssein zu befreien und um Anerkennung als ganze Persönlichkeiten zu kämpfen. Aber diejenigen, die ein Territorium kontrollieren, geben es in der Regel nicht freiwillig auf. Meistens muß dieses Territorium durch Akte der Rebellion erobert werden. Der langandauernde Kampf zwischen Mode und Feminismus wird an verschiedenen Fronten geführt – es geht dabei um Gesundheit, Mobilität, um die Beendigung der sexuellen und ökonomischen Ausbeutung von Frauen. Feministinnen wird oft vorgeworfen, daß sie eine Anti-Schönheits-Einstellung vertreten. Es ist jedoch ein Unterschied, ob wir gegen die zerstörerischen Wirkungen der kulturellen Schönheitsklischees protestieren oder gegen den Wert der Schönheit an sich opponieren. Die erste Form des Protests ist eine gerechtfertigte Forderung; die zweite Form wäre kontraproduktiv.

Der weitverbreitete Glaube, Feminismus bedeute eine negative Einstellung zur Schönheit, hängt eng mit dem Vorurteil zusammen, Feministinnen seien häßliche Kreaturen und versteckten sich hinter einer Philosophie, die ihre Mängel kompensieren soll. Die Feministinnen der siebziger Jahre, Gloria Steinem nicht ausgenommen, wurden als »häßliche, frustrierte Emanzen« etikettiert (ähnlich wie hundert Jahre zuvor die Suffragetten, die man als »geschlechtslos und bar jeder persönlichen Anziehungskraft« beschrieb). Als ich einmal vor Studenten einen Vortrag über Feminismus hielt, kam anschließend ein junger Mann zu mir und sagte: »Ihr Aussehen und ihre Stimme sind zu weiblich, Sie können keine Feministin sein. Ihre Erscheinung entspricht nicht Ihrer Ideologie.« Wie sollte eine Feministin aussehen? Viele Menschen glauben das genau zu wissen. Als College-Studenten 1975 bei einem Test aufgefordert wurden, nach Fotos zu beurteilen, welche der dargestellten Frauen Feministinnen seien, wählten sie die am wenigsten attraktiven aus.[5] Es stellte sich aber auch heraus, daß »echte« Feministinnen genausosehr wie andere Leute dazu neigten, auf der Basis von Attraktivität zu entscheiden, wer von den Frauen auf den Fotos feministisch sei und wer nicht. In einer anderen Studie wurden Testpersonen aufgefordert, Gründe anzugeben, warum Frauen auf einer Serie von Fotos ihrer Meinung nach Feministinnen geworden seien.

Für die hübschen Frauen wurden positive, schmeichelhafte Gründe gefunden – für die weniger attraktiven Frauen dagegen negative, wenig schmeichelhafte Gründe. Die meisten Testpersonen meinten, daß häßliche Frauen »den Feminismus mehr brauchen« und daß hübsche Frauen sich eher aus humanitären als aus persönlichen Gründen dem Feminismus zuwenden.[6] Diese stereotypen Beurteilungen nähren das Vorurteil, daß eine Frau, die hübsch genug ist, keine Befreiung nötig hat. Tatsächlich beweisen Studien aber gerade das Gegenteil: Frauen, die sich selbst als attraktiv einschätzen, vertreten mehr als andere feministische Ansichten. Im Lauf der letzten Jahre, seit die feministische Bewegung in weiteren Kreisen akzeptiert wurde, hat sich das Vorurteil, Feministinnen seien häßlich, allerdings abgeschwächt.

Historiker weisen darauf hin, daß die Unterdrückung der Frauen in den westlichen Gesellschaften nicht konstant war, sondern in Zyklen auftrat – ebenso wie der immer wieder auflebende Widerstand gegen die Unterdrückung. Ähnlich – wenn auch in kürzeren Zyklen – gibt es immer wieder Reformbewegungen in bezug auf Schönheit und Kleidung. Feministinnen des neunzehnten Jahrhunderts wandten sich gegen die zeitgenössische Mode, die sie sowohl gesundheitsschädlich als auch frivol fanden. Elizabeth Cady Stanton propagierte Pumphosen und riet zu Körperübungen, gesunder Kost und Hygiene, um ein natürlich-frisches Aussehen zu erreichen. Zur gleichen Zeit wiesen Antifeministinnen den Natürlichkeitskult als unattraktiv zurück und warnten Frauen davor, sich physischen und emotionalen Belastungen auszusetzen, da das zu Faltenbildung und zu frühzeitigem Altern führe.

Zu Beginn dieses Jahrhunderts versuchten Feministinnen, die Schönheit zu demokratisieren, indem sie Schönheitsvorstellungen propagierten, die für jede Frau erreichbar waren. Dieses Thema wurde alsbald von der aufsteigenden Kosmetikindustrie aufgegriffen; sie setzte es wirtschaftlich erfolgreich um, indem sie demokratisch Kosmetika an alle verkaufte, die den Preis dafür zahlen konnten.

Die Suffragetten kämpften allerdings nicht um die Schönheitsreform, sondern um die Reform des Wahlrechts. Sie trugen bei ihren öffentlichen Auftritten und Demonstrationen riesige Federhüte. Störer pflegten den Frauen die Hüte und die aufgesteckten Haare herunterzureißen, um sie zu demütigen. Nachdem sie das Wahlrecht erkämpft hatte, versank die feministische Bewegung fast vierzig Jahre lang in Schweigen; zur gleichen Zeit setzten sich Kosmetika durch und wurden ein wichtiger Bestandteil der Ideologie der glücklichen Hausfrau und gepflegten Gastgeberin, die in den fünfziger Jahren ihren Höhepunkt erreichte.[7]

Prudence Glynn, die früher Moderedakteurin bei der »London Times« war, bemerkt dazu:

»Trotz unwiderlegbarer Beweise, daß die Anhänger der Mode sich Lungenentzündungen holen, innere Organe quetschen, Fehlgeburten, Herzanfälle und entzündete Fußballen riskieren, ... ist es den auf Gesundheit und Hygiene eingeschworenen Reformern durch die Zeiten immer wieder mißlungen, die Gesellschaft zur Befolgung ihrer höchst vernünftigen Ratschläge zu veranlassen.«[8]

Warum? Weil die Reformversuche die Bedürfnisse der Frauen nach Glamour, Eitelkeit, Narzißmus und Erotik nicht berücksichtigten, erklärt Glynn. Eine Frau will hübsch sein, anderen gefallen, sich manchmal elegant, erotisch, unwiderstehlich fühlen. Attraktivität produziert tatsächlich angenehme Nebeneffekte. Narzißmus kann wirklich das gesunde Selbstbewußtsein fördern. Er kann das Bedürfnis signalisieren, sich selbst zu genießen, das eigene Potential auszuleben, Begrenzungen zu überwinden, Mängel auszugleichen und andere zu veranlassen, uns in einem besseren Licht zu sehen.

Das Aussehen spielt durchaus eine Rolle, in Beziehungen zwischen Menschen und in der Arbeitswelt. Reformen müssen mit dieser Voraussetzung beginnen, wenn sie kulturelle Klischees grundlegend verändern wollen. Es läßt sich nicht leugnen, daß Schönheit die Macht hat, Menschen zu beeinflussen. Die Abwesenheit von Schönheit – ob real oder imaginiert – bedroht das Ich. Frauen werden auch weiterhin nach Schönheit streben, um ihr Selbstwertgefühl zu stärken. Alle Menschen fühlen sich von bestimmten ästhetischen Qualitäten auf natürliche Weise angezogen. Ein hübsches Profil ist ein wirkungsvoller Stimulus. Diese der menschlichen Struktur innewohnende Dynamik zu verleugnen hieße tatsächlich, eine negative Haltung zur Schönheit einzunehmen, eine Position, die immer unpopulär, unklug und ineffektiv bleiben wird. Der Wert der Attraktivität wurde jedoch übertrieben und ausschließlich der weiblichen Rolle zugeschrieben, wodurch ein Ungleichgewicht entstand. Es ist dieses Ungleichgewicht, das in Frage gestellt werden muß. Nicht Schönheit an sich wirkt korrumpierend, sondern die Vorstellung, Schönheit sei eine zwingende Voraussetzung für Weiblichkeit. Physische Attraktivität ist nicht spezifisch weiblich oder männlich, sondern menschlich. Es geht letztlich darum, die Wahrnehmung der Schönheit in ein neutrales Territorium zu verlagern, so daß nicht ein Geschlecht mehr als das andere durch Schönheitsvorstellungen belastet ist oder davon profitiert.

Die Tatsache, daß Feministinnen sich seit der Existenz der Frauenbewegung immer wieder mit diesen Fragen konfrontierten, zeigt, daß es keine einfachen oder permanent gültigen Antworten gibt. Dennoch kann es, wie Gertrude Stein erklärte, ebenso wichtig sein, die richtigen Fragen zu stellen, wie auch, die richtigen Antworten zu finden.

Der Wert veränderter Schönheitsvorstellungen liegt nicht in der Rhetorik, mit der sie vorgetragen werden, sondern in ihrer Kraft, Erfahrungen neu zu interpretieren und Lösungen anzubieten, die für Frauen und für Männer eine neue Lebensqualität bedeuten. Wieviel Verantwortung tragen wir selbst für die Veränderung der Klischees, die uns einschränken? Bis zu einem gewissen Grad werden Schönheitsvorstellungen von gesellschaftlichen Kräften hervorgebracht, die sich unserem unmittelbaren Zugriff entziehen. Dennoch sind wir selbst diejenigen, die kosmetische Produkte kaufen und verwenden; wir unterwerfen uns den kulturellen Vereinbarungen und ermutigen uns gegenseitig, Klischeevorstellungen von Schönheit zu verkörpern.

Wenn wir die Idee, Anatomie sei Schicksal, von uns weisen, und wenn wir dann auch noch der Versuchung widerstehen, die Einflüsse der Sozialisation für unveränderlich zu halten, bleibt uns die alternative Überzeugung, daß wir zumindest einen partiellen Einfluß auf die Mythen haben, die uns kontrollieren. Wenn wir auch an Schönheit als Weiblichkeitsideal fixiert sind, bleibt uns doch die Möglichkeit, uns aus dieser Fixierung zu lösen. Wenn wir diese Option einmal erkannt haben, können wir sie auch zur Veränderung unseres Verhaltens nutzen.

Auf dem Weg zu einem neuen Selbstbild

Geschlechtermythen verwenden krasse Schwarz-weiß-Kontraste. Die Kleidung eines traditionellen Brautpaares ist das Symbol des Gegensatzes. Gegensätze und scharfe Kontraste wirken zweifellos stimulierend. Victor Vasarely verwendete in seinen Bildern extreme Kontraste in einer Weise, die vibrierende Wahrnehmungsillusionen hervorbringt. Vasarely erklärte jedoch, daß er den Schwarz-weiß-Kontrast als Symbol der Komplementarität verstehe: »Ich wünsche mir eine Welt, in der gut und böse, schön und häßlich in der fruchtbaren Vorstellung des Androgynen vereint sind.«[9] Einige feministische Psychologinnen betrachten das androgyne Menschenbild als Brücke zwischen den extremen Gegensatzvorstellungen, die die Geschlechter voneinander trennen. Der Archetyp des Androgynen stellt eine Integration weiblicher und männlicher Eigenschaften dar und definiert sie als beiden Geschlechtern gleichermaßen zugehörig. Die Vorstellung der Androgynie ist »ein Versuch, die Individuen von den geschlechtsspezifischen Rollenzwängen zu befreien«, so daß sie den gesamten Rahmen der menschlichen Erfahrungen nutzen können, um ihren Standort zu definieren.[10]

Der Begriff androgyn setzt sich aus den altgriechischen Wörtern für Mann (andros) und Frau (gyne) zusammen; die Griechen bezeichneten das Androgyne als das dritte Geschlecht. Aus dem griechischen Schönheitsbegriff, der innere und äußere Qualitäten in sich vereinte, ging das Androgyne als Gestaltideal hervor, eine Integration männlicher und weiblicher Elemente, die zusammen den vollendeten Menschen ausmachen.

Als ganzheitliches psychologisches Modell ist die Androgynie mit der Vorstellung verbunden, daß in jedem Menschen ein Maximum an Gegensatzspannung existiert, daß jeder Mensch weibliche und männliche Züge und Eigenschaften in sich trägt, daß Schönheit und Sanftheit, Stärke und Aggression in einer Person vereinigt sind. C. G. Jung betrachtete das Erkennen und Annehmen der Repräsentation des anderen Geschlechts im eigenen Selbst (Anima und Animus) als wesentliche Voraussetzung der Entwicklung zur reifen Persönlichkeit. Androgynie bedeutet kein Verbergen oder Verleugnen der Geschlechterunterschiede, sondern stellt einen Bereich der Integration dar, in dem sich Individualität entwickeln kann. Das Androgyne bedeutet nicht die Reduktion auf eine einzige vage, geschlechtsneutrale Form; die Vision des Androgynen entstand vielmehr als Bild und Ausdruck der Vielfalt der menschlichen Entwicklungsmöglichkeiten. Die innerhalb einer Persönlichkeit existierenden Schwarz-weiß-Kontraste können eine unendliche Vielfalt von Grautönen hervorbringen. Ist das androgyne Modell eine Alternative zu den traditionellen Schönheitsvorstellungen? Wenn Schönheit nicht mehr als Grundvoraussetzung von Weiblichkeit verstanden und bei beiden Geschlechtern in gleicher Weise gewertet würde, wäre das zweifellos ein Schritt in die Richtung eines veränderten Menschenbildes. Von Zeit zu Zeit entstand in der Mode ein Austausch zwischen den traditionell männlichen und den traditionell weiblichen Bekleidungsstilen; diese androgynen Moden spiegelten den Wunsch nach einem Lebensstil, der beiden Geschlechtern dieselben Handlungsspielräume zugesteht. In den aufgeschlossenen und aufbruchsbereiten späten sechziger Jahren entwickelte sich ein solcher androgyner Stil: Beide Geschlechter trugen langes Haar, Schmuck, leuchtende Farben; Frauen und Männer kombinierten flatternde Seidenhemden mit Jeans, Westen und Stiefeln. Ein solcher, von beiden Geschlechtern kultivierter kreativer Bekleidungsstil trägt dazu bei, daß die Frau nicht mehr als »das andere Geschlecht« gesehen wird; folglich wird auch ihr Bedürfnis geringer, Schönheit als Kompensation für das Nicht-Gelebte zu benutzen.

Freud betrachtete die grundlegend bisexuelle Natur des Menschen als eine Quelle psychischer Konflikte. Es gehörte seiner Auffassung nach zu den Gesetzmäßigkeiten der normalen Persönlichkeitsentwicklung, daß die Eigenschaften des Geschlechts, dem ein Mensch physiologisch angehört, die gegengeschlechtlichen Eigenschaften verdrängen. Diese Theorie ist charakteristisch für einen männlichen Problemlösungsansatz: Das Schwächere muß dem Stärkeren weichen. Nach Gilligans Auffassung ist der weibliche Problemlösungsansatz eher von den Vorstellungen der Integration und der Kooperation geprägt. Innere Harmonie zwischen den weiblichen und den männlichen Anteilen der eigenen Persönlichkeit kann eher durch friedliche Integration als durch Eroberung und Sieg erreicht werden. Warum sollten wir überhaupt annehmen, daß die weiblichen und die männlichen Anteile des Selbst sich feindlich gegenüberstehen? Ihre wirkliche Kraft liegt in der Einheit. Das androgyne Modell fördert die Integration der komplementären seelischen Kräfte und die ungehinderte Entwicklung des gesamten menschlichen Potentials. Ganzheitliche Persönlichkeiten – ob Mann, ob Frau – entsprechen nicht den stereotypen Halbierungen, durch die die traditionellen Geschlechterrollen gekennzeichnet sind. Solange Frauen als »das schöne Geschlecht« gelten, bleibt es schwierig, das androgyne Menschenbild zu verwirklichen – denn Männer sind dann gezwungen, die gesunden und kreativen Aspekte der Beschäftigung mit dem eigenen Körper zu verdrängen, während Frauen zwangsläufig narzißtische Obsessionen entwickeln.

Die Vorstellung, daß Schönheit androgyn sein kann, löst oft Unbehagen und Mißtrauen aus. Der Widerstand resultiert zum Teil daraus, daß männlichen Eigenschaften immer noch der höhere Wert zuerkannt wird. Solange diese Eigenschaften größeren Respekt genießen, bleiben sie das Modell für »normales« Verhalten. Für Männer ist das androgyne Modell bedrohlich, weil es in zweifacher Hinsicht Statusverlust bedeutet: Männer büßen ihre Überlegenheitsrolle ein, wenn sie weibliche Züge annehmen (wenn sie sich zum Beispiel wie Frauen schmücken) – und sie verlieren auch an Status, wenn Frauen sich männliche Züge aneignen (wenn

sie beispielsweise die Forderungen der Schönheit ignorieren und nach direkter Macht streben).

In C. G. Jungs Theorie der gegengeschlechtlichen Seelenanteile von Mann und Frau (Anima und Animus) herrscht ein auffälliges Ungleichgewicht; während die Begegnung mit der Anima für den Mann im allgemeinen als Bereicherung gilt, sollen Frauen sich davor hüten, ihrem Animus zu »verfallen« und in männliche Territorien einzudringen. Solange männliche Eigenschaften als die gültige Norm betrachtet werden, besteht auch beim androgynen Modell die Gefahr, daß das weibliche Element unterdrückt wird. Wir sehen Frauen Hosen anziehen und in Scharen ausschwärmen, um Körperbeherrschung und Selbstbewußtsein zu trainieren und ihr androgynes Potential zu erweitern – aber wo sind die Männer, die nach Kursen schreien, in denen sie lernen können, zärtlich, duldsam, sanft, sensibel und graziös zu sein? Wenn Henry Higgins in »My Fair Lady« fragt, warum Frauen nicht mehr wie Männer sein können, und dann eloquent die Fehler der Frauen aufzählt, wird deutlich, daß er in diesen Fehlern schwelgt, denn sie markieren den Geschlechterunterschied und sichern ihm seine Rolle als Mentor. Die Mythologie der Unterschiedlichkeit wirkt so stark, daß die tatsächlichen Ähnlichkeiten zwischen den Geschlechtern nicht mehr bemerkt werden.

Männer fürchten das androgyne Modell und lehnen es ab, weil es eine Bedrohung der männlichen Dominanz darstellt. Aber auch Frauen haben Angst. Sie wollen ebensowenig durch Autonomie »vermännlicht« werden, wie Männer »verweiblicht« werden wollen. Frauen fürchten, daß man sie als »unweiblich« betrachten wird, wenn sie ein androgynes Selbstbild verwirklichen. Sie zögern, die Krücken der traditionellen weiblichen Rolle wegzuwerfen, denn ohne das weibliche Handikap müßten sie ihre Kräfte ausprobieren und ihre Grenzen kennenlernen. Die traditionellen Schönheitsvorstellungen sind ein Teil der Barriere, die Frauen zwar einengt, ihnen aber auch ein Gefühl der Sicherheit gibt. In einem klar definierten Raum, auf einem Podest stehend, hinter einer Make-up-Maske hervorlächelnd, fühlen

Frauen sich nicht gefährdet; sie kennen den Preis, den sie für die Erfüllung ihrer Bedürfnisse zahlen müssen; und auch wenn dieser Preis sehr hoch ist, wissen sie doch zumindest, woran sie sind.

Die traditionellen Schönheitsnormen stellen Frauen eine vorgefertigte Identität zur Verfügung. Wenn wir diesen vertrauten Mythos abschütteln, ist es, als trennten wir uns von einem alten Freund, der unser Leben geteilt und geformt hat. Ohne diesen alten Mythos als Bezugsrahmen empfinden wir eine schmerzhafte Leere. Wie werden wir ohne die Identität, die unser Spiegel uns vermittelt, auskommen? Wie können wir Frauen sein, ohne uns über die Schönheit zu definieren?

Diese Zusammenhänge machen deutlich, warum die feministischen Reformversuche im Hinblick auf Schönheit und Mode bei Frauen und bei Männern auf so viel Widerstand gestoßen sind. Der Schönheitsmythos ist tief in der Psychologie der Geschlechter und in den Machtstrukturen unserer Gesellschaft verwurzelt. Frauen hängen an der Rolle des Schönheitsobjekts, weil sie spüren, daß sie dabei viel zu gewinnen haben: die Sicherheit, die ein vertrautes Image gewährt; das Vergnügen, bewundert zu werden; einen Aktionsraum, der keine Angst vor Erfolg hervorruft; eine Rationalisierung für Mißerfolg; eine Machtquelle, die es erlaubt, andere zu beeinflussen; angenehme Zerstreuung und eine Ausrede, Entscheidungen vor sich herzuschieben, während sie auf »den Richtigen« warten. Das sind die Belohnungen, die uns an das traditionelle Schönheitsideal binden. Das sind auch die Verluste, die wir fürchten, wenn wir der Herausforderung der Veränderung begegnen.

Was können wir gewinnen, wenn wir die Herausforderung annehmen? Welche Vorteile hätte ein soziales System, in dem beide Geschlechter die Freuden und die Belastungen des Schönseins teilen? Zunächst würden wir an Freiheitsspielraum gewinnen: Freiheit von dem Druck, etwas als real vorgeben zu müssen, was nur in der Phantasie existiert; Freiheit von chronischer Befangenheit und ständiger Angst vor dem Verlust der Attraktivität; die Freiheit, durch direktes Handeln stärker zu werden und mit Selbstachtung zu altern; die Freiheit, mit mehr Kraft, Energie und Sicherheit durchs Leben zu gehen, ohne durch damenhafte Posen eingeschränkt zu sein.

Zweitens würden wir besser und gesünder leben. Eine große Zahl von Krankheiten geht auf den Schönheitswahn zurück: Schwerwiegende Eßstörungen (Anorexia nervosa, Bulimie, zwanghaftes Diäthalten, suchthaftes Essen), Wirbelsäulenerkrankungen, Mißbildungen der Füße, Agoraphobie, Depressionen, Rückenleiden, Augeninfektionen (bis hin zur Erblindung durch kontaminierte Wimperntusche).

Drittens würden wir unsere Ressourcen vergrößern. Wenn wir weniger Zeit, Geld und Energie investieren, um in unserem Aussehen, unserem Auftreten und unserer Ausstattung den Mythos der weiblichen Schönheit in Szene zu setzen, können wir diese Ressourcen für Arbeit, Spiel, Liebe, Kreativität und andere wertvolle Erfahrungen nutzen, die das Leben zu bieten hat.

Viertens würden wir an Authentizität gewinnen. Mythen basieren auf einer Verzerrung der Realität. Sie schützen uns vor dem bedrohlichen Unbekannten, aber sie hindern uns auch daran, uns selbst und andere realistisch wahrzunehmen. Wir werden nie erfahren, was Frausein oder Mannsein wirklich bedeuten kann, wenn es uns nicht gelingt, uns aus den Rollenzwängen zu befreien. Wenn wir die Begrenzungen der traditionellen Schönheitsvorstellungen durchbrechen, können wir unser androgynes Potential erforschen und entdecken, wer wir wirklich sind.

Es erfordert Mut, ein neues Bild von Weiblichkeit zu entwerfen. Aber wir Frauen verfügen über einige hochentwickelte Fähigkeiten, die uns dabei helfen werden. Vor allem lernen wir, mit dauernden physischen Veränderungen umzugehen. Das weibliche Leben verläuft in Rhythmen und Zyklen – Menarche, Menstruation, Schwangerschaften, Geburten, Stillperioden, Menopause. Kinder werden geboren, umhegt und versorgt; sie wachsen heran, verlassen das Haus. In diesen rhythmischen Wellen löst das Selbstbild von Frauen sich immer wieder auf und muß immer wieder neu entworfen werden. Die Vertrautheit mit dem Wandel kann Frauen dabei helfen, alte Schönheitsvorstellungen abzulegen und neue Modelle für sich zu entwickeln. Auch andere sogenannte weibliche Qualitäten können dabei hilfreich sein: Geduld, Gelassenheit, Sanftheit, Sensibilität, Einfühlung. Wir können die Geduld aufbringen, unseren Körper zu seiner eigenen Form finden zu lassen; wir können dem natürlichen Prozeß des Älterwerdens mit Gelassenheit begegnen, sanft mit lebendigem Fleisch umgehen, mit Sensibilität und Einfühlung auf die Veränderungen reagieren, die sich in uns vollziehen. Diese Kräfte können uns stabilisieren, wenn wir daran arbeiten, uns aus den Fesseln des Schönheitswahns zu befreien.

Beziehungen stellen eine weitere potentielle Kraftquelle dar. Carol Gilligans Studien zeigen, daß Frauen aus einem grundlegenden Gefühl der Bezogenheit auf andere leben, während Männer häufiger von der Voraussetzung der Getrenntheit ausgehen. Frauen können sich durch ihre Freundschaften gegenseitig unterstützen (wie sie sonst gewöhnlich Männer unterstützen); sie können sich gegenseitig ermutigen, bestätigen, bewundern; sie können einander beistehen und gemeinsam Feste feiern. Die Schwesterlichkeit kann tatsächlich zu einem »Bollwerk gegen verkrüppelnde Rollennormen« werden.[11]

Überall bilden sich jetzt neue Frauen-Selbsthilfegruppen: Frauen mit Übergewicht schließen sich zusammen, nicht nur, um als »Weight Watchers« ihre Eßgewohnheiten zu verändern, sondern auch, um gemeinsam zu erfahren, daß sie sich annehmen können, so wie sie sind. Dicke Frauen machen gemeinsam Körpertraining, um das Gefühl für die Würde ihrer eigenen Körperlichkeit wiederzuerlangen. Das Potential für Selbsthilfegruppen ist unbegrenzt. Vollbusige und flachbrüstige Frauen, kauf- und kosmetiksüchtige Frauen, Frauen, die von der Angst vor dem Älterwerden terrorisiert werden, hübsche Frauen, die gegen Vorurteile kämpfen, und – nicht zu vergessen – Frauen mit wirklichen Behinderungen und Mißbildungen, die sich genauso nach Schönheit sehnen wie alle anderen, können in

Gruppen ihre Erfahrungen austauschen. Viele meiner Patientinnen, die Probleme mit ihrer Körperlichkeit haben, betonen immer wieder, wie isoliert sie sich fühlen. Selbsthilfegruppen beenden diese Isolation. Sie vermitteln gesunde und praktikable Lösungen für Probleme mit der eigenen Körperlichkeit und bringen neue Einstellungen zum Thema Attraktivität hervor, die authentischer sind. In den Gruppen lernen die Frauen, sich miteinander zu identifizieren und die Gemeinsamkeiten ihrer Reaktionen auf den verzerrenden Schönheitsmythos zu erkennen. Wechselseitiges Verständnis macht aus ehemaligen Konkurrentinnen Verbündete.

In ihren Studien über Primaten berichtet Sarah Blaffer Hrdy, daß es unter den weiblichen Tieren zwar Konkurrenzverhalten gibt, daß sozial verbindende Verhaltensweisen wie gegenseitige Körperpflege, Zusammenkuscheln und die gemeinsame Pflege der Jungen jedoch als Basis des Gruppenlebens überwiegen. Die großen Primaten sind soziale Wesen, und die gegenseitige Körperpflege gehört zu ihren Hauptaktivitäten. Sie berühren sich, um Zuneigung auszudrücken, Angst zu überwinden oder sich nach Kämpfen zu versöhnen. Sie verbringen Stunden damit, sich gegenseitig das Fell zu säubern, sich zu kraulen und zu streicheln. Körperpflege dient hauptsächlich als soziales Ritual, das den Gruppenzusammenhalt festigt.[12]

Seltsamerweise haben sich bei den Menschen die Körperpflegerituale, die bei den anderen Primaten eine so wichtige Gemeinschaftsfunktion erfüllen, aus den sozialen Zusammenhängen gelöst. In den westlichen Kulturen existieren kaum noch wechselseitige Pflegerituale, die Zärtlichkeit und Zuneigung vermitteln oder das Bedürfnis nach Hautkontakt befriedigen; der isolierte Prozeß der individuellen Schönheitspflege ist seit langem an ihre Stelle getreten. Eine gepflegte Frau sein bedeutet, frisch, sauber und adrett auszusehen, aber nicht, von anderen gut gepflegt und versorgt zu werden. Wir machen Termine bei der Kosmetikerin, der Friseurin, der Maniküre und kaufen uns Körperpflege und liebevolle Berührung.

In einer Schimpansengruppe sind es gewöhnlich die weiblichen Tiere, die Körperpflegerituale initiieren. Sie kümmern sich um ihre Jungen und gelegentlich um männliche Tiere, meistens jedoch pflegen sich die weiblichen Tiere gegenseitig. Dieser Austausch scheint ein Weg der Natur zu sein, weibliche Bindungen zu verstärken. Frauen könnten ähnliche Rituale entwickeln, indem sie sich gegenseitig massieren, frisieren, maniküren, indem sie spielerisch Kosmetika verwenden und sich gegenseitig schminken, wie es heranwachsende Mädchen manchmal tun. Solche Pflegerituale könnten für alte, kranke oder behinderte Frauen, die ihren Körper negativ erleben und sich nach menschlicher Berührung sehnen, besonders bedeutungsvoll werden. Wenn wir uns so unmittelbar körperlich um andere kümmern, kommen wir mit der Realität des Alterns, der ethnischen Unterschiede und der großen Vielfalt menschlicher Körperformen hautnah in Berührung. Frauen haben Körperpflege zu lange ausschließlich dazu eingesetzt, männliche Aufmerksamkeit auf sich zu ziehen und männliche Aggressionen zu beschwichtigen, und dabei die Aspekte der Pflegerituale vernachlässigt, die Frauen aneinander binden. Der ungezwungene, liebevolle Körperkontakt unter Freundinnen kann helfen, stereotype Schönheitsvorstellungen aufzulösen.

Eine der grundlegenden Funktionen des Schönheitsmythos war die Unterscheidung von Haben und Nichthaben, die auch die Frauen unterschiedlicher sozialer Schichten voneinander trennte. Es ist jedoch möglich, das Schönheitsideal, das ein Werkzeug der Abgrenzung war, in ein Instrument der Einbeziehung zu verwandeln. Die engen Grenzen des Schönheitsideals können weiter gefaßt werden, so daß auch kräftige, alte, unscheinbare, sommersprossige, ungewöhnlich aussehende Frauen darin Platz haben. Schon dadurch, daß wir uns selbst und andere darin bestärken, unkonventionelle Ideen von Schönheit zu vertreten und zu kultivieren, können wir die rigiden Normen verändern. Ein flexibler, toleranter Schönheitsbegriff gibt uns die besseren Möglichkeiten, uns selbst anzunehmen, denn jeder Körper verändert sich im Lauf der Zeit. Nach dem Maß, das wir an andere anlegen, beurteilen wir uns selbst und werden wir von anderen beurteilt.

In den sechziger Jahren wurde die Parole »Black is beautiful« zum Schlachtruf der Emanzipationsbewegung der Farbigen in Amerika, der nicht nur ihr Selbstwertgefühl stärkte, sondern auch die Wahrnehmung und die ästhetischen Normen der weißen Umwelt veränderte. Geschlechtermythen werden nicht nur durch Überzeugungen, sondern auch durch Verhaltensweisen aufrechterhalten. Als gegen Ende des letzten Jahrhunderts immer mehr Frauen begannen, Make-up zu tragen, veränderte sich die Einstellung zum Schminken; was vorher für anständige Frauen nicht in Frage kam, entwickelte sich im Lauf der Zeit zur Norm. Wenn eine große Zahl von Frauen mit einem neuen Image auftritt, werden alte Vorstellungen umgestoßen.

Wir müssen uns fragen, welche Normen veränderungsbedürftig sind und in welche Richtung die Veränderungen gehen sollen. Welche Veränderungen würden uns erlauben, mehr Freude an der Schönheit zu haben? Welche Alternativen könnten wir entwickeln, um uns aus traditionellen Rollenzwängen zu befreien? Und – was noch wichtiger ist – wie können wir das nötige Selbstbewußtsein entwickeln, das wir brauchen, um Veränderungen durchzusetzen? Stereotype Vorstellungen werden durch einfache Handlungen unterstützt und aufrechterhalten. Wir können damit beginnen, unser Alltagsverhalten zu überprüfen. Wir setzen wichtige Prozesse in Gang, wenn wir uns fragen: Ist dieses spezielle Schönheitsrequisit wirklich notwendig? Was würde geschehen, wenn wir es aufgäben oder wenn wir Männer ermutigten, es mit uns zu teilen? Alte Gewohnheiten können leicht durchbrochen werden, sobald wir ihren Wert einmal in Frage gestellt haben. Wenn genügend Frauen ihre (äußeren und inneren) Korsetts lockern, ihre Schlankheitspillen in die Toilettenspülung schütten und ihre hochhackigen Schuhe von den Füßen schleudern, dann ist die Welt nicht mehr ganz das, was sie vorher war.

Wir können uns fragen: Ist ständiges Diäthalten effektiv?

Müssen Fingernägel lackiert sein? Wieviel Geld gebe ich wirklich für die Schönheitspflege aus? Kann ich mein Gesicht, meine Hüften, meinen Busen mit mehr Sympathie betrachten? Kann ich andere Frauen mit mehr Verständnis ansehen? Ist es die Angst oder das Vergnügen, das mich zur Selbstdarstellung motiviert? Was geschieht, wenn ich für eine Weile auf ein bestimmtes Element meiner Dekoration oder auf die kosmetische Verstellungshaltung überhaupt verzichte? Wie könnte ich mit meinem Aussehen zufriedener sein? Welche besonderen Körpermerkmale sollte ich unverändert lassen, weil sie typisch für mich sind und mich von anderen unterscheiden?

Es ist eine couragierte Geste und ein Akt der Rebellion, auch nur eine kosmetische Konvention, die wir als einengend empfinden, in Frage zu stellen. Auch kleine Handlungen schaffen eine neue Realität. Auch kleine Schritte bringen uns auf einen anderen Kurs. Jede Frau kann ihre alltäglichen Reformen verwirklichen. Jede Frau hat etwas in die Waagschale zu werfen, wenn es darum geht, unterdrückende Strukturen abzubauen. Ich habe auf meine Art das Schweigen gebrochen, indem ich den Schönheitsmythos transparent zu machen versuchte, als wohlgehütetes und belastendes Erbe. Der Schönheitsmythos hat viele Facetten, viele Gesichter und viele Namen: Er ist die Tyrannei des Glamours, der Kult der Asymmetrie, er ist Vorurteil, Podest-Verschwörung, falsche Weiblichkeit, er ist verführerisch und ungerecht, er bedeutet, angeschaut, aber nicht gesehen werden, er bedeutet Verdinglichung, obsessiven Narzißmus, kosmetische Sklaverei. Schönheit kann monströs und belastend sein. Jede von uns muß das Schweigen brechen und mit ihrer eigenen Stimme ausdrücken, was der Schönheitsmythos für sie bedeutet.

Wenn der Mythos der weiblichen Schönheit ein Nebenprodukt der Abwertung des Weiblichen und der Unterdrückung der Frau ist, wie ich zu zeigen versuchte, werden die hübschen Posen der Unterordnung allmählich verschwinden, wenn Frauen einen ebenbürtigen Platz in der Gesellschaft einnehmen. Wie Simone de Beauvoir voraus-

sagte, »wird der Mythos der Frau vielleicht eines Tages er-
löschen, denn je mehr die Frauen sich als Menschen beja-
hen, desto mehr verlieren sie die wunderbare Eigenschaft
eben des anderen«.[13] Die Geburt eines neuen Selbstbildes
benötigt Arbeit, Risiko und Engagement. Autonomie ist
heute zweifellos die wichtigste Errungenschaft für Frauen.
Eine ökonomisch, emotional und sexuell unabhängige Frau
ist dafür gewappnet, Klischeevorstellungen zu zerstören.
Sie wird an dem statischen Image eines Mannequins keinen
Geschmack finden; sie wird nicht bereit sein, ihren Körper
als Instrument der Beschwichtigung einzusetzen; sie wird
Attraktivität nicht als Hauptquelle ihrer Macht ansehen.
Wenn Frauen sich Zugang zu den Institutionen verschaffen,
die diese Gesellschaft kontrollieren, erwerben sie auch die
Fähigkeit, die Fesseln der traditionellen Schönheitsvorstellungen abzuschütteln: Schönheit wird die geschlechtsneutrale Stellung einnehmen, die ihr gebührt. Wir werden von
den Fesseln des Schönheitsmythos befreit sein, wenn
Frauen so durchschnittlich aussehen können wie Männer
und dennoch als normale, liebenswerte Menschen gewürdigt werden.

Danksagungen

Folgenden Menschen möchte ich meinen besonderen Dank aussprechen: meinen Studentinnen und Patientinnen, die mir von ihren Problemen und Erfahrungen mit Schönheitsvorstellungen erzählten, und meinen Freunden und Kollegen, die frühe Fassungen dieser Arbeit lasen und mir wertvolle Anregungen gaben: Howard Bael, Dahlia Berman, Nick Beilenson, Evelyn Beilenson, Allan Duane, Gloria Goldstein, Leon Golub, Sharon Golub, Linda Grossman, Gloria Kahn und Jacqueline Plumez.

Mein Dank gilt auch Judith Handelman, Lucy Werner und Sharleen Conn, dir mir bei der Fertigstellung des Manuskripts halfen. Meine Familie half mir, die schwierigen Phasen dieser Arbeit durchzustehen; ich danke besonders meinen Eltern für ihre fortgesetzte Unterstützung, meiner schwesterlichen Freundin, Marie Duane, für Trost und Fürsorge, meinem Sohn Adam für seine geduldige Kooperation mit einer Mutter, die zu Hause arbeitet, und meiner Tochter Gwenyth, die immer mit Ermutigung, Rat und Einsicht für mich da war.

Ich danke meiner Lektorin Margaret Zusky und den Mitarbeitern von Lexington Books. Außerdem bin ich den Wissenschaftlerinnen und Wissenschaftlern zu Dank verpflichtet, die mich lehrten, menschliches Verhalten von unterschiedlichen Perspektiven aus zu betrachten, und deren Erkenntnisse in mein Denken – und in dieses Buch – eingegangen sind.

Anmerkungen*

Das »schöne Geschlecht«

1   Grimms Märchen: Der Froschkönig

2   Abeel, E.: I'll call you tomorrow; New York 1981, S. 143–150

3   Kalick, M.: Toward an interdisciplinary psychology of appearances; Psychiatry 41, S. 243; 1978

4   Madar, T., zit. nach Unger, R.: Female and Male, New York 1985

5   Berscheid, E., und Walster, E.: Physical attractiveness; in: L. Berkowitz (hg): Advances in Experimental Social Psychology, Bd. 7, S. 158–216, New York 1974

6   Dion, K., u. a.: What is beautiful is good; Journal of Personality and Social Psychology 24, S. 285–290, 1972

7   Dion, K.: Children's physical attractiveness and sex determinants of adult punitiveness; Developmental Psychology 10, S. 772–778, 1974

8   Wilson, G., u. Nias, D.: Beauty can't be beat; Psychology Today, S. 96–103, 1976

9   Chesler, P.: Women and Madness; Garden City N. Y. 1972 (deutsch: Frauen – das verrückte Geschlecht, rororo 1977)

10   Adams, G: Physical attractiveness research: Toward a developmental psychology of beauty; Human Development 20, S. 217–239, 1977

11   Snyder, M., u. a.: Social perception and interpersonal behavior; Journal of Personality and Social Psychology 35, S. 656–666, 1977

12   Unger, R.: Personal appearance and social control; in: M. Safir u. a: Women's Worlds; New York 1985

13   Rubin, J., u. a.: The eye of the beholder: Parent's views on sex of newborns; American Journal of Orthopsychiatry 44, S. 512–519, 1974

14   Joffe, C.: Sex role socialisation and the nursery school; Journal of Marriage and the Family 33, S. 467–475, 1971

15   Ford, C., u. Beach, F.: Patterns of Sexual Behavior; New York 1951

16   Reis, H., u. a.: Physical attractiveness in social interaction; Journal of Personality and social Psychology 38 (4), S. 604–617, 1980

17   Unger, R.: Female and Male; New York 1979

18   Deutsch, F., u. a.: Is there a double standard of aging? Thesenpapier zur Jahresversammlung der Eastern Psychological Association, Philadelphia 1983

* Wo nicht anders angegeben, wurden die Zitate nach den englischsprachigen Ausgaben übersetzt.

19   Mathes, E., u. Kahn, A.: Physical attractiveness, happiness, neuroticism and self-esteem; Journal of Psychology 90, S. 27–30, 1975

20   Miller, A.: Role of physical attractiveness in impression formation; Psychological Science 19, S. 241–243, 1970

21   Berscheid, E., u. a.: Physical attractiveness and dating choice; Journal of Experimental Social Psychology 7, S. 173–189, 1971

22   Walster, E., u. a.: Importance of physical attractiveness in dating behavior; Journal of Personality and Social Psychology 4, S. 508–516, 1966

23   Coombs, R., u. Kenkel, W.: Sex differences in dating aspirations and the satisfaction with computer-selected partners; Journal of Marriage and the Family 28, S. 62–66, 1966

24   Bar-Tal, D., u. Saxe, L.: Physical attractiveness and its relation to sex-role stereotyping; Sex Roles 2, S. 123–133, 1976

25   Symons, D.: The Evolution of Human sexuality; New York 1979

26   Sigall, H., u. Landy, D.: Radiating beauty; Journal of Social Psychology 28, S. 218–224, 1973

27   Elder, G.: Appearance and education in marriage mobility; American Social Review 34, S. 519–523, 1969

28   Harrison, A., u. Saeed, L.: Let's make a deal; Journal of Personality and Social Psychology 31, S. 257–264, 1977

29   Ephron, N.: Crazy Salad; New York 1975 (deutsch: Quetschkartoffeln gegen Trübsinn, Droemer Knaur 1984)

30   Broverman, I., u. a.: Sex-role stereotypes and clinical judgement of mental health; Journal of Consulting and Clinical Psychology 34, S. 1–7, 1970

31   de Beauvoir, S.: Le Deuxième Sexe (1949) (deutsch: Das andere Geschlecht; Reinbek bei Hamburg 1968–1987, S. 10)

32   Firestone, S.: The Dialectic of Sex; William Morrow, New York 1970 (deutsch: Frauenbefreiung und sexuelle Revolution, Fischer TB 1987)

33   Clifton, A., u. McGrath, D., u. Wick, B.: Stereotypes of women: A. Single category? *Sex Roles* 2 (2) 1976, S. 135–148

34   de Beauvoir, S.: Das andere Geschlecht, a.a.O.

Gut aussehen und sich schlecht fühlen

1   Rossner, J.: August; Boston 1983

2   Rubin, L.: Women of a Certain Age; New York 1979

3   Hutchinson, M.: Transforming Body Image; Women and Therapy 1 (3), S. 59–67, 1982

4   Miller, T., u. a.: A survey on body image, weight and diet of college students; Journal of the American Dietic Association 17, S. 561–566, 1980

5   Ephron, N.: a.a.O., S. 198

6   Sanford, L., u. Donovan, M.: Women and Self-Esteem; Garden City N. Y. 1984

7   a.a.O., S. 370

8   Cash, T., u. a.: Mirror, Mirror on the Wall . . .? Personality and Social Psychology Bulletin 9, S. 351–358, 1983

9   Adams, G.: Physical Attractiveness Research; Human Development 20, S. 217–239, 1977

10 Murstein, B.: Physical attractiveness and marital choice; Journal of Personality and Social Psychology 22, S. 8–12, 1972

11 Noles, S., u. a.: Body image, physical attractiveness and depression; Journal of Consulting and Clinical Psychology 53, S. 88–94, 1985

12 Berscheid, E., u. Walster, E.: Physical attractiveness; in: Berkowitz: Advances in Social Psychology, a.a.O., S. 158–216

13 Lott, B.: Becoming a Woman; Springfield 1981

14 Broverman, a.a.O.

15 Alta: Pretty; in: Gornick u. Moran: Women in a Sexist Society, New York 1971

16 Time, 2. Mai 1983, S. 45

17 Shulman, A. K.: Memoirs of an Ex-Prom-Queen; New York 1972

18 Lucker, G., u. a.: The strength of the halo effect in physical attractiveness research; Journal of Psychology 107, S. 69–75, 1981

19 Wilson, G., u. Nias, D., a.a.O.

20 Berscheid u. Walster, a.a.O.

21 Sanford u. Donovan, a.a.O., Kap. 4

22 zit. nach Pierre, C.: Looking Good; New York 1976, S. 156

23 Henley, N.: Body politics: Power, Sex and Nonverbal Communication; Englewood Cliffs, N. Y., 1977, S. 167 (deutsch: Körperstrategien. Geschlecht, Macht und nonverbale Kommunikation, Fischer TB 1988)

24 Griffin, S.: Pornography and Silence; New York 1982, S. 36 (deutsch: Frau und Natur. Das Brüllen in ihr, Suhrkamp 1987)

25 Kenrick, D., u. Gutierres, S.: Contrast effects and judgement of physical attractiveness; Journal of Personality and Social Psychology 38, S. 131–140, 1980

26 Stannard, U.: The mask of beauty; in: Gornick u. Moran: Women in a Sexist Society, a.a.O., S. 122

27 Kane, E.: Research Results, in: Human Ecology News, Feb. 1983

28 New York Daily News, 30. März 1980; in: Social Issues Resources Series, Bd. 2, S. 26

29 Combs, M.: By food possessed; in: Women's Sports, Feb. 1982, S. 12–17

30 Hutchinson, M., a.a.O., S. 67

Wer schön sein will, muß leiden: Kosmetische Rituale

1 Guthrie, D.: Body Hot Spots; New York 1976
2 Bernard, J.: zit. nach Williams: Psychology of Women, New York 1979, S. 121
3 Brain, R.: The Decorated Body; New York 1979, S. 184
4 a.a.O., S. 136–137
5 Sontag, S., zit. nach Pierre: Looking Good, a.a.O., S. 106
6 Brain, R., a.a.O., S. 12
7 zit. nach Hays, H. R.: The Dangerous Sex, New York 1964; deutsche Quelle: Jakob Sprenger und Heinrich Institoris: Der Hexenhammer (Malleus Maleficarum), übers. von J. W. R. Schmidt (1906); Nachdruck Darmstadt 1980
8 Jong, E.: Witches; New York 1966
9 Andelin, H.: Fascinating Womanhood; New York 1966; s. auch: Morgan, M.: The Total Woman; Old Tappan 1973
10 Flügel, J. C.: The Psychology of Clothes; New York 1930
11 Banner, L.: American Beauty; New York 1983, S. 9–10
12 zit. nach Banner, a.a.O., S. 23
13 a.a.O., S. 205
14 Bettelheim, B.: The Uses of Enchantement; The Meaning and Importance of Fairy Tales; New York 1976 (deutsch: Kinder brauchen Märchen, DVA 1977)
15 a.a.O., S. 265
16 Dowling, C.: The Cinderella Complex; New York 1981, S. 20 (deutsch: Der Cinderella-Komplex. Die heimliche Angst der Frauen vor der Unabhängigkeit, S. Fischer 1983)

Die Macht der Schönheit und die Ohnmacht zu handeln

1 Lips, H.: Women, Men and the Psychology of Power; Englewood Cliffs 1981
2 a.a.O., S. 9
3 a.a.O.
4 Morgan, E.: The Descent of Woman; New York 1972 (deutsch: Der Mythos vom schwachen Geschlecht. Feministische Anthropologie, Goldmann 1989)
5 Lips, H., a.a.O., S. 55
6 a. a. O., S. 62
7 Ephron, N.: Heartburn; New York 1983
8 Brownmiller, S.: Femininity; New York 1984, S. 29 (deutsch: Gegen unseren Willen. Vergewaltigung und Männerherrschaft, Fischer TB 1987)

9   Barron, S.: Reviving the rituals of the debutante; New York Times magazine, S. 26–36, 1984

10   Henley, N., a.a.O.; s. auch Lips, H., a.a.O.; beide Autorinnen verwenden Studien, die Gesten der Macht und geschlechtsspezifische Gesten miteinander vergleichen.

11   Henley, N., a.a.O., S. 176

12   Morris, J.: Conundrum; New York 1974, S. 149

13   Andelin, H., a.a.O., S. 240–241

14   Guthrie, D., a.a.O., S. 59

15   5. Mose 22,5

16   Britain, S., zit. nach Lips, a.a.O., S. 77

17   Flügel, J. C., a.a.O., S. 162

18   Levy, H.: Chinese Footbinding; New York 1966, S. 248

19   Guthrie, D., a.a.O., S. 101

20   Levy, H., a.a.O., S. 88

21   Woolf, V.: A Room of One's Own; New York 1929, S. 52 (deutsch: Ein Zimmer für sich allein, Fischer TB 1983)

22   Janeway, E.: Powers of the Weak; New York 1980, S. 3

23   a.a.O., S. 240

24   Steinem, G.: Outrageous Acts and Everyday Rebellions; New York 1983, S. 205 (deutsch: Unerhört. Reportagen aus Ms, ororo 1984)

Ist Anatomie Schicksal?

1   Waters, J.: Forschungsbericht; vorgelegt auf dem First International Symposium on the Psychology of Cosmetic Treatments, Philadelphia Sept. 1983

2   von Baeyer, C., zit. nach Snyder, M.: Self-fulfilling stereotypes, Psychology Today, Juli 1982, S. 60–67

3   Cash, T., u. a.: Sexism and »beautyism« in personal consultant decision making; Journal of Applied Psychology 62 (3), S. 301–310, 1977

4   Heilman, M., u. a.: When Beauty is beastly; Organized Behavior and Human Performance 23, S. 360–372, 1979

5   Bowman, A., zit. nach Progrebin, L. C.: The power of beauty; Ms, S. 75–79, 1983

6   Mc Gowan, B., zit. nach McGuigan, D.: New Research on Women and Sex Roles, Ann Arbor, Mich. 1976, S. 144

7   Olsen, T.: Silences; New York 1978, S. 29

8   Miller, J. B.: Toward a New Psychology of Women; Boston 1976, S. 49 (deutsch: Die Stärke der weiblichen Schwäche. Zu einem neuen Verständnis der Frau, 1977 Goverts/1979 Fischer TB)

9   Tyler, F., u. a., zit. nach Dowling, The Cinderella Complex, a.a.O., S. 256

10   Rossi, P., u. a.: Measuring household social standing; Social Science Research 3, S. 169–190, 1974

11   Lips, H., a.a.O., S. 162

12   Touhey, J.: Effects of additional women professionals on rating of occupational prestige and desirability ; Journal of Personality and Social Psychology 29, S. 86–89, 1974

13   Brownmiller, S., a.a.O., S. 212

14   Parsons, T., zit. nach Bernard, J.: The Female World; New York 1981, S. 476

15   Veblen, T.: The Theory of the Leisure Class; New York 1934, S. 130–146

16   Freud, S., zit. nach Roszak, T.: Masculine – Feminine; New York 1969, S. 22;

deutsche Quelle: Freud, Sigmund: Vorlesungen zur Einführung in die Psychoanalyse und Neue Folge (1916–1932); Frankfurt a. M. 1969, S. 556

17   Reik, T., zit. nach Firestone, S.: The Dialectic of Sex; New York 1970, S. 66

18   Freud, Vorlesungen, a.a.O., S. 557

19   a.a.O., S. 562

20   Wagman, M.: Sex differences in types of daydreams; Journal of Personality and Social Psychology 7, S. 329–332, 1967

21   Janeway, E.: Between Myth and Morning: Women Awakening; New York 1975, S. 97

22   Kolbenschlag, M.: Kiss Sleeping Beauty Good-Bye; New York 1979, S. 41

23   Horney, K.: The problem of feminine masochism, in: Williams, J.: Psychology of Women; New York 1979, S. 62–70

24   Binder, P.: Muffs and Morals; New York 1954, S. 120

25   Caplan, P.: The myth of woman's masochism; American Psychologist (39 (2), S. 130–139, 1984

26   Thompson, C.: Cultural pressures in the psychology of women; in: Miller, J.: Psychoanalysis and Women; New York 1973, S. 69–84

Wie Mädchen lernen, was Schönheit bedeutet

1   Offer, D., u. a.: The Adolescent: A Psychological Self-Portrait; New York 1981

2   Musa, K., u. Roach, M.: Adolescent appearance and self-concept; in: Adolescence 8, S. 385–394, 1973

3   Offer u. a., a.a.O.

4   Dacey, J.: Adolescents Today; Santa Monica 1979

5   Kleinke, C., u. Staneski, R.: First impressions of female bust size, Journal of Social Psychology 10, S. 123–124, 1980

6   Fulton, J., u. Black, E.: Dr. Fulton's Step by Step Program for Curing Acne; New York 1983

7   Umiker-Sebok, J.: The seven ages of women, in: Mayo, C., u. Henley, N.: Gender and Nonverbal Behavior, New York 1981, S. 220–239

8   Erikson, E., zit nach Lott, B.: Becoming a Woman, Springfield 1981, S. 82

9   a.a.O., S. 77

10   Nin, A., zit. nach Lott, a.a.O., S. 77

11   Kolbenschlag, M., a.a.O., S. 28

Der Kampf mit der Waage:
Auf der Suche nach dem »idealen« Körper

1   Millman, M.: Such a Pretty Face: Being Fat in America; New York 1980, S. 235

2   Glamour, Feb. 1984, Feeling fat in an thin society, S. 198–201

3   Halmi, K., u. a.: Binge eating and vomiting; A survey of a college poulatin; Psychological Medicine 11, S. 697 706, 1981

4   Millman, M., a.a.O., S. 240

5   Fallon, A., u. Rozin, P.: Sex differences in perception of desirable body shape; Journal of Abnormal Psychology 94, S. 102–105, 1985

6   Banner, L.: American Beauty; New York 1983, S. 112

7   Garner, D., u. a.: An overview of sociocultural factors in the development of anorexia nervosa; in: Darby, P.: Anorexia Nervosa; New York 1983, S. 65–82

8   a.a.O.

9   Millman, M., a.a.O., S. 230

10   Bruch, H.: Eating Disorders; New York 1973, S. 195

11   Millman, M., a.a.O., S. 100

12   Orbach, S.: Fat is a Feminist Issue; New York 1978, S. 21 (deutsch: Anti-Diätbuch. Über die Psychologie der Dickleibigkeit, die Ursachen von Eßsucht, Frauenoffensive 1979)

13   Bruch, H., a.a.O., S. 96

14   Orbach, S., a.a.O., S. 52

15   a.a.O., S. 78

16   Newsweek, 7. März 1983, S. 53, und People, 21. Feb. 1983, S. 52

17   Bennett, W., u. Gurin, J.: The Dieter's Dilemma: Eating Less and Weighing More; New York 1982

18   Garner, D., u. a.: Anorexia nervosa, a.a.O.

19   Boskind-Lodahl, M.: Cinderella's stepsisters; a feminist perspective on anorexia nervosa; Signs 2 (2), S. 342–356, 1976

20   Faust, M.: Physical growth of adolescent girls; in: Kopp, B.: Becoming Female; Perspectives on Development; New York 1979, S. 427–447

21   Canning, H., u. Mayer, J.: Obesity: It's possible effects on college acceptance; New England Journal of Medicine 275, S. 1172–1174, 1966

22   Brooks-Gunn, J., u. Peterson, A.: Girls at Puberty; New York 1983, S. 115

23   Bruch, H., a.a.O., S. 304

24   Levenkron, S.: Treating and Overcoming Anorexia Nervosa; New York 1982

25   Sanford u. Donovan, a.a.O., S. 379

26   Branch, C., u. Eurman, L.: Social attitudes towards patients with anorexia nervosa; American Journal of Psychiatry 137, S. 631–632, 1980

27   Halmi, K., u. a., a.a.O.

28   Levenkron, S., a.a.O.

29   Gains, C., u. Butler, G.: Iron sisters; Psychology Today, S. 64–69, 1983

30   Dwyer, J., u. a.: Adolescent dieters – who are they?; American Journal of Clinical Nutrition 20, S. 1045–1056, 1967

31   Garner, D., u. a., a.a.O.

32   Time, 16. Juni 1958, S. 86

33   Time, 30. August 1982, S. 72

34   Greer, G.: The Female Eunuch; New York 1971, S. 202 (deutsch: Die heimliche Kastration, Ullstein 1984)

35   Snyder, E., u. Kivlin, J.: Woman athletes and aspects of psychological well-being and body image; Research Quarterly 46 (2), S. 191–199, 1975

36   Rindskopf, K., u. Gratch, S.: Women and exercise, a therapeutic approach; in: Women and Therapy 1 (4), S. 15–26, 1982

37   Sanford u. Donovan, a.a.O., S. 379

38   Combs, M., a.a.O., S. 12–17

39   MacLeod, S., zit. nach Scarf, M.: A hungry way of saying no, New York Times Books Review, Aug. 1982, S. BR–7

Sexuelle Signale

1   Beach, F.: Sexual attractivity, proceptivity and receptivity in female mammals; in: Hormons and Behavior 7, S. 105–138, 1976

2   Hrdy, S.: The Woman that Never Evolved; Cambridge, Mass., 1981

3   Beach, F., zit. nach Symons, D.: The Evolution of Human Sexuality, a.a.O., S. 354

4   Sarty, M.: Human Behavior, Sept. 1975, S. 45

5   Rosenblatt, P.: Cross cultural perspectives on attraction; in: Huston, T.: Foundations of Interpersonal Attraction; New York 1974, S. 79–95

6   Mead, M.: Male and Female: A Study of the sexes in an Changing World; New York 1967, S. 196–197 (deutsch: Mann und Weib. Das Verhältnis der Geschlechter in einer sich wandelnden Welt, rororo 1985)

7   Wilson, E.: Sociobiology; The New Synthesis; Cambridge, Mass., 1975, S. 376

8   Harrison, A., u. Saeed, L.: Let's make a deal, a.a.O.

9   Bernard, J.: The Female World, a.a.O., S. 476

10   Dawkins, R.: The Selfish Gene; Oxford 1976, S. 177–178 (deutsch: Das egoistische Gen, Springer 1978)

11   Darwin, C., zit. nach Bernard, a.a.O., S. 475

12   Ploss, H., u. Bartels, M.: Femina: Libido Sexualis; New York 1965

13   Teitelbaum, M.: Sex Differences: Social and Biological Perspectives; Garden City 1976, S. 191

14   Spencer, H., zit. nach Teitelbaum, a.a.O., S. 185

15   Morgan, E.: The Descent of Woman, a.a.O., S. 3–4

16   Symons, D., a.a.O., Kap. 7

17   a.a.O.

18   a.a.O., S. 198

19   Kinsey; A.: Sexual Behavior of the Human Male, Philadelphia 1948

20   a.a.O.

21   Symons, D., a.a.O., S. 170–175

22   Morgan, E., a.a.O., S. 155

23   Brackley, J.: Male strip shows; Ms Nov. 1980, S. 69–71

24   Haviland, J., u. Malatesta, C.: The development of sex differences in nonverbal signals; in: Mayo u. Henley: Gender and Nonverbal Behavior, a.a.O.

25   Symons, D., a.a.O., S. 208

26   Morgan, E., a.a.O., S. 248

27   Morgan, M.: The total Woman, a.a.O., S. 92

28   Sherfey, M.: The Nature and Evolution of Female Sexuality; New York 1973

29   Hrdy, S., a.a.O., S. 160–188

30   a.a.O., S. 174

31   Wolfe, L.: The sexual profile of that Cosmopolitan girl; Cosmopolitan Sept. 1980, S. 254–265

32   Lambert, H.: Biology and equality: a perspective on sex difference, Signs 4 (1), S. 97–117, 1978

33   Rosenblatt, P., a.a.O.

34   Hite, S.: The Hite Report, New York 1976, S. 303 (deutsch: Hite Report. Das sexuelle Erleben der Frau, Bertelsmann 1977)

Die Angst vor dem Alter und der Kult der Jugendlichkeit

1   Wyse, L.: Blond Beautiful Blond; New York 1980
2   Freud, Vorlesungen, a.a.O., S. 563
3   Deutsch, F., u. a.: Is there a double standard of aging?, a.a.O.
4   Berscheid u. Walster: Physical attractiveness, a.a.O.
5   Melamed, E.: Mirror, Mirror: The Terror of Not Being Young; New York 1983
6   a.a.O., S. 75
7   Moss, Z.: It hurts to be alive and obsolete: The aging woman; in: Morgan, R.: Sisterhood is Powerful; New York 1970, S. 173
8   Heckerman, C.: The Evolving Female; New York 1980, S. 164
9   Melamed, E., a.a.O.
10 England, P., u. a.: The ages of men and women in maga zine advertisements; Journalism Quarterly 58, S. 468-471, 1981
11 Steinem, G.: Outrageous acts . . ., a.a.O., S. 12
12 Lisle, L.: Portrait of an Artist: A Biography of Georgia O'Keefe; New York 1980
13 a.a.O., S. 32–33
14 a.a.O., S. 131, 135, 136
15 a.a.O., S. 135
16 a.a.O., S. 131, 133
17 Sontag, S.: The double standard of aging; in: Williams: Psychology of Women, a.a.O., S. 462–479

Jenseits der Ideale: Individuelle Schönheit und ein positives Selbstbild

1   Sanford u. Donovan (Women and Self-Esteem, a.a.O.) schlagen Körperübungen vor, die das Selbstwertgefühl und das Körperbewußtsein steigern.
2   Morgan, R.: The politics of body image, Ms Sept. 1977, S. 47–52
3   Philadelphia Inquirer, 22. Sept. 1983, C–1
4   Shulman, A. K.: Memoirs of an Ex-Prom-Queen, a.a.O., S. 595
5   Goldberg, P., u. a.: Another put-down of women?; Journal of Personality and Social Psychology 32, S. 113–115, 1975
6   Jacobson, M., u. Koch, W.: Attributed reasons for support of the feminist movement as a function of attractiveness, in: Sex Roles 2, S. 283–293, 1978
7   Banner, L., a.a.O., S. 14
8   Glynn, P.: Skin to Skin; Eroticism in Dress; New York 1982, S. 95

9 Vasarely, V.: Vasarely; New York 1978

10 Heilbrun, C.: Toward a recognition of Androgyny; New York 1973,
Einleitung X

11 Bernikow, L.: Among Women; New York 1980, S. 147

12 Hrdy, S., a.a.O., S. 180

13 de Beauvoir, S., a.a.O., S. 155

Bildnachweis

Joanne Wieland-Burston
Chaotische Gefühle
Wenn die Seele Ordnung sucht
220 Seiten, zahlreiche Schwarzweiß-Abbildungen, kartoniert
ISBN 3-268-00075-4

Oft ist Chaos nötig, damit starre, entwicklungsfeindliche Ordnungen aufgelöst werden und angemessene neue Strukturen entstehen können. Die Autorin zeigt, wie wir mit chaotischen Gefühlen besser umgehen können und damit erst die seelische Entwicklung und den Fluß der Lebensenergie ermöglichen.

Jürg Wunderli
Und innen die große Leere
Die narzißtische Depression und ihre Therapie
140 Seiten, kartoniert
ISBN 3-268-00076-2

Die Autorin zeigt, wie die innere Lebendigkeit, die heute bei so vielen Menschen durch die narzißtische Depression verschüttet ist, in kleinen Schritten wiedergewonnen werden kann.

Sabine Ulmer-Otto
Die leere Wiege
Unfruchtbarkeit und ihre seelische Verarbeitung
200 Seiten, kartoniert
ISBN 3-268-00074-6

12% aller Ehen bleiben ungewollt kinderlos. Nur in wenigen Fällen kann die Medizin helfen. Wie die medizinische Behandlung erlebt wird, der ständige Wechsel zwischen Hoffnung und Enttäuschung sich auf Körper, Seele und Beziehung auswirkt, schildern diese Erlebnisberichte. Sie machen aber auch Mut: Die Auseinandersetzung mit der Unfruchtbarkeit kann neue Lebensziele erschließen.

Kreuz Verlag

Wilfried Wieck
Männer lassen lieben
Die Sucht nach der Frau
206 Seiten, kartoniert
ISBN 3-7831-0880-2

In einer faszinierenden Analyse und mit schonungsloser Offenheit beschreibt Wilfried Wieck die zerstörerischen Formen, mit denen die meisten Männer Frauen begegnen, wie sie lieben lassen, anstatt selber zu lieben: »Ich hatte immer gedacht, daß der Mann in der Beziehung der Starke ist, daß er die Frau stützt und ihr hilft. Nun lernte ich, daß das Gegenteil stimmt. Der Mann ist kraftlos und schwach, und die Frau hält ihn funktionstüchtig. Auf dieser Geborgenheit baut der Mann Konkurrenzsysteme auf, Prestigekämpfe und Macht. Alle wissen, daß eine seelische und globale Zerstörung droht, wenn es nicht gelingt, weibliche Werte zu verwirklichen. Ich werde die Therapie des Mannes durch die Frau schildern, wie sie ist und wie sie eigentlich sein sollte. Die unbefleckte Erkenntnis bewirkt nichts. Die eigentliche persönliche Arbeit scheinen alle zu scheuen. Darum sind unsere Welt, unsere Beziehungen und unsere Sprache verschmutzt. Um dem zu begegnen, müssen Männer sich erst einmal selbst kennenlernen.«

Irmgard Hülsemann
Ihm zuliebe
Abschied vom weiblichen Gehorsam
191 Seiten, kartoniert
ISBN 3-7831-0950-7

Irmgard Hülsemann macht bewußt, in welch empörendem, unvorstellbarem Ausmaß das Leben von Frauen durch die »Pflicht zu lieben« einseitig geprägt und verformt wird und daß dieser Zwang sie nicht nur zu Opfern, sondern auch zu Mittäterinnen macht: »Wenn Frauen wirklich Änderungen wollen, müssen sie aus ihrem Dornröschenschlaf aufwachen, in das zerstörerische Geschehen eingreifen und darauf bestehen, daß Liebe geteilt wird.«

Kreuz Verlag